刘守君不动产登记实务系列丛书

不动产登记典型判例解析

刘守君 编著

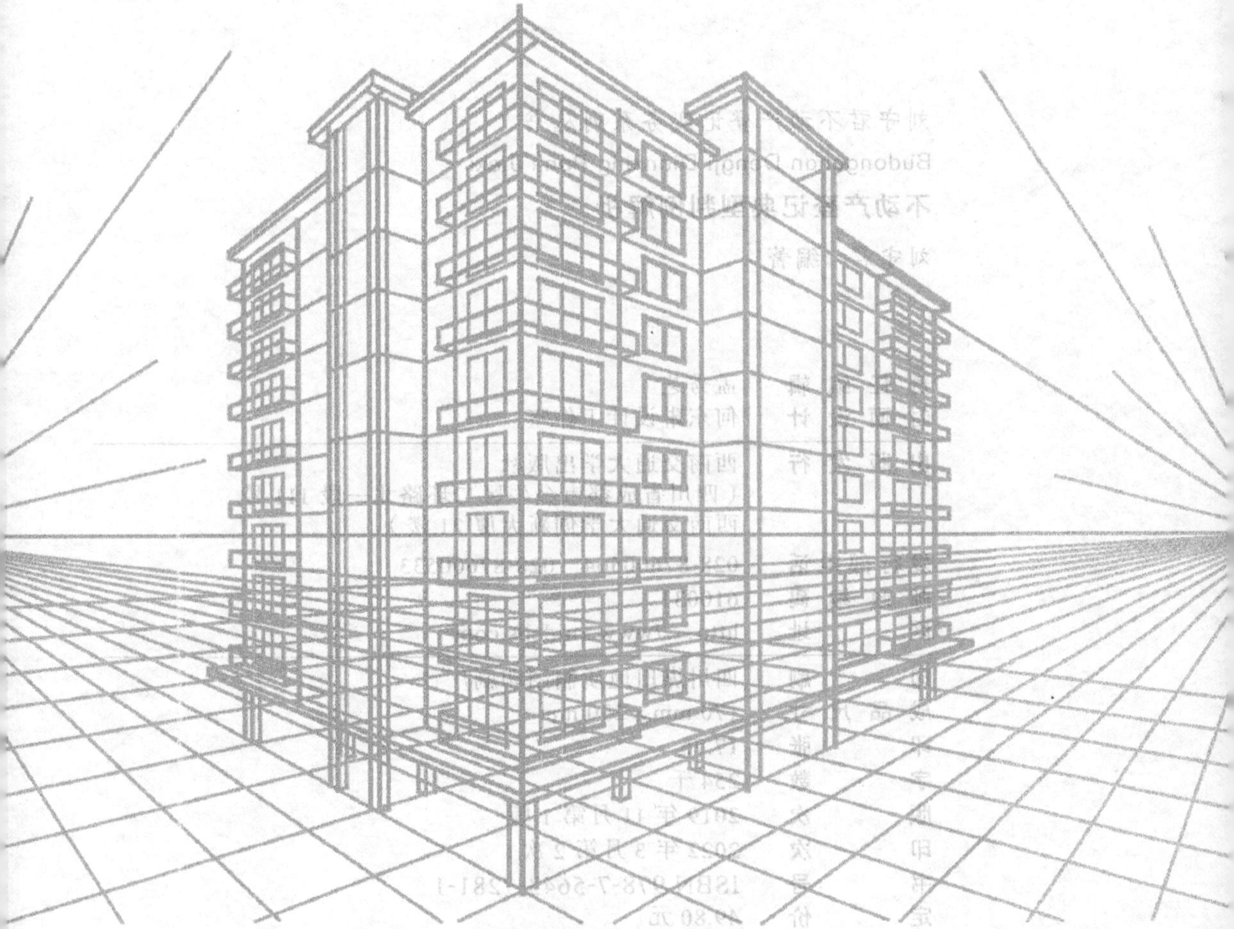

西南交通大学出版社
·成都·

图书在版编目（CIP）数据

不动产登记典型判例解析／刘守君编著. —成都：
西南交通大学出版社，2019.11（2022.3 重印）
（刘守君不动产登记实务系列丛书）
ISBN 978-7-5643-7281-1

Ⅰ. ①不… Ⅱ. ①刘… Ⅲ. ①不动产–产权登记–案例–中国 Ⅳ. ①D923.25

中国版本图书馆 CIP 数据核字（2019）第 268842 号

刘守君不动产登记实务系列丛书
Budongchan Dengji Dianxing Panli Jiexi
不动产登记典型判例解析
刘守君　编著

责 任 编 辑	孟秀芝
封 面 设 计	何东琳设计工作室
出 版 发 行	西南交通大学出版社 （四川省成都市金牛区二环路北一段 111 号 西南交通大学创新大厦 21 楼）
发 行 部 电 话	028-87600564　028-87600533
邮 政 编 码	610031
网　　　 址	http://www.xnjdcbs.com
印　　　 刷	四川煤田地质制图印刷厂
成 品 尺 寸	170 mm × 230 mm
印　　　 张	17.75
字　　　 数	254 千
版　　　 次	2019 年 11 月第 1 版
印　　　 次	2022 年 3 月第 2 次
书　　　 号	ISBN 978-7-5643-7281-1
定　　　 价	49.80 元

图书如有印装质量问题　本社负责退换
版权所有　盗版必究　举报电话：028-87600562

作者简介

刘守君，男，1969 年 9 月出生，党校大学文化，高级经济师职称。中国注册房地产估价师和中国注册房地产经纪人资格。乐山市首批学术和技术带头人。

原全国房屋登记官考试命题专家库成员，参加 2011 年全国房屋登记官考试命题，参加 2012 年、2013 年全国房屋登记官考试审题。

1993 年 9 月至 2014 年 5 月，在犍为县房地产管理所从事房屋登记工作，现从事不动产登记研究、咨询和教学工作。

主要学术兼职：北京城市学院众城智库中国不动产（自然资源）登记研究院研究员。

主要荣誉：四川省优秀人民陪审员、乐山市社会科学优秀成果三等奖、"无锡产监杯"《物权法》与房地产权属管理知识竞赛二等奖、乐山市房地产管理先进个人。

主要研究兴趣：民法物权，不动产登记。出版专著《〈不动产登记暂行条例实施细则〉条文理解与适用》《不动产登记典型问题解析》《不动产登记收件实务》等 6 部。有 140 多篇有关不动产登记的论文、案例剖析文章发表在《中国国土资源报》《中国不动产》《中国房地产》《房地产权产籍》《四川房地产》等专业报纸、期刊上。

"刘守君不动产登记实务系列丛书"
修订说明

自 2017 年 2 月起,"刘守君不动产登记实务系列丛书"陆续出版。出版以来,因其能够让不动产登记实务人员在不长的时间内系统学习不动产登记的基础理论和操作技能,尽快熟悉、掌握不动产登记实务,以满足工作需要而深受他们的喜爱,更有清华大学、北京大学、复旦大学、中国政法大学等高校订购为馆藏图书。该丛书共 5 辑,即《不动产登记典型问题解析》《不动产登记收件实务》《不动产登记典型案例剖析》《不动产登记中的民法原理与实务》与《不动产登记典型判例解析》。其中,《不动产登记中的民法原理与实务》系根据《民法典》等最新实施或修订后实施的法律的规定撰写,现根据《民法典》等最新实施或修订后实施的法律的规定对本丛书作修订。

丛书第一辑《不动产登记典型问题解析》出版于 2017 年 2 月,是在笔者与全国各地不动产登记一线人员交流、探讨的上千个问题解析中,精心挑选的 130 个问题解析汇编而成。2017 年《民法总则》实施后,笔者进行了第一次修订,但只是将书中引用《民法通则》的条文调整为引用《民法总则》的条文。本次修订中,一是书中的问题或案例中,没有出现时间节点的,直接用《民法典》的条文替换原来引用的《民法总则》《物权法》《担保法》等在《民法典》实施后废止的法律的条文,同时也将书中引用的《土地管理法》等法律的条文调整为其修订后实施的条文。

二是书中的问题或案例中，出现时间节点的，能调整到2021年1月1日（《民法典》实施的时间节点）后的，调整后，用《民法典》的条文替换原来引用的《民法总则》《物权法》《担保法》等在《民法典》实施后废止的法律的条文；不能调整的，在原法律规定后加括号，括号内注明《民法典》与原法律的规定是否一致，或引用《民法典》中与之对应的条文。三是用新的问题解析替换了不合时宜的原第79问、第90问解析。四是更新了对一些问题的看法或认识。

丛书第二辑《不动产登记收件实务》出版于2018年4月，主要解决登记实务人员办理不动产登记时的收件问题。撰写体系上，以不动产登记簿应当记载的权利或事项为章；章内，以权利或事项的首次（设立）登记、变更登记、转移登记和注销登记为节；节内，以不同原因导致的登记为目；目内，区分不同类型的申请人（或嘱托人）启动的登记类型，以清单的方式列出申请人（或嘱托人）应当提交的登记材料。同时，对申请人该怎样提交这些材料、为什么要提交这些材料、这些材料应该具备哪些内容等相关问题，或以理由阐述，或做必要说明。本书为不动产登记实务人员的工具书。本次修订中，一是用《民法典》的条文替换原来引用的《民法总则》《物权法》《担保法》等在《民法典》实施后废止的法律的条文，同时也将书中引用的《土地管理法》等法律的条文调整为其修订后实施的条文；二是更新了对一些问题的看法或认识。

丛书第三辑《不动产登记典型案例剖析》出版于2019年2月，由笔者多年来发表在《中国房地产》《中国不动产》和《房地产权产籍》上的不动产登记实务案例剖析文章中精选的105个典型案例剖析组成。为契合不动产登记形势，在成书之际，笔者做了必要的修正，以期为读者提供一本有价值的不动产登记实务参考书。本次修订中，一是书中的问题或案例中，没有出现时间节点的，直接用《民法典》的条文替换原来引用的《民法总则》《物权法》《担保法》等在《民法典》实施后废止的法律的条文，同时也将书中引用的《土地管理法》等法律的条文调整为其修订后实施的条文。二是书中的问题或案例中，出现时间节点的，能调整到2021年1月1日（《民法典》实施的时间节点）后的，调整后，用《民法典》的条文替换原来引用的《民法总则》《物权法》《担保法》等在《民法典》实施后废止的法律的条文；不能调整的，在原法律规定后加括号，括号内注明《民法典》与原法律的规定是否一致，或引用《民法典》中与之对应的条文。三是更新了对一些问题的看法或认识。

丛书第四辑《不动产登记中的民法原理与实务》出版于2020年10月，主要解决不动产登记中必须掌握的民法知识问题。不动产登记是国家法定的登记机关依照法定程序，将申请人申请登记的不动产权利或其他相关事项记载在登记簿上的行为，即不动产登记不是对不动产权利和其他相关事项的确认，而是将申请人基于民事活动产生的不动产权利和其他相关事项依法记载在登记簿上，在保护权利人自己合法利益的同时，供与之相关的当事人查阅、知晓，抉择是否就该不动产权利或其他事项产生交易。因此，要想做好不动产登记，登记人员须具备扎实的民法基础。如前所述，本书系根据《民法典》等最新实施或修订后实施的法律的规定撰写而成。

丛书第五辑《不动产登记典型判例解析》出版于2019年11月，由笔者对人民法院生效的50个典型判例的解析组成，主要从不动产登记实务的视角，认识、思考人民法院对不动产登记实务问题的看法、裁决，为依法依规做好不动产登记提供参考、借鉴。《民法典》实施后，笔者若用新的判例重新撰写一本判例解析书，但收集人民法院基于《民法典》的规定对不动产登记案件作出的生效判例尚需时日，且本书中的判例对不动产登记实务仍有重要的参考、借鉴价值，故根据《民法典》等最新实施或修订后实施的法律的规定对本书作修订，由于该书中的判例产生于《民法典》实施前，在本次修订中，在引用原法律条文后加括号，括号内注明《民法典》与原法律的条文是否一致，或引用《民法典》中与之对应的条文，便于读者及时了解新旧法律的规定。同时，更新了对一些问题的看法或认识。

  本丛书修订后，延续了其法理分析透彻，法条阐释准确，实务处理建议具有可操作性的特点，另外，本丛书语言通俗易懂，结构严谨，理论与实务相结合，读者更易阅读，更易理解，更易使用。

刘守君

二○二一年一月，犍为

前言
PREFACE

研习人民法院关于房屋登记、不动产登记的生效判例是我的习惯，对这些判例作思考、解析是我研习不动产登记的重要组成部分。本书编入的是我对生效的与不动产登记相关的50个典型判例的解析。

在这50个典型判例中，有行政判例，也有民事判例；有基于判决书产生的判例，也有基于裁定书产生的案例；有不动产统一登记前起诉但在不动产统一登记后裁判并生效的判例，也有不动产统一登记后起诉、裁判并生效的判例；有一审后即生效的判例，也有二审后方生效的判例，还有再审的判例。笔者将这些判例、案例统称为判例。

本书中，每个判例解析的结构为案件名称、人民法院确认的事实、人民法院的认为、人民法院的裁判结论、解析。通过这样的结构安排，直接让读者明白看到的是什么案件，人民法院通过审理确认的案件的基本事实，人民法院对案件作出裁判的理由、依据和裁判结论，我站在不动产登记实务的角度对案件的解析，从而省却了读者通读人民法院法律文书的负担。同时，为了避免不必要的麻烦，我隐去了案件的案号、法律文书制作法院的名称、案件当事人的姓名或名称。

本书中，我对判例中人民法院作为案件裁判理由的法理解读、法条阐释和裁判结论予以解析的支撑，一是法学家们的经典理论，二是自己研习民法物权、不动产登记理论和曾经从事二十余年房屋登记实务的体会、经验，三是长期与不动产登记专家和一线的不动产登记人员交流、探讨中学到的新知识、提升的新认识。另外，结合案例解析，我对相关的不动产登记基础理论进行了阐述、阐释。但是，限于我的能力和水平，期盼专家、学者和仁达贤翁批评指正，更期盼有更好的不动产登记判例评析类书籍出版，为不动产登记实务提供参考、借鉴。

  本书在编撰过程中得到了我亲爱的妻子范晓容女士的真情陪伴和倾心相助，谨以此书向她致敬。在本书出版之际，我的女儿刘默涵同学已经在四川大学华西临床医学院开始她第三年的硕士研究生生活，谨以此书与之共勉，祝她生活、工作愉快，课题研究、论文撰写和发表顺利并学业有成。

刘守君

二〇一九年十月，犍为

主要法律规范性文件缩略语

1. 《中华人民共和国民法典》——《民法典》
2. 《中华人民共和国城市房地产管理法》——《房地产管理法》
3. 《中华人民共和国土地管理法》——《土地管理法》
4. 《中华人民共和国民事诉讼法》——《民事诉讼法》
5. 《中华人民共和国行政诉讼法》——《行政诉讼法》
6. 《中华人民共和国立法法》——《立法法》
7. 《中华人民共和国公司法》——《公司法》
8. 《中华人民共和国未成年人保护法》——《未成年人保护法》
9. 《中华人民共和国土地改革法》——《土地改革法》

10. 《最高人民法院关于贯彻执行〈中华人民共和国民法通则〉若干问题的意见（试行）》——《民法通则司法解释》

11. 《最高人民法院关于适用〈中华人民共和国物权法〉若干问题的解释（一）》——《物权法司法解释（一）》

12. 《最高人民法院关于适用〈中华人民共和国担保法〉若干问题的解释》——《担保法司法解释》

13. 《最高人民法院关于贯彻执行〈中华人民共和国继承法〉若干问题的意见》——《继承法司法解释》

目录 CONTENTS

判例 1 申请人申请房屋登记时应当向登记机构提交登记申请书 …… 1
  一、案件名称 …… 1
  二、人民法院确认的事实 …… 1
  三、二审人民法院的认为 …… 1
  四、二审人民法院的裁判结论 …… 2
  五、解 析 …… 2

判例 2 因赠与产生的房屋转移登记应当由当事人双方共同申请 …… 4
  一、案件名称 …… 4
  二、人民法院确认的事实 …… 4
  三、二审人民法院的认为 …… 5
  四、二审人民法院的裁判结论 …… 5
  五、解 析 …… 5

判例 3 申请人申请不动产登记时应当提交其有效的身份证明 …… 10
  一、案件名称 …… 10
  二、人民法院确认的事实 …… 10
  三、二审人民法院的认为 …… 11
  四、二审人民法院的裁判结论 …… 12
  五、解 析 …… 12

判例 4 登记机构不受理登记申请时应当场书面告知申请人 …… 14
  一、案件名称 …… 14
  二、人民法院确认的事实 …… 14
  三、二审人民法院的认为 …… 15

　　　　四、二审人民法院的裁判结论 ………………………………………… 16
　　　　五、解　析 ……………………………………………………………… 16

判例 5　登记机构作出的不予登记决定应当以书面方式告知申请人 …… 23
　　　　一、案件名称 …………………………………………………………… 23
　　　　二、人民法院确认的事实 ……………………………………………… 23
　　　　三、二审人民法院的认为 ……………………………………………… 24
　　　　四、二审人民法院的裁判结论 ………………………………………… 25
　　　　五、解　析 ……………………………………………………………… 25

判例 6　登记机构是出具不予受理告知书，还是出具不予登记告知书 … 28
　　　　一、案件名称 …………………………………………………………… 28
　　　　二、人民法院确认的事实 ……………………………………………… 28
　　　　三、二审人民法院的认为 ……………………………………………… 30
　　　　四、二审人民法院的裁判结论 ………………………………………… 31
　　　　五、解　析 ……………………………………………………………… 31

判例 7　不动产登记机构未当场书面告知申请人不予受理的视为已经
　　　　　　受理其登记申请 ……………………………………………………… 35
　　　　一、案件名称 …………………………………………………………… 35
　　　　二、人民法院确认的事实 ……………………………………………… 35
　　　　三、二审人民法院的认为 ……………………………………………… 35
　　　　四、二审人民法院的裁判结论 ………………………………………… 36
　　　　五、解　析 ……………………………………………………………… 36

判例 8　登记机构受理登记申请时，对无效的材料应当作申请材料不
　　　　　　齐全认定 ……………………………………………………………… 39
　　　　一、案件名称 …………………………………………………………… 39
　　　　二、人民法院确认的事实 ……………………………………………… 39
　　　　三、二审人民法院的认为 ……………………………………………… 40
　　　　四、二审人民法院的裁判结论 ………………………………………… 40
　　　　五、解　析 ……………………………………………………………… 40

判例 9	登记申请存在权属争议的认定标准 ·················· 42
	一、案件名称 ······································ 42
	二、人民法院确认的事实 ···························· 42
	三、二审人民法院的认为 ···························· 44
	四、二审人民法院的裁判结论 ························ 44
	五、解　析 ·· 44

判例 10	登记机构对被视为已经受理的申请也要作出是否登记的决定 ··· 51
	一、案件名称 ······································ 51
	二、人民法院确认的事实 ···························· 51
	三、二审人民法院的认为 ···························· 52
	四、二审人民法院的裁判结论 ························ 53
	五、解　析 ·· 53

判例 11	一般情形下，土地出让金缴纳凭证不是登记机构办理商品房买卖转移登记时应当收取的材料 ······················ 56
	一、案件名称 ······································ 56
	二、人民法院确认的事实 ···························· 56
	三、二审人民法院的认为 ···························· 57
	四、二审人民法院的裁判结论 ························ 58
	五、解　析 ·· 58

判例 12	权利人才是房屋变更登记的申请人 ···················· 62
	一、案件名称 ······································ 62
	二、人民法院确认的事实 ···························· 63
	三、二审人民法院的认为 ···························· 63
	四、二审人民法院的裁判结论 ························ 64
	五、解　析 ·· 64

判例 13	原配偶死亡后权利取得人不能单方申请离婚转移登记 ······ 67
	一、案件名称 ······································ 67
	二、人民法院确认的事实 ···························· 67
	三、人民法院的认为 ································ 68

四、人民法院的裁判结论……………………………………69
　　　五、解　析……………………………………………………69

判例 14　婚前竣工的非法建筑物在婚姻关系存续期间完善建房手续后可以登记为夫妻共有……………………………………72
　　　一、案件名称……………………………………………………72
　　　二、人民法院确认的事实………………………………………72
　　　三、二审人民法院的认为………………………………………73
　　　四、二审人民法院的裁判结论…………………………………73
　　　五、解　析……………………………………………………73

判例 15　一般情形下，购房合同上的买方才是登记簿上记载的权利人……76
　　　一、案件名称……………………………………………………76
　　　二、人民法院确认的事实………………………………………76
　　　三、二审人民法院的认为………………………………………77
　　　四、二审人民法院的裁判结论…………………………………78
　　　五、解　析……………………………………………………78

判例 16　单独所有权人与买方申请的房屋转移登记，登记机构应当办理……………………………………………………82
　　　一、案件名称……………………………………………………82
　　　二、人民法院确认的事实………………………………………82
　　　三、人民法院的认为……………………………………………82
　　　四、人民法院的裁判结论………………………………………83
　　　五、解　析……………………………………………………83

判例 17　因离婚协议产生的房屋转移登记应当由当事人双方共同申请……………………………………………………85
　　　一、案件名称……………………………………………………85
　　　二、人民法院确认的事实………………………………………85
　　　三、二审人民法院的认为………………………………………86
　　　四、二审人民法院的裁判结论…………………………………87
　　　五、解　析……………………………………………………87

判例 18 登记机构不得将不成立的合同用作办理转移登记的
证据材料···90
　　一、案件名称···90
　　二、人民法院确认的事实··90
　　三、人民法院的认为···91
　　四、人民法院的裁判结论··92
　　五、解　析··92

判例 19 集资建房在竣工后首次登记前转让的，
承让人受让的是房屋而非集资建房资格·······························95
　　一、案件名称···95
　　二、人民法院确认的事实··95
　　三、人民法院的认为···96
　　四、人民法院的裁判结论··96
　　五、解　析··97

判例 20 基于形式上存在但实质上不存在的买卖合同办理的
房屋转移登记，程序也不合法··100
　　一、案件名称···100
　　二、人民法院确认的事实··101
　　三、二审人民法院的认为··102
　　四、二审人民法院的裁判结论···102
　　五、解　析··102

判例 21 登记机构办理转让房地产产生的转移登记时，
有效的不动产权属证书是必收要件······································105
　　一、案件名称···105
　　二、人民法院确认的事实··105
　　三、二审人民法院的认为··106
　　四、二审人民法院的裁判结论···106
　　五、解　析··106

判例 22　商品房买卖合同与离婚协议组合后可以形成权利人单独享有房屋所有权的原因证明 ············ 110
  一、案件名称 ··· 110
  二、人民法院确认的事实 ································· 110
  三、二审人民法院的认为 ································· 110
  四、二审人民法院的裁判结论 ····························· 111
  五、解　析 ··· 111

判例 23　继承人申请因继承产生的转移登记时应当提交其享有继承权的证明 ······························ 114
  一、案件名称 ··· 114
  二、人民法院确认的事实 ································· 114
  三、人民法院的认为 ····································· 114
  四、人民法院的裁判结论 ································· 115
  五、解　析 ··· 115

判例 24　继承人资格证明是申请人申请继承转移登记时应当提交的材料 ·································· 119
  一、案件名称 ··· 119
  二、人民法院确认的事实 ································· 119
  三、二审人民法院的认为 ································· 120
  四、二审人民法院的裁判结论 ····························· 121
  五、解　析 ··· 121

判例 25　继承权生效证明不是申请人申请因遗嘱继承产生的转移登记时应当提交的材料 ················· 123
  一、案件名称 ··· 123
  二、人民法院确认的事实 ································· 123
  三、二审人民法院的认为 ································· 123
  四、二审人民法院的裁判结论 ····························· 124
  五、解　析 ··· 124

判例 26	遗失补证和继承转移登记可以合并受理后依次序登记 …… 126
	一、案件名称 …………………………………………… 126
	二、人民法院确认的事实 ……………………………… 126
	三、二审人民法院的认为 ……………………………… 128
	四、二审人民法院的裁判结论 ………………………… 129
	五、解　析 …………………………………………… 129

判例 27	公司股东会同意用不动产抵押的证明
	不是抵押合同生效的前提 ………………………………… 134
	一、案件名称 …………………………………………… 134
	二、人民法院确认的事实 ……………………………… 134
	三、再审人民法院的认为 ……………………………… 137
	四、再审人民法院的裁判结论 ………………………… 138
	五、解　析 …………………………………………… 138

判例 28	已经启动但未完成的房屋转移登记因该房屋被查封的，
	登记机构应当作不予登记处理 …………………………… 142
	一、案件名称 …………………………………………… 142
	二、人民法院确认的事实 ……………………………… 142
	三、一审人民法院的认为 ……………………………… 142
	四、一审人民法院的裁判结论 ………………………… 144
	五、解　析 …………………………………………… 144

判例 29	登记机构不得办理处分被查封房屋产生的转移登记 …… 146
	一、案件名称 …………………………………………… 146
	二、人民法院确认的事实 ……………………………… 146
	三、二审人民法院的认为 ……………………………… 147
	四、二审人民法院的裁判结论 ………………………… 148
	五、解　析 …………………………………………… 148

判例 30	协助执行以不动产抵债产生的转移登记时，
	登记机构不应当向申请执行人索取纳税凭证 …………… 150
	一、案件名称 …………………………………………… 150

二、人民法院确认的事实 ·· 150
　　　三、二审人民法院的认为 ·· 151
　　　四、二审人民法院的裁判结论 ··· 151
　　　五、解　析 ··· 151

判例 31　登记簿记载错误是申请人申请更正登记的前提 ············ 157
　　　一、案件名称 ·· 157
　　　二、人民法院确认的事实 ·· 158
　　　三、人民法院的认为 ··· 158
　　　四、人民法院的裁判结论 ·· 159
　　　五、解　析 ··· 159

**判例 32　申请人申请更正登记时应当提交登记簿记载错误的
　　　　　　证据作支撑** ·· 162
　　　一、案件名称 ·· 162
　　　二、人民法院确认的事实 ·· 162
　　　三、一审人民法院的认为 ·· 164
　　　四、一审人民法院的裁判结论 ··· 165
　　　五、解　析 ··· 165

**判例 33　转让人可以用已出售但尚未转移登记到受让人名下的
　　　　　　房屋作抵押** ·· 168
　　　一、案件名称 ·· 168
　　　二、人民法院确认的事实 ·· 168
　　　三、一审人民法院的认为 ·· 170
　　　四、一审人民法院的裁判结论 ··· 170
　　　五、解　析 ··· 171

**判例 34　抵押权随主债权转让但不以记载于登记簿上为
　　　　　　受让人享有的抵押权生效的前提** ································ 174
　　　一、案件名称 ·· 174
　　　二、人民法院确认的事实 ·· 174
　　　三、再审人民法院的认为 ·· 176

	四、再审人民法院的裁判结论 …………………………… 176
	五、解　析 ………………………………………………… 176
判例35	抵押未成年人的房屋须为其利益 …………………………… 179
	一、案件名称 ……………………………………………… 179
	二、人民法院确认的事实 ………………………………… 179
	三、二审人民法院的认为 ………………………………… 180
	四、二审人民法院的裁判结论 …………………………… 181
	五、解　析 ………………………………………………… 181
判例36	一般情形下，在建建筑物抵押权注销登记
	应当由抵押当事人共同申请 ……………………………… 185
	一、案件名称 ……………………………………………… 185
	二、人民法院确认的事实 ………………………………… 185
	三、二审人民法院的认为 ………………………………… 186
	四、二审人民法院的裁判结论 …………………………… 186
	五、解　析 ………………………………………………… 186
判例37	登记机构办理在建建筑物抵押权登记时
	应当收取规划材料和查看现场 …………………………… 189
	一、案件名称 ……………………………………………… 189
	二、人民法院确认的事实 ………………………………… 189
	三、二审人民法院的认为 ………………………………… 191
	四、二审人民法院的裁判结论 …………………………… 192
	五、解　析 ………………………………………………… 192
判例38	预购商品房抵押预告登记不具有抵押权效力 …………… 195
	一、案件名称 ……………………………………………… 195
	二、人民法院确认的事实 ………………………………… 195
	三、二审人民法院的认为 ………………………………… 195
	四、二审人民法院的裁判结论 …………………………… 196
	五、解　析 ………………………………………………… 196

判例 39　抵押人须凭确认抵押权消灭的生效的法律文书才可以单方申请抵押权注销登记 ·················200
  一、案件名称 ·················200
  二、人民法院确认的事实 ·················200
  三、人民法院的认为 ·················201
  四、人民法院的裁判结论 ·················202
  五、解　析 ·················202

判例 40　生效的确认房屋归第三人的判决书导致登记簿上的原房屋所有权及其上的抵押权消灭 ·················205
  一、案件名称 ·················205
  二、人民法院确认的事实 ·················205
  三、一审人民法院的认为 ·················206
  四、一审人民法院的裁判结论 ·················206
  五、解　析 ·················206

判例 41　抵押权不因抵押权人同意抵押人转让抵押物而消灭 ·················210
  一、案件名称 ·················210
  二、人民法院确认的事实 ·················210
  三、再审人民法院的认为 ·················211
  四、再审人民法院的裁判结论 ·················212
  五、解　析 ·················212

判例 42　抵押合同被人民法院确认无效的，导致抵押权的登记程序违法 ·················216
  一、案件名称 ·················216
  二、人民法院确认的事实 ·················216
  三、一审人民法院的认为 ·················217
  四、一审人民法院的裁判结论 ·················217
  五、解　析 ·················217

判例 43　基于被撤销的公证委托书办理的抵押权登记也违法 ·················220
  一、案件名称 ·················220

二、人民法院确认的事实 ···220
　　三、二审人民法院的认为 ···221
　　四、二审人民法院的裁判结论 ···222
　　五、解　析 ···222

判例 44　登记机构在不动产权证书上作附记也应当依法有据 ·········225
　　一、案件名称 ···225
　　二、人民法院确认的事实 ···225
　　三、人民法院的认为 ···226
　　四、人民法院的裁判结论 ···226
　　五、解　析 ···227

判例 45　不动产补证行为不具有可诉性 ·····································229
　　一、案件名称 ···229
　　二、人民法院确认的事实 ···229
　　三、二审人民法院的认为 ···230
　　四、二审人民法院的裁判结论 ···230
　　五、解　析 ···230

判例 46　权利人在房地产被征收后申请的换证不能被核准 ···········234
　　一、案件名称 ···234
　　二、人民法院确认的事实 ···234
　　三、人民法院的认为 ···235
　　四、人民法院的裁判结论 ···237
　　五、解　析 ···237

判例 47　《土地房产所有证》不能作为申请宅基地使用权登记的
　　　　　　证据 ···241
　　一、案件名称 ···241
　　二、人民法院确认的事实 ···241
　　三、二审人民法院的认为 ···242
　　四、二审人民法院的裁判结论 ···243
　　五、解　析 ···243

判例 48　配套建设的幼儿园不属于小区业主所有 ······················ 245
　　一、案件名称 ··· 245
　　二、人民法院确认的事实 ··· 245
　　三、二审人民法院的认为 ··· 246
　　四、二审人民法院的裁判结论 ······································ 247
　　五、解　析 ··· 247

判例 49　无效的且与本件登记无关的委托手续不得用作登记证据 ······ 249
　　一、案件名称 ··· 249
　　二、人民法院确认的事实 ··· 249
　　三、二审人民法院的认为 ··· 250
　　四、二审人民法院的裁判结论 ······································ 251
　　五、解　析 ··· 251

判例 50　登记机构不对按人民法院的执行文书办理的登记
　　　　　承担责任 ··· 255
　　一、案件名称 ··· 255
　　二、人民法院确认的事实 ··· 255
　　三、二审人民法院的认为 ··· 256
　　四、二审人民法院的裁判结论 ······································ 256
　　五、解　析 ··· 256

主要参考书目 ··· 260

判例 1　申请人申请房屋登记时应当向登记机构提交登记申请书

一、案件名称

上诉人徐某诉被上诉人某市国土资源和房屋管理局行政不作为一案。

二、人民法院确认的事实

徐某2003年从吴某处购买了某市某区某路的一处房屋，领取了某市字第××号房地产权证。其后，徐某发现涉案房屋房产证的附图中有一块面积是空白，就此认定某市国土资源和房屋管理局所颁发的房产证面积登记错误。徐某以打电话的方式向某市国土资源和房屋管理局申请更正登记，从未提交过书面申请。某市国土资源和房屋管理局没有为徐某办理更正登记。2016年3月10日，徐某向一审法院起诉，要求某市国土资源和房屋管理局更改涉案房屋面积。一审庭审中，法院要求徐某明确诉讼请求，徐某表示对被告不予进行房屋变更登记的行政不作为不服，要求确认被告不履行变更房屋面积登记的行政不作为行为违法，并变更房屋面积。庭审中，徐某提交了电话录音证据，但电话录音中，徐某的委托代理人小徐与某市某路房管所的工作人员在反复争论徐某房屋外一块空地是属于徐某所有还是公摊面积，内容较为混乱，不能明确、清晰地证明徐某是在向被告申请更正登记。一审法院以徐某未向某市国土资源和房屋管理局提出过更正登记申请，徐某认为被告行政不作为的证据不足、理由不成立为由，判决驳回徐某的诉讼请求。徐某不服一审判决，向二审人民法院提起上诉。

三、二审人民法院的认为

《最高人民法院关于行政诉讼证据若干问题的规定》第四条第二款规定："在起诉被告不作为的案件中，原告应当提供其在行政程序中曾经提出申请的证据材料。"《不动产登记暂行条例实施细则》第七十九条规定："权利人、利害关系人认为不动产登记簿记载的事项有错误，可以申请更正登记。权利人申请更正登记的，应当提交下列材料：（一）不动产权属证书；

（二）证实登记确有错误的材料；（三）其他必要材料。"本案中，徐某主张被告某市国土资源和房屋管理局存在行政不作为，其应首先举证证明其曾向行政机关提起申请的事实。徐某在原审中所提交的录音证据，系徐某的委托代理人小徐与某市某路房管所的工作人员在争论上诉人房屋外一块空地是属于徐某所有还是公摊面积，内容较为混乱，不能明确、清晰地证明小徐是在向被上诉人申请更正登记，而且某市某路房管所的工作人员亦非被上诉人的工作人员，该录音证据不能证实上诉人向被上诉人提起过变更登记的申请。如果徐某认为涉案房屋登记的面积有误，应当依照法定程序向某市国土资源和房屋管理局申请更正登记，并提交必要材料。而徐某未举证证明其已按法定程序提交过申请。其在一审庭审结束后向某市国土资源和房屋管理局邮寄"确认真实情况申请书"，也不能证明上诉人在本案原审起诉前向某市国土资源和房屋管理局提出变更登记申请的事实。综上，上诉人的上诉理由不成立，本院不予支持。

四、二审人民法院的裁判结论

判决驳回上诉，维持原判。

五、解 析

《物权法》第十一条规定，当事人申请登记，应当根据不同登记事项提供权属证明和不动产界址、面积等必要材料（《民法典》第二百一十一条做了同样的规定）。在不动产登记实务中，《不动产登记暂行条例实施细则》第二条第一款规定，不动产登记应当依照当事人的申请进行，但法律、行政法规以及本实施细则另有规定的除外。据此可知，一般情形下，不动产登记是依当事人的申请启动的行政行为，即依申请的行政行为。依申请的行政行为，是指行政机关必须有相对方的申请才能实施的行政行为[①]。换言之，一般情形下，非依当事人的申请，不动产登记程序不启动，不动产登记的后果不产生。

---

① 马怀德：《行政法学》，中国政法大学出版社2007年版，第108页。

《不动产登记暂行条例》第十五条第一款规定，当事人或者其代理人应当向不动产登记机构申请不动产登记。在不动产登记实务中，《不动产登记暂行条例实施细则》第九条第一款规定，申请不动产登记的，申请人应当填写登记申请书，并提交身份证明以及相关申请材料。本案产生争执后实施的《不动产登记操作规范（试行）》1.8.2.2 条规定："申请材料形式应当为纸质介质，申请书纸张和尺寸宜符合下列规定：1. 采用韧性大、耐久性强、可长期保存的纸质介质；2. 幅面尺寸为国际标准 297mm×210mm（A4 纸）。"概言之，当事人应当填写并向登记机构提交相应样式的纸质的不动产登记申请书，以启动不动产登记程序。换言之，当事人填写并向登记机构提交相应样式的纸质的不动产登记申请书，是当事人向登记机构申请不动产登记的凭证。本案中，二审人民法院"徐某未举证证明其已按法定程序提交过申请。其在一审庭审结束后向某市国土资源和房屋管理局邮寄'确认真实情况申请书'，也不能证明上诉人在本案原审起诉前向某市国土资源和房屋管理局提出变更登记申请"的认为，值得赞同，据此作出的判决正确。

《物权法》第十二条规定："登记机构应当履行下列职责：（一）查验申请人提供的权属证明和其他必要材料；（二）就有关登记事项询问申请人；（三）如实、及时登记有关事项；（四）法律、行政法规规定的其他职责。申请登记的不动产的有关情况需要进一步证明的，登记机构可以要求申请人补充材料，必要时可以实地查看。"（《民法典》第二百一十二条做了同样的规定）《不动产登记暂行条例》第八条第三款规定："不动产登记簿应当记载以下事项：（一）不动产的坐落、界址、空间界限、面积、用途等自然状况；（二）不动产权利的主体、类型、内容、来源、期限、权利变化等权属状况；（三）涉及不动产权利限制、提示的事项；（四）其他相关事项。"据此可知，当事人申请不动产登记时，应当根据申请登记的权利或有关事项，按《不动产登记暂行条例》第八条第三款的规定在登记申请书上填写相关内容并附上相关登记申请材料后提交给登记机构，登记机构据此作查验、询问、查看现场和在登记簿上作记载。换言之，登记申请书及登记申请材料被登记机构受理后，直接决定登记机构的审核范围，即登记机构只能根据申请登记的不动产权利或其他有关事项，结合申请人提交的相应的登记申请材料进行审核、判定，不能要求申请人提交与之无关的申请材料并对其进行审核，更不能将其他不动产权利或有关事项登记在申请人名下。

按《不动产登记暂行条例》第十七条第（三）项规定，登记机构收取的申请材料不齐全或者不符合法定形式的，应当当场书面告知申请人不予受理并一次性告知需要补正的全部内容。据此可知，如前所述，当事人依申请启动不动产登记时，应当向登记机构提交的是登记申请书，不得提交不动产登记通知、不动产登记告知书、不动产登记函等非申请书形式的材料，且当事人提交的不动产登记申请书系纸质，不得提交语音、音像等非纸质的材料，否则，登记机构将以申请材料不齐全或者不符合法定形式为由作不予受理处理。

判例 2 因赠与产生的房屋转移登记应当由当事人双方共同申请

一、案件名称

上诉人吴乙、柯某因行政登记一案。

二、人民法院确认的事实

柯某是吴乙的母亲，2014 年 1 月 17 日，柯某和丈夫吴甲与吴乙签订《房屋赠与合同》，将位于 B 乡 C 村建筑面积为 144.93 平方米的房屋赠与吴乙，且进行了公证，但未办理房屋过户登记。2014 年 7 月 2 日，吴甲死亡。同年 10 月，柯某、吴乙到 C 建设环保处办理房屋过户登记时，该处工作人员审查两人提交的资料后，告知两人资料不齐全，需补齐资料，并告之该处只能受理和审查，没有发证的职能。10 月 24 日，该处工作人员带柯某、吴乙到 A 市房屋交易所咨询办理过户事宜，该交易所负责人也告知不能办理。柯某、吴乙遂诉讼至一审人民法院，要求 C 建设环保处受理两人的过户申请，A 市住建委为其办理房屋过户手续。另查 A 市建设委员会《关于 C 风景区房屋所有权登记发证有关问题的请示》和 A 市人民政府办公室《关于 C 风景区房屋所有权登记发证方案的批复》文件规定，C 建设环保处承办 C 风景区管理委员会辖区内房屋产权登记的受理、测绘、产权调查、初审工作，并分批报市房地产管理局审批发证。柯某、吴乙向一审人民法院起诉 A 市住建委，请求人民法院判令 A 市住建委受理其单方申请的赠与房屋转移登记。一审人民法院以赠与取得的房屋登记应当由当事人双方共同申请为由，判决驳回柯某、吴乙的诉讼请求。柯某、吴乙不服一审判决，向二审人民法院提起上诉。

三、二审人民法院的认为

《不动产登记暂行条例》已于 2015 年 3 月 1 日发生法律效力，不动产的登记行为自 3 月 1 日起应适用该条例，上诉人关于原建设部制定的《房屋登记管理办法》违法且不能适用的上诉理由已失去意义，本院不予审查。依据《不动产登记暂行条例》第十四条规定，申请不动产登记，原则上应当由当事人双方共同申请，而对单方申请的情形所做的列举中，并不包括因赠与而取得房屋的权利，上诉人关于因赠与而取得房屋权利系可单方申请的不动产登记行为的上诉理由无法律依据，本院不予支持。原审认定事实清楚，定性准确，应予维持。

四、二审人民法院的裁判结论

判决驳回上诉，维持原判决。

五、解析

1. 不动产登记的单方申请与双方申请

《不动产登记暂行条例》第十四条规定："因买卖、设定抵押权等申请不动产登记的，应当由当事人双方共同申请。属于下列情形之一的，可以由当事人单方申请：（一）尚未登记的不动产首次申请登记的；（二）继承、接受遗赠取得不动产权利的；（三）人民法院、仲裁委员会生效的法律文书或者人民政府生效的决定等设立、变更、转让、消灭不动产权利的；（四）权利人姓名、名称或者自然状况发生变化，申请变更登记的；（五）不动产灭失或者权利人放弃不动产权利，申请注销登记的；（六）申请更正登记或者异议登记的；（七）法律、行政法规规定可以由当事人单方申请的其他情形。"据此可知，《不动产登记暂行条例》第十四条的内容将不动产登记的申请方式规定为以当事人双方共同申请为原则，单方申请为例外。

（1）当事人双方共同申请。

当事人双方共同申请，是指由当事人双方共同向登记机构申请设立、变更、转移、消灭不动产权利或有关事项产生的登记。在民事活动中，因合同、协议等基于当事人双方合意的民事法律行为，是当事人取得不动产权利或产生与不动产权利相关事项的重要方式，换言之，因合同、协议等基于当事人双方合意的民事法律行为，是当事人取得不动产权利或产生与不动产权利相关事项的原因。民事法律行为，是指以意思表示为要素并以设立、变更、终止民事权利义务关系为目的的行为[1]。原因要转化成结果，就需要法律行为的当事人履行各自的义务，其中，协助对方申请不动产登记是最重要的义务之一。换言之，在这些基于合同所生的不动产物权变动中，一方是登记权利人，另一方是登记义务人，双方应当共同向登记机构申请登记。[2]《不动产登记暂行条例》第十四条第一款规定："因买卖、设定抵押权等申请不动产登记的，应当由当事人双方共同申请。"笔者认为，此规定是具体列举加概括式的规定，且买卖、设定抵押权只是基于当事人双方合意的民事法律行为之一，不动产互换、投资入股等也是基于当事人双方合意产生不动产登记的民事法律行为，即"买卖、设定抵押权"的范围太狭窄，因此，将本条第一款具体列举加概括式的规定扩张理解为具体列举加

---

[1] 梁慧星：《中国物权法草案建议稿附理由：总则编》，法律出版社2004年版，第139页。

[2] 程啸：《不动产登记法》，法律出版社2011年版，第250页。

概括式再加定性式的规定似乎更为合理。若如此，笔者对本条第一款作扩张理解：因合同、协议等基于当事人双方合意的民事法律行为申请不动产登记的，应当由当事人双方共同申请。建议不动产登记实务中按此操作。

（2）当事人单方申请。

当事人单方申请，是指由当事人中的一方单独向登记机构申请设立、变更、转移、消灭不动产权利或有关事项产生的登记。《物权法》第二十八条规定，因人民法院、仲裁委员会的法律文书或者人民政府的征收决定等，导致物权设立、变更、转让或者消灭的，自法律文书或者人民政府的征收决定等生效时发生效力（《民法典》第二百二十九条规定，因人民法院、仲裁机构的法律文书或者人民政府的征收决定等，导致物权设立、变更、转让或者消灭的，自法律文书或者征收决定等生效时发生效力）。据此可知，基于生效的法律文书或人民政府的征收决定取得的不动产权利，自法律文书或人民政府的征收决定生效时起，权利人无须登记即依法、即时享有相应的不动产权利。该法第二十九条规定，因继承或者受遗赠取得物权的，自继承或者受遗赠开始时发生效力（《民法典》第二百三十条规定，因继承取得物权的，自继承开始时发生效力）。据此可知，基于继承或受遗赠取得的不动产权利，自继承或受遗赠开始时起，权利人无须登记即依法、即时享有相应的不动产权利。该法第三十条规定，因合法建造、拆除房屋等事实行为设立或者消灭物权的，自事实行为成就时发生效力（《民法典》第二百三十一条做了同样的规定）。据此可知，基于合法建造房屋取得的不动产权利，自建造房屋的事实行为成就时起，权利人无须登记即依法、即时享有相应的不动产权利。《不动产登记暂行条例》第十四条第二款第（一）、（二）、（三）项规定的申请登记的不动产权利，即基于《物权法》第二十八条、第二十九条和第三十条规定取得的不动产权利。《不动产登记暂行条例》第十四条第二款第（四）项是关于权利人对自己依法享有的记载在登记簿上的不动产权利内容发生变动时申请登记的规定。该暂行条例第十四条第二款第（五）项是关于权利人申请消灭不动产登记的两种情形：一是依自己的意思表示以放弃的方式处分自己享有的不动产权利；二是不动产权利因承载该权利的客体灭失而消灭。概言之，申请设立、变更、转移、消灭此类不动产权利产生的登记时，不存在当事人的合意，不涉及他方当事人，因此单方申请即可①。

《物权法》第十九条规定，权利人、利害关系人认为不动产登记簿记载的事项错误的，可以申请更正登记。不动产登记簿记载的权利人书面同意更正或者有证据证明登记确有错误的，登记机构应当予以更正。不动产登记簿记载的权利人不同意更正的，利害关系人可以申请异议登记（《民法典》第二百二十条做了同样的规定）。据此可知，一般情形下，更正登记可以由权利人或利害关系人申请，异议登记由利害关系人申请，即更正登记和异议登记属于法定的由当事人单方申请登记的情形。《不动产登记暂行条例》第十四条第（六）项规定将更正登记和异议列为单方申请，是遵循了《物权法》的规定。

《合同法》第一百八十五条规定，赠与合同是赠与人将自己的财产无偿给予受赠人，受赠人表示接受赠与的合同（《民法典》第六百五十七条做了同样的规定）。据此可知，赠与合同是由当事人赠与意思表示与接受赠与意思表示达成一致后形成的合同，属于当事人双方合意的民事法律行为。因此，本案中，柯某、吴乙基于《房屋赠与合同》产生的转移登记，应当由赠与人柯某、吴甲与受赠人吴乙共同申请，二审人民法院以"因赠与而取得房屋权利系可单方申请的不动产登记行为的上诉理由无法律依据"为由，判决不予支持柯某、吴乙的上诉请求正确。至于赠与人中的吴甲已经死亡，无法作为赠与方申请转移登记，属于别的法律关系。

2. 本案中，柯某、吴乙应当申请的登记

《继承法》第二条规定，继承从被继承人死亡时开始（《民法典》第一千一百二十一条做了同样的规定）。该法第二十六条规定，夫妻在婚姻关系存续期间所得的共同所有的财产，除有约定的以外，如果分割遗产，应当先将共同所有的财产的一半分出为配偶所有，其余的为被继承人的遗产

---

① 程啸：《不动产登记法》，法律出版社2011年版，第250页。

（《民法典》第一千一百五十三条第一款规定，夫妻共同所有的财产，除有约定的外，遗产分割时，应当先将共同所有的财产的一半分出为配偶所有，其余的为被继承人的遗产）。《物权法》第二十九条规定，因继承或者受遗赠取得物权的，自继承或者受遗赠开始时发生效力（《民法典》第二百三十条规定，因继承取得物权的，自继承开始时发生效力）。据此可知，一般情形下，若夫妻生前对其共同财产没有约定，自其中一方死亡时起，夫妻共同财产中的一半属于遗产，另一半属于配偶所有。自被继承人死亡时起，继承人无须登记即依法、即时享有遗产部分的权利。本案中，人民法院确认的事实中没有吴甲生前与柯某关于房屋分割或处分的约定，因此，自吴甲死亡时起，柯某、吴乙无须登记即共同享有该房屋一半的所有权，另一半属柯某享有。但鉴于柯某、吴甲与吴乙签订《房屋赠与合同》，欲将房屋全部赠与吴乙的事实，柯某可放弃继承，由吴乙单独继承房屋的遗产部分。柯某、吴甲与吴乙签订《房屋赠与合同》，因吴甲死亡，其应当协助吴乙申请转移登记的义务无法履行而将其享有的权利转移登记给吴乙的赠与合同的部分目的无法实现。但柯某尚健在，可以履行协助吴乙申请转移登记的义务而将其享有的权利转移登记给吴乙，使赠与合同的另一部分目的实现。在不动产登记实务中，按《不动产登记操作规范（试行）》1.10.1条之7规定，不动产登记机构认为可以合并办理的，申请人可以一并申请，不动产登记机构应当一并受理。据此可知，本案中，就同一房屋产生的继承转移登记、赠与转移登记是相互联系的两种登记，登记机构可以合并受理。因此，登记机构可以告知柯某、吴乙，凭继承材料、《房屋赠与合同》等向登记机构合并申请继承转移登记、赠与转移登记，实现将房屋全部转移登记给吴乙的目的。

3. 其他

在不动产登记实务中，申请人提交的买卖合同或协议中，约定由其中一方当事人负责申请转移登记的情形时有出现，笔者认为，合同或协议是当事人意思自治的产物，当事人约定由其中的某一方负责申请转移登记，并不违反法律规定，也不损害社会公益和他人利益，且是为了实现共同签订的合同或协议的目的，故应当从其约定，可由约定的某一方当事人单方申请转移登记。但是，鉴于我国当前个人诚信系统尚未建立的现实，当事人凭约定由某一方当事人单方申请转移登记的合同或协议申请转移登记时，若该合同未经相关国家机关（构）备案、鉴证或公证，登记机构宜将转移登记内容予以公告，以查明该约定的真实性，确保登记质量。但该公告系由登记机构自行启动，公告期间应当计入登记办理时限。

判例3　申请人申请不动产登记时应当提交其有效的身份证明

一、案件名称

上诉人姜某房屋所有权转移登记行为一案。

二、人民法院确认的事实

张某曾用名张某华。2005年9月13日，"张某华"与姜某向原房屋登记机关某市建设委员会申请办理位于某市某区某温泉花园B区1号楼4单元412室房屋（以下简称诉争房屋）所有权转移登记，并向登记机关提交了某市房屋产权登记申请书、房地平面图、申请房屋买卖转让登记表（2）、房屋买卖合同、申请人身份证明、契税完税凭证等相关材料，房屋登记机关对申请材料进行了审查，认为符合房屋所有权转移登记的相关规定，遂为申请人办理了诉争房屋所有权转移登记（以下简称被诉登记行为），并于2005年10月9日为购房人姜某核发了某房权证私移字第××号《房屋所有权证》（以下简称被诉房产证）。之后，张某、马某（张某之夫）向一审人民法院提起民事诉讼要求确认上述房屋买卖合同无效。一审人民法院于2014年12月11日作出（2014）某民初字第12097号《民事判决书》，判决驳回了张某、马某的诉讼请求。张某、马某不服，向二审人民法院提起上诉。二审人民法院于2015年2月13日作出（2015）某民终字第01068号《民事判决书》，维持了一审判决。而后某市高级人民法院于2015年12月21日作出（2015）高民申字第04636号《民事裁定书》，驳回两人的再审申请。

现张某以某市建设委员会没有依照法律规定及法定程序办理相关手续，没有尽到审慎审查的职责，在其毫不知情的情况下将诉争房屋转移登记到第三人名下，严重侵害了其合法权益为由，向一审人民法院提起行政诉讼，请求判决撤销某市建设委员会 2005 年 10 月 9 日为第三人姜某核发的被诉房产证。

另外，诉争房屋所有权转移登记档案材料中申请人"张某华"的身份证复印件显示系 A 省 B 市公安局 2000 年 10 月 19 日签发的第一代身份证，但该复印件上"张某华"的照片与张某向一审人民法院提交的 A 省 B 市公安局于上述日期签发的张某华第一代身份证原件（剪角）上的照片明显不一致。2016 年 4 月 7 日，A 省 B 市公安局在上述张某提交的身份证（剪角）复印件上盖章，确认该身份证信息准确无误。2016 年 12 月 27 日，一审人民法院以申请人"张某华"在申请诉争房屋所有权转移登记时提交的并非有效的身份证明，不符合办理房屋转移登记的规定，诉争房屋所有权转移登记行为应予撤销为由，判决撤销了被诉房产证。姜某不服该判决，上诉至二审人民法院。

三、二审人民法院的认为

参照 1997 年《登记办法》①第十三条、第十七条第二款的规定，权利人（申请人）申请登记时，应当向登记机关交验单位或者相关人的有效证件。申请转移登记，应当提交房屋权属证书以及相关的合同、协议、证明等文件。本案中，某市住建委收到诉争房屋所有权转移登记申请后，对提交的包括房屋买卖合同、身份证明在内的申请材料进行审查，认为上述申请符合 1997 年登记办法的相关规定，为诉争房屋办理了房屋所有权转移登记，并向姜某核发了被诉房产证。但根据本院查明的事实，办理涉案房屋转移登记时所提交的申请人"张某华"的身份证上照片与张某本人持有的公安机关同一日签发的身份证原件中的照片明显不一致，某市建设委员会

---

① 此处的《登记办法》是指《城市房屋权属登记管理办法》——本书编著者注。

作出的被诉转移登记行为所依据的申请材料存在不真实的问题，一审人民法院据此判决撤销被诉房产证并无不当，本院予以维持。

四、二审人民法院的裁判结论

判决驳回上诉，维持一审判决。

五、解　析

1997年10月27日建设部令第57号发布实施的《城市房屋权属登记管理办法》（现已废止）第十三条第一款规定，权利人（申请人）申请登记时，应当向登记机关交验单位或者相关人的有效证件。2008年1月22日建设部第168号令发布实施的《房屋登记办法》（现已废止）第三十三条规定，申请人的身份证明是申请房屋所有权转移登记时应当提交的材料。现时的《不动产登记暂行条例实施细则》第九条第一款规定，申请不动产登记的，申请人应当填写登记申请书，并提交身份证明以及相关申请材料。据此可知，无论是在房屋登记时代，还是在不动产统一登记时代，申请房屋登记、不动产登记时，申请人有效的身份证明均是应当提交的要件。要求申请人提交有效的身份证明，笔者认为，主要有以下作用：

（1）《民法总则》第十三条和第十四条规定，自然人从出生时起到死亡时止，具有民事权利能力，依法享有民事权利，承担民事义务。自然人的民事权利能力一律平等（《民法典》第十三条和第十四条做了同样的规定）。该总则第五十九条规定，法人的民事权利能力和民事行为能力，从法人成立时产生，到法人终止时消灭（《民法典》第五十九条做了同样的规定）。该总则第一百零八条规定，非法人组织民事权利能力和民事行为能力参照适用其第五十九条规定（《民法典》第一百零八条规定，非法人组织除适用本章规定外，参照适用本编第三章第一节的有关规定）。据此可知，有效的身份证明是自然人、法人或非法人组织具有民事权利能力的凭证，换言之，有效的身份证明是自然人、法人或非法人组织申请不动产登记时，有资格作为登记簿上记载的权利主体的凭证，也是证明申请人适格的凭证。

（2）确保登记簿上记载的权利人姓名或名称正确，减少不必要的更正登记。

（3）权利人对登记簿上记载的权利或有关事项作处分时，便于登记机构审核、判定因处分不动产产生的登记的申请人中的处分方，与登记簿上记载的权利人是否一致，即该申请人是否适格，以保护登记簿上记载的权利人的合法权益。

（4）《民法总则》第十七条规定，十八周岁以上的自然人为成年人。不满十八周岁的自然人为未成年人（《民法典》第十七条做了同样的规定）。该总则第十八条规定，成年人为完全民事行为能力人，可以独立实施民事法律行为。十六周岁以上的未成年人，以自己的劳动收入为主要生活来源的，视为完全民事行为能力人（《民法典》第十八条做了同样的规定）。申言之，具有完全民事行为能力的人可以独立实施不动产登记申请行为，不具有完全民事行为能力的人则需要其监护人代为实施。据此可知，登记机构根据申请人提交的身份证明上显示的自然人的出生时间，可以初步判定不动产登记申请人是否适格，即申请人在该年龄阶段是否具有完全民事行为能力，有无资格独立申请不动产登记，是否需要监护人代为申请登记等。其中，十六周岁以上的未成年人独立申请登记时，应当提交社会保险金缴纳凭证或个人所得税缴纳凭证，也可以提交经劳动人事部门鉴证、备案的用工合同，以佐证其有劳动收入作为主要生活来源，从而证明其单独作为不动产登记申请人适格。

（5）《民法总则》第五十九条规定，法人的民事权利能力和民事行为能力，从法人成立时产生，到法人终止时消灭（《民法典》第五十九条做了同样的规定）。该总则第一百零八条规定，非法人组织民事权利能力和民事行为能力参照适用其第五十九条规定（《民法典》第一百零八条规定，非法人组织除适用本章规定外，参照适用本编第三章第一节的有关规定）。据此可知，要求法人及非法人组织提交身份证明，表明其合法成立并存在，该法人或非法人组织可以自行申请不动产登记，也可以指定代理人代为申请不动产登记等。

在不动产登记实务中,《不动产登记暂行条例实施细则》第二条第一款规定,不动产登记应当依照当事人的申请进行,但法律、行政法规以及本实施细则另有规定的除外。质言之,一般情形下,不动产登记程序依当事人的申请启动,否则,登记机构不得为当事人办理登记。笔者据此认为,本案中,张某(张某华)提交真实、有效的身份证明的行为,旨在证明其作为转让转移登记申请人中的卖方主体适格。否则,不适格的申请人申请的登记,应当无效,登记机构基于此在登记簿上作的登记因程序违法,亦应当无效。二审人民法院以"某市建设委员会作出的被诉转移登记行为所依据的申请材料存在不真实的问题"为由,判决驳回姜某的上诉,维持一审判决。笔者支持此判决。

判例4 登记机构不受理登记申请时应当场书面告知申请人

一、案件名称

上诉人刘甲与被上诉人 A 县房地产管理局不履行法定职责案。

二、人民法院确认的事实

2004 年 7 月 2 日,A 县 B 建设指挥部与 A 县 C 房地产开发公司共同建设乙广场商住楼项目。2006 年 1 月 18 日,A 县 B 建设工程指挥部向 A 县房地产管理局作出承诺书,将尚未出售的一楼七间门面(7 号、14 号、17 号、18 号、20 号、21 号、27 号门面)进行完税抵押。2006 年 1 月 19 日,被上诉人(A 县房地产管理局)将乙广场商住楼一楼 7 号、14 号、17 号、18 号、20 号、21 号、27 号门面作抵押登记。2006 年 2 月 18 日,上诉人(刘甲)与 A 县 C 房地产开发公司签订商品房买卖合同,购买乙广场商住楼 21 号门面。2015 年 10 月 30 日,上诉人(刘甲)向被上诉人(A 县房地产管理局)申请办理 21 号门面的房产登记权证,被上诉人(A 县房地产管理局)未予登记。2015 年 11 月 2 日,被上诉人(A 县房地产管理局)通过初步审查程序发现上诉人(刘甲)提交的材料缺少税费凭据和房屋维修基金凭据,故向上诉人(刘甲)送达一份《开发企业办理房产分户证须知》告知应补齐的材料。2016年1月4日，上诉人（刘甲）诉至一审人民法院，请求判令被上诉人（A县房地产管理局）依法对上诉人（刘甲）所拥有的乙广场21号门面进行权属登记，颁发房产证件。一审人民法院以被上诉人（A县房地产管理局）初步审查发现上诉人（刘甲）提交的申请登记材料不齐全且告知了原告应当补齐的材料后，已经履行了相应的法定职责为由，判决驳回上诉人（刘甲）的诉讼请求。刘甲对一审判决不服，向二审人民法院上诉。

另外，二审人民法院查明，被上诉人（A县房地产管理局）并没有提供抵押人与抵押权人签订的抵押合同、主债权合同或者抵押的他项权证等主要证据，因此，被上诉人（A县房地产管理局）所举证据不足以证明抵押行为的客观存在。对抵押的事实，二审人民法院不予认定。

三、二审人民法院的认为

本案系因不动产登记而引发的纠纷，争议的焦点主要是被上诉人是否构成了不履行法定职责。

本案属于不作为类行政诉讼。对于此类案件的审理，主要审查以下三个方面：一是被诉行政机关是否具有应当作为的法定职责；二是被诉行政机关是否存在不作为的客观事实；三是被诉行政机关的不作为是否具有符合法律规定的抗辩理由。具体到本案而言，关于第一个方面，《房屋登记办法》第四条规定："房屋登记，由房屋所在地的房屋登记机构办理。本办法所称房屋登记机构，是指直辖市、市、县人民政府建设（房地产）主管部门或者其设置的负责房屋登记工作的机构。"在2016年6月A县人民政府发布关于不动产登记职责调整的通告之前，根据《房屋登记办法》的规定，被上诉人A县房地产管理局作为该县设立的房屋登记机构，应当具有负责办理辖区内房屋登记的法定职责。关于第二个方面，国务院颁布的《不动产登记暂行条例》于2015年3月1日起施行，本案上诉人向被上诉人提出房屋登记申请的时间是2015年10月30日，申请登记行为发生于该条例施行之后，因此本案的审理可以适用该条例。《不动产登记暂行条例》第十七条第（三）项规定："申请材料不齐全或者不符合法定形式的，应当当场书面告知申请人不予受理并一次性告知需要补正的全部内容。"本案中，被上诉人除了在收到申请后第三天给上诉人送达了一份《开发企业办理房产分户证须知》外，并没有提供证据证明其在收到申请材料后当场以书面的形式告知了申请人不予受理。因此，被上诉人没有严格按照条例的上述规定履行法定职责的事实客观存在。关于第三个方面，被上诉人提出不履行法定职责的抗辩理由，主要是涉案房屋已经进行了抵押登记，在抵押登记未予解除之前，申请人的申请不符合登记条件。经查，被上诉人所主张的抵押登记，并没有相关抵押人与抵押权人签订的抵押合同、主债权合同或者抵押的他项权证等主要证据可以证实，其所提供的承诺书和平面图不足以证明抵押登记行为的客观存在。因此，被上诉人提出的抗辩理由因证据不足，不能成立。上诉人起诉被上诉人不履行法定职责的理由成立，依法应当支持。

此外，《不动产登记暂行条例》第六条第二款规定："县级以上地方人民政府应当确定一个部门为本行政区域的不动产登记机构，负责不动产登记工作，并接受上级人民政府不动产登记主管部门的指导、监督。"上诉人所在地 A 县人民政府根据该条例的规定,已于 2016 年 5 月 31 日发布通告，将原属于被上诉人的房屋登记职责调划到新成立的不动产登记中心。根据《不动产登记暂行条例》的相关规定和 A 县不动产登记职责已经调整的实际，调整后本案被上诉人已不再具有房屋登记的法定职责，因此，再判决被上诉人履行法定职责既没有法律依据，也没有实际意义。

四、二审人民法院的裁判结论

判决：撤销一审人民法院的行政判决，确认 A 县房地产管理局不履行房屋登记法定职责的行为违法。

五、解 析

1. 一般情形下，不动产登记是依申请的行政行为

《物权法》第十一条规定，当事人申请登记，应当根据不同登记事项

提供权属证明和不动产界址、面积等必要材料（《民法典》第二百一十一条做了同样的规定）。《不动产登记暂行条例》第十五条第一款规定，当事人或者其代理人应当向不动产登记机构申请不动产登记。在不动产登记实务中，《不动产登记暂行条例实施细则》第二条第一款规定，不动产登记应当依照当事人的申请进行，但法律、行政法规以及本实施细则另有规定的除外。据此可知，一般情形下，不动产登记是依当事人的申请启动的行政行为，即依申请的行政行为。依申请的行政行为，是指行政机关必须有相对方的申请才能实施的行政行为[1]。换言之，非依当事人的申请，不动产登记程序不启动，不动产登记的后果不产生。

按《不动产登记暂行条例》第十七条第（三）项规定，申请材料不齐全或者不符合法定形式的，登记机构应当当场书面告知申请人不予受理并一次性告知需要补正的全部内容。据此可知，如前所述，不动产登记是依申请的行政行为，依申请的行政行为，只要相对人提出了申请，行政机关就负有审查义务，符合条件者即应予以办理，不符合条件者应及时通知相对人或要求相对人补充申请材料，否则构成消极不作为违法[2]。因此，本案中，刘甲已经向 A 县房地产管理局提出了房屋登记申请，并提交了相关材料，A 县房地产管理局在受理申请时，应当在受理现场当场对刘甲提交的材料进行初步查验，查验后，对刘甲提交的申请材料不齐全或者不符合法定形式的，应当当场书面告知刘甲不予受理的理由和依据以及需要补正的全部内容，这是行政法规的规定课以不动产登记机构的义务。简言之，当场书面告知刘甲不予受理的理由和依据以及需要补正的全部内容是 A 县房地产管理局的法定义务。然而，A 县房地产管理局在受理申请后的第三天，才向刘甲送达了一份《开发企业办理房产分户证须知》，且无其他材料证明其履行了当场告知刘甲不予受理的理由和依据以及需要补正的全部内容的义务。因此，二审人民法院在判决书中认定 A 县房地产管理局没有严

---

[1] 马怀德：《行政法学》，中国政法大学出版社 2007 年版，第 108 页。
[2] 马怀德：《行政法学》，中国政法大学出版社 2007 年版，第 108 页。

格履行法定职责,确认 A 县房地产管理局不履行房屋登记法定职责的行为违法,既有法理证据,也有行政法规依据。

2. 登记机构告知申请人不予受理和需要补正的全部内容系要式行政行为

按《不动产登记暂行条例》第十七条第(三)项规定,申请材料不齐全或者不符合法定形式的,登记机构应当当场书面告知申请人不予受理并一次性告知需要补正的全部内容。据此可知,登记机构在受理现场对申请人提交的申请材料作初步查验后,在申请材料不齐全或者不符合法定形式的情形下,登记机构应当当场以书面形式告知申请人不予受理的理由和依据以及需要补正的全部内容。其中,以"书面形式"告知申请人,是行政法规规定的方式,即登记机构以"书面形式"告知申请人是法定的方式,此为要式行政行为。要式行政行为,是指必须具备某种法定的形式或遵守法定的程序才能成立生效的行政行为。要式行政行为就其形式而言是一种羁束性要求,若不具备相应的形式,就会因形式违法而被宣布无效[①]。本案中,由于 A 县房地产管理局不能提供证据证明其在收到申请人提交的申请材料后当场以"书面形式"告知了申请人不予受理,即登记机构没有按照行政法规规定的形式履行其向申请人的告知义务,故二审人民法院在判决书中关于其没有严格按照《不动产登记暂行条例》规定履行法定职责的事实客观存在的认为值得赞同。

3. 延伸思考:涉案房屋上可否因担保纳税设立抵押权

本案中,在涉案房屋上设立的抵押权是为了担保纳税,那么,可否因担保纳税而在房屋上设立抵押权呢?

《中华人民共和国税收征收管理法》(以下简称《税收征管法》)第四十四条规定,欠缴税款的纳税人或者他的法定代表人需要出境的,应当在出境前向税务机关结清应纳税款、滞纳金或者提供担保。按《纳税担保试行办法》第三条和第十五条规定,欠税人或第三人,可以以其所有的房屋

[①] 马怀德:《行政法学》,中国政法大学出版社 2007 年版,第 110~111 页。

设定抵押，担保欠税人所欠税款的缴纳。质言之，以房屋作抵押担保欠税人所欠税款的缴纳具有法律上和行政规章上的依据。那么，税务机关可否基于欠税担保在抵押人的房屋上设立抵押权呢？

《物权法》第一百七十一条规定，债权人在借贷、买卖等民事活动中，为保障实现其债权，需要担保的，可以依照本法和其他法律的规定设立担保物权(《民法典》第三百八十七条第一款做了同样的规定)。质言之，作为担保物权的抵押权，只能为权利人在民事活动中依法享有的债权的实现作担保。简言之，抵押权担保的是民法之债。

但是，税是指政府为了维持其运转以及为社会提供公共服务，依法对个人、法人、非法人组织强制和无偿征收的实物或货币的总称。质言之，政府对纳税人享有无偿征税的权利，纳税人对政府履行纳税的义务，纳税人不履行纳税义务时，政府将强制性地征收。在实际工作中，代表政府征税的是税务机关。据此可知，税务机关和纳税人之间建立的是一种权利和义务关系，其中一方是代表政府的行政主体，另一方是行政相对人，彼此间是管理与服从的关系，即税务机关和纳税人之间建立的是一种不平等的权利和义务关系，有别于民事主体间彼此平等的权利义务关系，故这种不平等的权利义务关系属于行政法调整的行政法律关系，或称公法关系，因这种公法关系产生的权利义务，有学者称之为公法之债①。据此可知，欠税系公法之债。

如前所述，抵押权担保的是民法之债，而欠税系公法之债，那么，税务机关与抵押人申请因欠税抵押产生的房屋抵押权登记，登记机构可否办理？

房屋抵押权登记属于行政行为，应当遵循"法无授权不可为"的行政法基本原则。那么，税务机关与抵押人申请因欠税抵押产生的房屋抵押权登记，登记机构可否办理？法律、法规、规章和政策对此均没有作明确规定，登记机构不应当办理。但是，以房屋作抵押担保欠税人所欠税款的缴

---

① [日]美浓部达吉：《公法与私法》，黄冯明译，中国政法大学出版社2003年版，第86~89页。

纳具有法律上的依据，如果登记机构拘泥于"法无授权不可为"的行政法基本原则而不予登记，不利于国家利益的保护。如果登记机构予以登记，若没有法律上的依据，又有滥用行政职权之嫌，怎么办？

《担保法》第九十五条规定，海商法等法律对担保有特别规定的，依照其规定［《民法典》第十一条规定，其他法律对民事关系有特别规定的，依照其规定。申言之，其他法律（如《海商法》）对担保关系有特别规定的，遵守该法律的规定］。登记机构以此作为登记的法律依据，可否？笔者试对《担保法》第九十五条规定作文义解释、合宪性解释和社会学解释，据此探析其是否可以作登记机构办理因欠税担保申请的房屋抵押权登记的依据。

（1）对《担保法》第九十五条规定作文义解释。法律解释必先由文义解释入手，且所作解释不能超过可能的文义。文义解释又称语义解释，指按照法律条文用语之文义及通常使用方式，以此阐释法律之意义内容[①]。因此，对《担保法》第九十五条规定的文义解释：一是凡是《担保法》以外的法律对担保另行作规定的，按该法律的规定执行。《税收征管法》及与之配套的《纳税担保试行办法》规定，欠税人或第三人可以以其所有的房屋设定抵押，担保欠税人所欠税款的缴纳，即《税收征管法》及与之配套的《纳税担保试行办法》关于担保的规定与《担保法》第九十五条的规定相对应。二是《海商法》系调整海上运输关系、船舶关系的民事特别法，其中关于担保的规定，仅是关于船舶抵押权的规定，因此，海商法规定的船舶抵押权也是担保民事活动中产生的债权。申言之，依《担保法》第九十五条规定，其他法律规定的被担保的债权也是指民事活动中产生的债权。而《税收征管法》及与之配套的《纳税担保试行办法》规定的以房屋抵押担保的欠税属于公法之债，与《担保法》第九十五条的规定不对应。据此可知，依文义解释对《担保法》第九十五条规定作解释，得出了两种不同的结论。文义解释得出复数解释结论时，应继之以其他解释方法[②]。

---

① 梁慧星：《民法总论》，法律出版社2001年版，第284页。
② 梁慧星：《民法总论》，法律出版社2001年版，第285页。

（2）对《担保法》第九十五条规定作合宪性解释。合宪性解释，指依宪法及阶位较高的法律规范，解释阶位较低的法律规范的一种法律解释方法①。《宪法》第五十六条规定，中华人民共和国公民有依照法律纳税的义务。据此可知，《宪法》"举轻以明重"，作为非社会主义市场经济主要力量的公民尚有纳税义务，作为市场经济主要力量的经营性组织当然更有纳税义务，概言之，纳税是自然人、法人和非法人组织的法定义务。申言之，税务机关依法征税是法定的维护国家利益的权利，应当受到法律的保护，基于此法定权利产生的债权虽然属于公法之债，但也应当受到《担保法》等法律的保护。基于对《担保法》第九十五条规定的合宪性解释，《税收征管法》及与之配套的《纳税担保试行办法》关于担保的规定与《担保法》第九十五条的规定相对应。

（3）对《担保法》第九十五条规定作社会学解释。社会学解释，须以文义解释为基础，在文义解释得出复数解释结论的情形下，才能进行社会学解释。即预测不同解释结论将产生的社会效果，选择其中产生有利于社会、经济、道德秩序和公序良俗的社会效果的解释结论，摈弃其中将产生不利于社会、经济、道德秩序和公序良俗的社会效果的解释结论②。依《税收征管法》及与之配套的《纳税担保试行办法》规定，欠税人或第三人可以其所有的房屋设定抵押担保的欠税虽然是公法之债，但此债权属于维持国家机器正常运转的重要物质基础，国家机器的正常运转，有利于建立和维持良好的社会、经济、道德秩序，也有利于维护公序良俗的民法基本原则。因此，《税收征管法》及与之配套的《纳税担保试行办法》关于担保的规定与《担保法》第九十五条的规定相对应。

因此，《税收征管法》及与之配套的《纳税担保试行办法》关于担保的规定与《担保法》第九十五条的规定相对应，也可以看作是公法对民法中的担保抵押制度的引进和利用，若如此，税务机关与抵押人申请的房屋

---

① 梁慧星：《民法总论》，法律出版社2001年版，第287页。
② 梁慧星：《民法总论》，法律出版社2001年版，第288页。

抵押权登记，登记机构可以办理。登记机构在办理因欠税产生的房屋抵押权登记时，收取的主债权存在的证明，可以是经税务机关同意的由欠税人制定的欠税缴纳计划，也可以是税务机关核定的有欠税人签名或签章确认的欠税通知单等，其他登记材料的收取与普通抵押权一样。

综上所述，本案中，涉案房屋上可以为完税设立抵押权，但A县房地产管理局在办理抵押权登记时，没有遵守抵押权登记的程序，即没有依法定程序作抵押权登记，故在诉讼中不能得到人民法院的支持。二审人民法院关于A县房地产管理局没有提交相关抵押人与抵押权人签订的抵押合同、主债权合同证明涉案房屋上的完税抵押登记行为的客观存在的认为，值得商榷，但关于没有提交抵押的他项权证证明涉案房屋上的完税抵押登记行为的客观存在的认为，值得赞同。

4. 本案中，刘甲的登记申请不满足登记要求

本案中，刘甲向登记机构申请的是商品房买卖产生的转移登记。按《契税暂行条例》第一条和第二条第一款第（三）项规定，房屋买卖的，买受人应当缴纳契税（自2021年9月1日起实施的《契税法》第一条和第二条第一款第（三）项做了同样的规定）。该暂行条例第十一条规定，纳税人应当持契税完税凭证和其他规定的文件材料，依法向土地管理部门、房产管理部门办理有关土地、房屋的权属变更登记手续（自2021年9月1日起实施的《契税法》第十一条规定，纳税人办理纳税事宜后，税务机关应当开具契税完税凭证。纳税人办理土地、房屋权属登记，不动产登记机构应当查验契税完税、减免税凭证或者有关信息。未按照规定缴纳契税的，不动产登记机构不予办理土地、房屋权属登记）。《土地增值税暂行条例》第二条规定，转让国有土地使用权、地上的建筑物及其附着物（以下简称转让房地产）并取得收入的单位和个人，为土地增值税的纳税义务人（以下简称纳税人），应当依照本条例缴纳土地增值税。该条例第十二条规定，纳税人未按照本条例缴纳土地增值税的，土地管理部门、房产管理部门不得办理有关的权属变更手续。按《不动产登记暂行条例》第二十二条第（一）项规定，登记申请违反法律、行政法规规定的，登记机构应当不予登记。

据此可知，契税纳税凭证、土地增值税纳税凭证是申请人申请因房屋买卖产生的转移登记（权属变更登记）时，应当向登记机构提交的材料，否则，属于违反行政法规规定的情形，登记机构应当作不予登记处理。本案中，刘甲向登记机构申请商品房买卖产生的转移登记时，没有提交契税纳税凭证、土地增值税纳税凭证，即登记申请材料不齐全、不充分，违反前述《契税暂行条例》《土地增值税暂行条例》的规定，登记机构应当作不予登记处理。

综上所述，刘甲申请的商品房买卖转移登记，本身因提交的登记申请材料不齐全、不充分，登记机构即使受理后也应当作不予登记处理，但登记机构却因不按法定形式履行告知职责而导致程序违法，在诉讼中没有得到人民法院的支持而败诉，实在是遗憾。

判例 5　登记机构作出的不予登记决定应当以书面方式告知申请人

一、案件名称

上诉人唐某、吴某因诉某市经济技术开发区建设管理局、第三人王甲、第三人王乙不履行城乡建设行政管理房屋行政登记法定职责一案。

二、人民法院确认的事实

第三人王甲系某市浦江路（紫竹苑）4 幢 18-3 号房屋的所有权人。2015 年 10 月 13 日，原告唐某代吴某与王甲（王乙代）签订买卖合同一份，卖方为王甲、王乙，买方为吴某、唐某，双方约定买方向卖方购买上述房屋，总价款 390 000 元。2015 年 11 月 4 日，王甲向原告出具收条一份，载明其收到原告的购房款 390 000 元。同日，原告吴某与第三人王甲向被告某市经济技术开发区建设管理局提交房屋所有权登记申请表，要求办理某市浦江路（紫竹苑）4 幢 18-3 号房屋的转移登记，其提交的材料有申请人身份证、原权利人身份证、房屋所有权证书、契税完税凭证、存量房买卖合同、具结保证书、国有土地使用证、转让房屋涉税测算表、符合房产测量规范的房屋分层分户平面图、审核表、审税发票、买方税票等。被告开具了20151104×××号收件收据，在该收件收据下方写明"请于15个工作日后，即2015-11-25后凭此据缴费后领证"。此后，原告找到被告要求领取房屋所有权证时，被告的工作人员口头告知原告，王甲所持有的某国用（2005）第288-111号国有土地使用证上载明该房系物管房，不能办理房屋过户手续。证号为某国用（2005）第288-111号的国有土地使用证和证号为某房权证经开字第××号的房屋所有权证均由第三人王甲持有，上述两证分别载明的土地使用权人和房屋所有权人均为王甲。唐某、吴某遂诉至一审人民法院，诉请判令某市经济技术开发区建设管理局履行办理房屋所有权过户手续的法定职责。

另查明，某市于2015年11月成立某市不动产登记中心，负责包括经济技术开发区在内的辖区范围内的不动产登记申请、受理，权籍调查测绘、审核、登记造册、发证、存档等事务性工作。

一审人民法院以原告申请房屋转移登记不符合相关法律规定，不能办理房屋转移登记的，被告应当书面告知原告，但被告至起诉前仍未依法履行其法定职责为由，判决：（1）确认被告某市经济技术开发区建设管理局对原告唐某、吴某2015年11月4日关于某市浦江路（紫竹苑）4幢18-3号房屋转移登记的申请未作书面答复的行为违法。（2）驳回原告唐某、吴某的其他诉讼请求。一审宣判后，唐某、吴某不服，上诉到二审人民法院。

三、二审人民法院的认为

根据《最高人民法院关于执行〈中华人民共和国行政诉讼法〉若干问题的解释》第三十九条第一款规定，公民依法向行政机关提起履行法定职责的申请后，行政机关应当在法定的期限内依法履行，行政机关不依法履行的，行政相对人有权就行政机关的不作为行为提起行政诉讼。本案中，唐某、吴某的过户申请虽然不符合《物业管理条例》第三十七条"物业管理用房的所有权依法属于业主"之规定，系《不动产登记暂行条例》第二十二条规定的"违反法律、行政法规规定的应当不予登记"的情形，但根据该条例的规定，被上诉人有书面告知申请人不予登记的义务。被上诉人只口头告知上诉人不予登记的事实系违法行为。原审判决确认被上诉人未作书面答复的行为违法并无不当。

是否为行政相对人办理房屋所有权过户手续，需要行政机关根据相关法律法规的规定进行审查后作出，该项权力属于行政权限的范畴，不属于行政诉讼的审判权限，所以唐某、吴某请求某市经济技术开发区建设管理局为其办理房屋所有权过户手续的诉请不属于行政诉讼的审理范围。原审判决以此为由驳回唐某、吴某该项诉讼请求亦无不当。

综上，上诉人唐某、吴某的上诉理由不能成立，其上诉请求本院不予支持。原审判决认定事实清楚，适用法律正确，本院予以维持。

四、二审人民法院的裁判结论

判决驳回上诉，维持原判。

五、解　析

1. 登记机构作出的不予登记决定应当以书面方式告知申请人

《不动产登记暂行条例》第二十二条规定："登记申请有下列情形之一的，不动产登记机构应当不予登记，并书面告知申请人：（一）违反法律、行政法规规定的；（二）存在尚未解决的权属争议的；（三）申请登记的不动产权利超过规定期限的;（四）法律、行政法规规定不予登记的其他情形。"据此可知，在登记申请出现违反法律或行政法规规定、存在尚未解决的权属争议等不予登记的情形时，登记机构应当作出不予登记的决定并以书面方式告知申请人。其中，登记机构将不予登记决定以书面方式告知申请人，是行政法规明确规定的方式，也是行政法规的规定课以登记机构的义务，属于要式行政行为。要式行政行为，是指必须具备某种法定的形式或遵守法定的程序才能成立生效的行政行为。要式行政行为就其形式而言是一种羁束性要求，若不具备相应的形式，就会因形式违法而被宣布无效[①]。本

---

① 马怀德：《行政法学》，中国政法大学出版社 2007 年版，第 110~111 页。

案中,"原告找到被告要求领取房屋所有权证时,被告的工作人员口头告知原告,王甲所持有的某国用(2005)第288-111号国有土地使用证上载明该房系物管房,不能办理房屋过户手续",表明作为被告的某市经济技术开发区建设管理局没有履行行政法规规定的书面告知义务,因此,二审人民法院关于"被上诉人只口头告知上诉人不予登记的事实系违法行为。原审判决确认被上诉人未作书面答复的行为违法并无不当"的认为,值得赞同。

2. 人民法院的司法权应当尊重登记机构的行政权

《行政诉讼法》第七十条规定:"行政行为有下列情形之一的,人民法院判决撤销或者部分撤销,并可以判决被告重新作出行政行为:(一)主要证据不足的;(二)适用法律、法规错误的;(三)违反法定程序的;(四)超越职权的;(五)滥用职权的;(六)明显不当的。"据此可知,对违法的行政行为,人民法院有权判决撤销或者部分撤销,并可以判决被告重新作出行政行为。申言之,在行政诉讼中,行政机关的行政权服从人民法院的司法权。

但是,《行政诉讼法》第六条规定,人民法院审理行政案件,对行政行为是否合法进行审查。《行政诉讼法司法解释》第八十一条规定,原告起诉被告不作为,在诉讼中被告作出行政行为,原告不撤诉的,人民法院应当就不作为依法作出确认判决。据此可知,行政机关的行政行为产生诉讼后,人民法院才对该行政行为的合法性、不作为进行审查。换言之,人民法院只对行政机关已经作出的且产生诉讼的行政行为进行干涉,或者对行政机关应当作出行政行为却没有作出进行干涉。申言之,人民法院不对行政机关正常的行政行为作干涉。本案中,唐某、吴某申请房屋所有权过户登记,登记机构受理后,经过审查后决定不予以登记,应当依法以书面方式告知唐某、吴某,却以口头方式告知,违反行政法规规定,人民法院以判决确认其违法的方式对其予以干涉。但对唐某、吴某申请的房屋所有权过户登记可否登记,是否应当记载于登记簿,则没有在判决书中作决断,即不对登记机构在职权范围内行使的行政权(登记权)作干涉。因此,二审人民法院关于"是否为行政相对人办理房屋所有权过户手续,需要行政机关根据相关法律法规的规定进行审查后作出,该项权力属于行政权限的范畴,不属于行政诉讼的审判权限,所以唐某、吴某请求某市经济技术开发区建设管理局为其办理房屋所有权过户手续的诉请不属于行政诉讼的审理范围。原审判决以此为由驳回唐某、吴某该项诉讼请求亦无不当"的认为,是对登记机构的登记权的尊重,值得赞同。其维持一审人民法院确认被告某市经济技术开发区建设管理局对原告唐某、吴某2015年11月4日关于某市浦江路(紫竹苑)4幢18-3号房屋转移登记的申请未作书面答复的行为违法的判决的判决正确。

3. 物管用房可否转移登记给他人

本案中,某市经济技术开发区建设管理局受理唐某、吴某申请的买卖转移登记后,却以该房系物管房为由而作不予登记处理。物管用房不可以转移登记给他人吗?

《物权法》第七十三条规定,建筑区划内的其他公共场所、公用设施和物业服务用房,属于业主共有(《民法典》第二百七十四条做了同样的规定)。《物业管理条例》第三十七条规定,物业管理用房的所有权依法属于业主。在不动产登记实务中,《不动产登记暂行条例实施细则》第三十六条规定,办理房屋所有权首次登记时,申请人应当将建筑区划内依法属于业主共有的道路、绿地、其他公共场所、公用设施和物业服务用房及其占用范围内的建设用地使用权一并申请登记为业主共有。据此可知,一般情形下,小区内的物业管理用房依法属于小区全体业主共同所有,且在小区内的房屋申请首次登记时,由该首次登记申请人代为将物业管理用房直接登记在小区全体业主名下。那么,属于小区全体业主共有且登记在全体业主名下的物业管理用房,可否转让并申请因转让产生的转移登记呢?

《物权法》第三十九条规定,所有权人对自己的不动产或者动产,依法享有占有、使用、收益和处分的权利(《民法典》第二百四十条做了同样的规定)。按《物业管理条例》第十一条第(七)项规定,有关共有和共同管理权利的其他重大事项由业主共同决定。据此可知,属于业主共有且登记在全体业主名下的物业管理用房,经全体业主同意,是可以转让的。申言之，经全体业主同意转让的物业管理用房可以向登记机构申请转让转移登记。据笔者查考，现时的法律、行政法规没有关于禁止物业管理用房转让的规定。因此，基于"法无禁止则可为"的民法基本原则，属于小区全体业主共有且登记在全体业主名下的物业管理用房，经全体业主同意，也是可以转让的。至于转让物业管理用房产生的不利后果，由全体业主自行承担，与不动产登记无直接的因果关系。

如前所述，登记在小区全体业主名下的物业管理用房尚且可以依法转让并申请转让转移登记，那么，登记在其他人或机构名下的物业管理用房转让则更没有法律、行政法规上的障碍。因此，本案中，某市经济技术开发区建设管理局受理唐某、吴某申请的房屋买卖转移登记后，却以该房系物管房为由而作不予登记处理的决定不正确。

本案中，出于慎重原则，某市经济技术开发区建设管理局应当查询该房屋的首次登记档案，查明是否存在将物业管理用房错误登记给王甲的事实，若如此，应当按《不动产登记暂行条例实施细则》第八十一条的规定，启动更正登记程序，纠正错误的登记。如果物业管理用房登记给王某的证据充分且合法、有效，则应当及时为唐某、吴某办理买卖该房屋产生的转移登记。

判例6　登记机构是出具不予受理告知书，还是出具不予登记告知书

一、案件名称

上诉人吴某因诉被上诉人甲市国土资源局不履行法定职责一案。

二、人民法院确认的事实

坐落于某市某开发区××村××街的房地产权利人为吴某/梁某，房产证号为0321***/0263***，土地证号为15080***/021***，房产登记字号为4-3***，土地使用面积为158.85平方米，土地权属性质为集体，房屋建筑面积为137.46平方米，总层数为两层，房屋登记时间为1991年9月30日。

2016年10月12日，吴某向甲市国土资源局通过群众来访登记提出信访，反映上述房屋所有权证记载事项与1987年自建时的客观情况不符，提出上述房屋登记为两层混合结构，1987年兴建时实际是两层半混合结构，面积不相符，申请变更上述房产的不动产登记（建筑面积），并提供了申请书、身份证复印件、房屋所有权证以及图纸，图纸包括原房产平面图和由乙测绘工程有限公司于2016年5月9日作出的上述房产实测平面图，该图显示，涉案房屋产权总面积为178.81平方米，是三层混合结构。甲市国土资源局经调查后，认为吴某提交的登记资料显示，因房屋原登记记载的房产平面图与提供的实测平面图不一致，涉嫌存在房屋加建，遂根据《不动产登记暂行条例实施细则》的相关规定，于2017年1月9日作出甲土房信〔2016〕270号《信访事项告知函》，告知吴某甲市国土资源局登记中心暂不予受理其不动产变更登记，并于2017年1月9日送达吴某。吴某不服，向甲市政府申请行政复议，要求甲市国土资源局履行法定职责，并对其不动产进行变更登记，甲市政府经审查，于2017年8月17日作出甲府行复〔2017〕567号行政复议决定书，决定驳回吴某的行政复议申请，并将上述决定书送达吴某和甲市国土资源局。吴某仍不服，诉至原审法院，请求：（1）撤销甲市国土资源局作出的甲土房信〔2016〕270号《信访事项告知函》；（2）责令甲市国土资源局受理吴某的不动产变更登记申请。一审庭审中，吴某撤回对甲市政府的起诉，撤回要求撤销甲市政府作出的甲府行复〔2017〕567号行政复议决定书的诉讼请求，原审法院予以准许。甲市政府当庭退庭。一审庭审中，经法庭释明，吴某明确其向甲市国土资源局提出的是变更登记申请。

一审法院以甲市国土资源局作出甲土房信〔2016〕270号《信访事项告知函》并无不当，吴某要求撤销上述告知函并要求甲市国土资源局受理其不动产变更登记申请的诉讼请求无事实和法律依据为由，判决驳回吴某的诉讼请求。吴某不服原审判决，向二审人民法院提起上诉。

二审中，吴某提交的证据，包括邻居及房屋所在的村委会出具的证明，均已证实上诉人不存在加建的情形。

三、二审人民法院的认为

审查甲市国土资源局是否就吴某的申请全面合法地履行了法定职责，在于审查甲市国土资源局2017年1月9日作出的不予受理吴某申请的行为是否理据充分、合法有据。

对于不动产变更登记和更正登记申请，《不动产登记暂行条例实施细则》第二十六条、第三十七条及第七十九条均进行了规定，可见变更登记和更正登记属于不同的申请，变更登记是基于不动产的客观状况发生了改变而提出的，更正登记是基于不动产登记簿记载的事项有错误而提出的，两种申请申请人所需提交的申请材料及理由有所不同。申请人需要变动不动产登记簿记载内容的，应当根据变更登记和更正登记指向对象的不同提出相应的申请。如果申请人提出申请的意思表示不明确，不动产登记管理机关应当向申请人解释变更登记与更正登记的不同，由申请人根据要实现的目的明确为某项申请。本案中，甲市国土资源局在2016年12月9日向吴某作出关于延长办理期限的告知书中，描述吴某的申请为"关于房屋所有证登记有误"的问题，证明甲市国土资源局将吴某的申请识别为一项更正登记申请。但是甲市国土资源局对吴某作出的本案诉争行为，即不予受理申请告知行为，却以其申请为一项变更登记申请为不予受理的对象。甲市国土资源局改变了对吴某申请的属性识别，并没有向吴某说明是否其申请意思表示不明确，更没有向吴某解释变更登记与更正登记的不同。在前后两项识别矛盾的情况下，不经解释及指引，径行驳回吴某的申请，履行职责不全面、理据不充分，本院认为其不予受理吴某申请的行为不合法。从吴某的申请看，其是希望解决房屋所有权证记载与其建房时的房屋层数及面积有出入的问题，明显为一项更正登记申请，甲市国土资源局应当指引其按照更正登记的申请提交相应的材料以供甲市国土资源局审查决定。至于原审法院在庭审期间要求吴某明确其申请的属性，吴某明确为一项变更登记申请的问题，本院认为，申请人的申请属性应以其提出申请时的意思为准，意思表示不明确的，应由甲市国土资源局向其解释、指引实现明确,甲市国土资源局没有尽到解释、指引职责的,即构成履行职责不全面、不合法,原审法院在诉讼中要求吴某作出的明确,不足以反证、补强甲市国土资源局履职的合法性。原审判决据此驳回吴某的诉讼请求不当,本院予以纠正。甲市国土资源局应当受理吴某的本案更正登记申请,并依法予以审查决定。

综上所述,上诉人吴某上诉理据充分,本院予以采纳,原审判决认定事实清楚,但判决处理不当,本院予以改判。

四、二审人民法院的裁判结论

判决:
(1)撤销原审行政判决;
(2)甲市国土资源局应于本判决生效之日起受理吴某的更正登记申请,并于30个工作日内作出审查决定。

五、解 析

1. 本案中,吴某的信访请求实质上是不动产登记申请

《物权法》第十一条规定,当事人申请登记,应当根据不同登记事项提供权属证明和不动产界址、面积等必要材料(《民法典》第二百一十一条做了同样的规定)。《不动产登记暂行条例》第十五条第一款规定,当事人或者其代理人应当向不动产登记机构申请不动产登记。在不动产登记实务中,《不动产登记暂行条例实施细则》第二条第一款规定,不动产登记应当依照当事人的申请进行,但法律、行政法规以及本实施细则另有规定的除外。据此可知,一般情形下,不动产登记是依当事人的申请启动的行政行为,即依申请的行政行为。依申请的行政行为,是指行政机关必须有相对方的申请才能实施的行政行为[1]。换言之,非依当事人向不动产登记机构申请并同时按登记要求提交相应的登记申请材料,不动产登记程序不启动,不动产登记的后果不产生。本案中,"2016年10月12日,吴某向甲市国

---

[1] 马怀德:《行政法学》,中国政法大学出版社2007年版,第108页。

土资源局通过群众来访登记提出信访，反映上述房屋所有权证记载事项与1987年自建时的客观情况不符，提出上述房屋登记为两层混合结构，1987年兴建时实际是两层半混合结构，面积不相符，申请变更上述房产的不动产登记（建筑面积），并提供了申请书、身份证复印件、房屋所有权证以及图纸"表明，形式上，吴某就房屋登记情况向登记机构提出信访请求，实质上，是吴某到登记机构申请变更登记，并提交了申请书等相关登记申请材料。"甲市国土资源局经调查后，认为吴某提交的登记资料显示，因房屋原登记记载的房产平面图与提供的实测平面图不一致，涉嫌存在房屋加建，遂根据《不动产登记暂行条例实施细则》的相关规定，于2017年1月9日作出甲土房信〔2016〕270号《信访事项告知函》，告知吴某甲市国土资源局登记中心暂不予受理其不动产变更登记，并于2017年1月9日送达吴某"表明，形式上，登记机构按信访程序回复吴某，实质上是告知吴某对其提出的登记申请作不予受理处理，即登记机构对吴某的登记申请方式无异议。

2. 变更登记与更正登记辨析

《不动产登记暂行条例实施细则》第二十六条规定："下列情形之一的，不动产权利人可以向不动产登记机构申请变更登记：（一）权利人的姓名、名称、身份证明类型或者身份证明号码发生变更的；（二）不动产的坐落、界址、用途、面积等状况变更的；（三）不动产权利期限、来源等状况发生变化的；（四）同一权利人分割或者合并不动产的；（五）抵押担保的范围、主债权数额、债务履行期限、抵押权顺位发生变化的；（六）最高额抵押担保的债权范围、最高债权额、债权确定期间等发生变化的；（七）地役权的利用目的、方法等发生变化的；（八）共有性质发生变更的；（九）法律、行政法规规定的其他不涉及不动产权利转移的变更情形。"笔者据此认为，不动产变更登记，是指记载在登记簿上的不动产物权，权利主体不变，权利内容、权利客体和其他事项发生变更产生的登记。《物权法》第十九条第一款规定，权利人、利害关系人认为不动产登记簿记载的事项错误的，可以申请更正登记（《民法典》第二百二十条做了同样的规定）。在不动产登记实务中,《不动产登记暂行条例实施细则》第七十九条第一款规定,权利人、利害关系人认为不动产登记簿记载的事项有错误,可以申请更正登记。据此可知,登记簿上记载的事项有错误时才产生更正登记,没有错误则不产生更正登记。即更正登记是纠正登记簿记载错误的不动产登记类型。本案中,若涉案房屋建成后,因房屋结构、层数、界址发生变动而与登记簿上记载的信息不相符合的,当事人应当申请变更登记,将登记簿上记载的信息变更为与房屋的实际情况一致。若涉案房屋自建成到产生争执时,房屋结构、层数、界址均未发生变动,而登记簿上记载的信息与之不相符合的,当事人应当申请更正登记,通过更正登记将正确的房屋信息记载到登记簿上,使之与实际情况一致。概言之,变更登记、更正登记属于两种不同的不动产登记类型。因此,二审人民法院关于"变更登记和更正登记属于不同的申请,变更登记是基于不动产的客观状况发生了改变而提出,更正登记是基于不动产登记簿记载的事项有错误而提出,两种申请申请人所需提交的申请材料及理由有所不同。申请人需要变动不动产登记簿记载内容的,应当根据变更登记和更正登记指向对象的不同提出相应的申请"的认为值得赞同。

3. **本案中,登记机构对吴某登记申请的处理方式不当**

按《不动产登记暂行条例》第十七条第(三)项规定,申请人提交的申请材料不齐全或者不符合法定形式的,登记机构应当当场书面告知申请人不予受理并一次性告知需要补正的全部内容。据此可知,在受理登记申请环节,登记机构收到申请人提交的登记申请材料后,经过初步查验,判定申请材料不齐全或者不符合法定形式的,登记机构应当当场书面告知申请人不予受理并一次性告知需要补正的全部内容。简言之,不予受理告知书适用于登记申请受理环节。本案中,2016年10月12日,吴某以信访方式向登记机构提交变更登记申请,2017年1月9日登记机构才以《信访事项告知函》告知吴某对其变更登记申请不予受理,该告知函不是产生在登记申请受理环节,而是产生在受理后,即登记机构对吴某的登记申请采用了不当的处置方式。

《不动产登记暂行条例》第二十二条规定："登记申请有下列情形之一的，不动产登记机构应当不予登记，并书面告知申请人：（一）违反法律、行政法规规定的；（二）存在尚未解决的权属争议的；（三）申请登记的不动产权利超过规定期限的；(四)法律、行政法规规定不予登记的其他情形。"在不动产登记实务中，《不动产登记操作规范（试行）》4.8.2 条规定："经审核，符合登记条件的，不动产登记机构应当予以登记。有下列情形之一的，不动产登记机构不予登记并书面通知申请人：1. 申请人未按照不动产登记机构要求进一步补充材料的；2. 申请人、委托代理人身份证明材料以及授权委托书与申请人不一致的；3. 申请登记的不动产不符合不动产单元设定条件的；4. 申请登记的事项与权属来源材料或者登记原因文件不一致的；5. 申请登记的事项与不动产登记簿的记载相冲突的；6. 不动产存在权属争议的，但申请异议登记除外；7. 未依法缴纳土地出让价款、土地租金、海域使用金或者相关税费的；8. 申请登记的不动产权利超过规定期限的；9. 不动产被依法查封期间，权利人处分该不动产申请登记的；10. 未经预告登记权利人书面同意，当事人处分该不动产申请登记的；11. 法律、行政法规规定的其他情形。"据此可知，登记机构受理登记申请后，对申请人的登记申请及其提交的登记申请材料进行综合审核后，对不满足登记要求的，登记机构应当向申请人出具不予登记告知书。本案中，"甲市国土资源局经调查后，认为吴某提交的登记资料显示，因房屋原登记记载的房产平面图与提供的实测平面图不一致，涉嫌存在房屋加建"表明，登记机构判定申请人申请登记的事项与权属来源材料或者登记原因文件不一致，属于不予登记的情形，登记机构应当在《信访事项告知函》中告知吴某对其申请的变更登记不予登记及其依据。

综上所述，如果登记机构在接待吴某的信访现场，以《信访事项告知函》告知吴某对其变更登记申请不予受理，同时一次性告知需要补正的全部内容及行政复议权和行政诉讼权的，登记机构即充分履行了对吴某的解释、指引等职责。如果登记机构在接收吴某的信访（登记申请）材料后，以《信访事项告知函》告知吴某对其申请的变更登记不予登记，同时告知其理由、依据、行政复议权和行政诉讼权的，也充分履行了其职责。

判例 7　不动产登记机构未当场书面告知申请人不予受理的视为已经受理其登记申请

一、案件名称

上诉人石某诉被上诉人某市某区国土资源局不履行注销登记法定职责一案。

二、人民法院确认的事实

石某因认为某区国土资源局2008年7月1日违法办理了牟某的土地使用证，于2017年3月30日向某区国土资源局提出注销牟某土地使用证的申请。某区国土资源局在2017年4月18日收到石某的上述申请，经核查后认为石某申请中涉及的法律关系属于债权债务关系，不属于登记错误，根据《不动产登记暂行条例实施细则》第二十八条的规定，不应当注销登记，于2017年4月25日作出《不动产登记不予受理告知书》（简称《告知书》）并向石某进行了送达。石某对某区国土资源局作出的《告知书》不服，于2017年7月21日向一审法院提起诉讼。一审法院以某区国土资源局作出《告知书》适用规定正确为由，判决驳回石某的诉讼请求。石某对一审法院的判决不服，向二审人民法院提起上诉。

三、二审人民法院的认为

《不动产登记暂行条例》第十七条第一款规定，不动产登记机构收到不动产登记申请材料，应当分别按照下列情况办理：（一）属于登记职责范围，申请材料齐全、符合法定形式，或者申请人按照要求提交全部补正申请材料的，应当受理并书面告知申请人；（二）申请材料存在可以当场更正的错误的，应当告知申请人当场更正，申请人当场更正后，应当受理并书面告知申请人；（三）申请材料不齐全或者不符合法定形式的，应当当场书面告知申请人不予受理并一次性告知需要补正的全部内容;(四)申请登记的不动产不属于本机构登记范围的,应当当场书面告知申请人不予受理并告知申请人向有登记权的机构申请。石某向某区国土资源局提交申请材料,要求收回牟某的土地证,某区国土资源局应按照上述规定审查石某的申请是否属于登记职责范围、申请材料是否齐全、是否符合法定形式,进而确定是否受理并书面告知申请人。某区国土资源局以石某的申请事项不属于《不动产登记暂行条例实施细则》第二十八条规定的情形为由不予受理,缺乏法律依据,应予撤销。原审判决认为《告知书》适用规定正确的意见不当,本院予以纠正。《不动产登记暂行条例》第十七条第二款规定,不动产登记机构未当场书面告知申请人不予受理的,视为受理。某区国土资源局在 2017 年 4 月 18 日收到石某的申请后,未当场书面告知石某不予受理,应视为受理。关于石某要求撤销牟某土地证及追究某区国土资源局工作人员在办理牟某土地证过程中工作失误责任的上诉请求,已超出一审诉讼请求的范围,本院不予审查。

四、二审人民法院的裁判结论

判决:

(1)撤销一审法院行政判决。

(2)撤销某市某区国土资源局 2017 年 4 月 25 日作出的《不动产登记不予受理告知书》。

(3)责令某市某区国土资源局于本判决生效之日起 30 个工作日内对上诉人石某申请的事项作出处理。

五、解 析

1. 登记错误不适用注销登记

《物权法》第十九条第一款规定,权利人、利害关系人认为不动产登记簿记载的事项错误的,可以申请更正登记。不动产登记簿记载的权利人书面同意更正或者有证据证明登记确有错误的,登记机构应当予以更正

(《民法典》第二百二十条做了同样的规定）。在不动产登记实务中，《不动产登记暂行条例实施细则》第七十九条第一款规定，权利人、利害关系人认为不动产登记簿记载的事项有错误，可以申请更正登记。据此可知，不动产登记簿记载的事项错误，即登记错误应当适用更正登记予以纠正，使之恢复到错误登记前的状态或正确的登记状态，换言之，登记错误不适用注销登记。

在不动产登记实务中，《不动产登记暂行条例实施细则》第二十八条第一款规定："有下列情形之一的，当事人可以申请办理注销登记：（一）不动产灭失的；（二）权利人放弃不动产权利的；（三）不动产被依法没收、征收或者收回的；（四）人民法院、仲裁委员会的生效法律文书导致不动产权利消灭的；（五）法律、行政法规规定的其他情形。"笔者据此认为，不动产注销登记，是指记载在登记簿上的不动产物权或有关事项，在使其消灭的情形（或法定事实）成就时，对其予以涂销使其失去法律效力的登记。申言之，土地使用权注销登记，是指导致登记簿上记载的土地使用权消灭的情形（或法定事实）成就时，对其予以涂销使其失去法律效力的登记。据此可知，注销登记是消灭不动产物权或有关事项的登记类型，与前述更正登记属于两种不同的不动产登记类型。

本案中，石某因认为某区国土资源局2008年7月1日违法办理了牟某的土地使用证，于2017年3月30日向某区国土资源局提出注销牟某土地使用证的申请。某区国土资源局在2017年4月18日收到石某的上述申请，经核查后关于"石某申请中涉及的法律关系属于债权债务关系，不属于登记错误，根据《不动产登记暂行条例实施细则》第二十八条的规定，不应当注销登记"的认为正确。

2. 不予受理告知书应当在受理登记申请环节作出

按《不动产登记暂行条例》第十七条第一款第（三）项和第二款规定，申请材料不齐全或者不符合法定形式的，登记机构应当当场书面告知申请人不予受理并一次性告知需要补正的全部内容。登记机构未当场书面告知申请人不予受理的，视为已受理其登记申请。据此可知，登记机构在接到申请人提交的登记申请材料后，须在受理现场当场对申请人提交的申请材料作初步查验，查验后，在申请材料不齐全或者不符合法定形式的情形下，登记机构应当当场以书面形式告知申请人不予受理的理由、依据和需要补正的全部内容。登记机构未当场书面告知申请人不予受理的，视为受理。换言之，不予受理告知书应当在受理登记申请环节作出。因此，《不动产登记暂行条例》第十七条第一款第（三）项规定是登记机构作出不予受理告知书的行政法规依据。本案中，某区国土资源局在2017年4月18日收到石某的注销登记申请，却于2017年4月25日作出《不动产登记不予受理告知书》并向石某进行了送达。据此可知，某区国土资源局不是在受理石某的注销登记申请环节作出不予受理登记告知书，存在程序瑕疵。二审人民法院关于"某区国土资源局以石某的申请事项不属于《不动产登记暂行条例实施细则》第二十八条规定的情形为由不予受理，缺乏法律依据，应予撤销。原审判决认为《告知书》适用规定正确的意见不当，本院予以纠正。《不动产登记暂行条例》第十七条第二款规定，不动产登记机构未当场书面告知申请人不予受理的，视为受理。某区国土资源局在2017年4月18日收到石某的申请后，未当场书面告知石某不予受理，应视为受理"的认为值得赞同，据此作出的"（1）撤销一审法院行政判决。（2）撤销某市某区国土资源局2017年4月25日作出的《不动产登记不予受理告知书》。（3）责令某市某区国土资源局于本判决生效之日起30个工作日内对上诉人石某申请的事项作出处理"判决正确。

3. 登记机构受理登记申请后，经查验，对不满足登记要求的，应当作出不予登记告知书

在不动产登记实务中，按《不动产登记操作规范（试行）》4.8.2条之4规定，经审核，申请登记的事项与登记原因文件不一致的，登记机构不予登记并书面通知申请人。据此可知，登记机构受理登记申请后，经查验，对不满足登记要求的，应当作出不予登记告知书并通知申请人。本案中，"某区国土资源局在2017年4月18日收到石某的上述申请，经核查后认为石某申请中涉及的法律关系属于债权债务关系，不属于登记错误，根据《不

动产登记暂行条例实施细则》第二十八条的规定，不应当注销登记。"据此可知，石某申请的是注销登记，但提交的支撑注销登记的材料却是证明其与登记簿上记载的权利人的债权债务关系的材料，而非登记簿上记载的土地权利消灭的情形出现（或法定事实成就）的证明材料，属于申请登记的事项与登记原因文件不一致的情形，因此，某区国土资源局应当向石某作出不予登记告知书，而非不予受理告知书。"责令某市某区国土资源局于本判决生效之日起30个工作日内对上诉人石某申请的事项作出处理"系人民法院生效的判决书课以登记机构的义务，登记机构应当履行，即按前述《不动产登记操作规范（试行）》4.8.2条之4规定，向石某作出不予登记告知书，不可曲解为据此生效判决书为石某办理注销登记或更正登记。

判例8 登记机构受理登记申请时，对无效的材料应当作申请材料不齐全认定

一、案件名称

上诉人李某因行政登记一案。

二、人民法院确认的事实

2017年7月18日，原告李某向被告某不动产登记中心提交某县革命委员会1978年6月21日某革征土通字〔78〕8号文件，文件内容为《关于某县公路建设指挥部征用土地的通知》，要求申请产权登记。2017年7月18日，被告某不动产登记中心作出编号为20170718001号《不动产登记不予受理告知书》，以原告李某的申请登记材料不齐全、不符合法律法规规定的其他情形为由，认为申请权利人应为某县公路建设指挥部，申请主体不一致，不予受理。原告李某不服，于2017年8月10日向某市国土资源局申请行政复议。某市国土资源局以此行政复议不属于其行政复议范围为由，将此案转交由某市人民政府行政复议科受理。2017年8月25日，某市人民政府收到某市国土资源局行政复议转办函及相关资料，并于2017年8月29日受理复议申请，2017年10月23日，被告某市人民政府作出

〔2017〕10号《行政复议决定书》，决定维持编号20170718001不动产登记不予受理决定。原告不服诉到一审人民法院，请求依法撤销二被告作出的20170718001《不动产登记不予受理告知书》及〔2017〕10号《行政复议决定书》。审理中，经法院释明，原告同意将其起诉的被告某市国土资源局变更为某不动产中心。

同时查明，原告李某在庭审中提交了大量的证据拟证明其具有原告主体资格，但该证据中，除某革征土通字〔78〕8号文件《关于某县公路建设指挥部征用土地的通知》、证明及现场勘验草图外，其余证据在其申请权利登记时均未向被告某不动产登记中心提交。一审法院认为被告某不动产登记中心作出不动产登记不予受理告知书的行政行为，事实清楚，程序合法，适用法律正确，原告的主张于法无据，该院不予支持。遂判决：驳回原告李某的诉讼请求。判决后，李某以行政机关程序违法，应当对其申请确认予以登记为由向二审人民法院提起上诉。

三、二审人民法院的认为

行政职能是行政主体作为国家管理的执法机关，在依法对国家政治、经济和社会公共事务进行管理时应承担的职责和所具有的功能。某不动产登记中心是根据《国务院机构改革和职能转变方案》的规定，行使土地、房屋等登记的职能。故某不动产登记中心对李某申请的土地、房屋登记依法具有法定职责。对李某上诉称政府机构改革后职能越位、职责交叉、权责脱节等理由，本院不予支持。根据《不动产登记暂行条例》有关规定，申请登记人应当提供符合法律规定的相关材料，现李某所提供的确权登记申请，与法律要求并不相符。原判认定事实清楚，适用法律正确。

四、二审人民法院的裁判结论

判决驳回上诉，维持原判。

五、解 析

《确定土地所有权和使用权的若干规定》第一条规定，为了确定土地所有权和使用权，依法进行土地登记，根据有关的法律、法规和政策，制订本规定。土地所有权和使用权由县级以上人民政府确定，土地管理部门具体承办。该规定第三十五条规定，原由铁路、公路、水利、电力、军队及其他单位和个人使用的土地，1982年5月《国家建设征用土地条例》公布之前，已经转由其他单位或个人使用的，除按照国家法律和政策应当退还的外，其国有土地使用权可确定给实际土地使用者，但严重影响上述部门的设施安全和正常使用的，暂不确定土地使用权，按照有关规定处理后，再确定土地使用权。据此可知，1982年5月《国家建设征用土地条例》公布之前，原由铁路、公路、水利、电力、军队及其他单位和个人使用的土地，已经转由其他单位或个人使用的，其国有土地使用权须经县级以上人民政府确定给实际土地使用者后，该实际土地使用者方享有该宗地的国有土地使用权。换言之，1982年5月《国家建设征用土地条例》公布之前，原由铁路、公路、水利、电力、军队及其他单位和个人使用的土地，已经转由其他单位或个人使用的，权利人凭县级以上人民政府确认国有土地使用权的证明才能享有权利。本案中，"原告李某申请向被告某不动产登记中心提交某县革命委员会1978年6月21日某革征土通字〔78〕8号文件，文件内容为《关于某县公路建设指挥部征用土地的通知》"表明，原告李某据以享有土地使用权的《关于某县公路建设指挥部征用土地的通知》产生于《国家建设征用土地条例》公布之前，李某应当凭此通知向县级以上人民政府申请确认土地使用权，县级以上人民政府确认其享有土地使用权的证明，才可以作为其申请土地使用权登记的材料。按《不动产登记暂行条例》第十七条第（三）项规定，不动产登记机构收到不动产登记申请材料时，申请材料不齐全或者不符合法定形式的，应当当场书面告知申请人不予受理并一次性告知需要补正的全部内容。据此可知，本案中，原告李某应当向被告某不动产登记中心提交县级以上人民政府确认其享有土地使用权的证明，却提交某县革命委员会1978年6月21日核发的《关于某县公路建设指挥部征用土地的通知》，属于申请材料不齐全的情形，某不动产登记中心应当以此为由，书面告知李某对其登记申请不予受理，其应当凭此通知向县级以上人民政府申请确认土地使用权，取得县级以上人民政府确认其享有土地使用权的证明后再申请登记。但是，本案中，"被告某不动产登记中心作出编号为20170718001号《不动产登记不予受理告知书》，以原告李某的申请登记材料不齐全、不符合法律法规规定的其他情形为由，认为申请权利人应为某县公路建设指挥部，申请主体不一致，不予受理"，表明被告某不动产登记中心对李某的申请作不予受理的处置的理由"申请权利人应为某县公路建设指挥部而不应当是李某，申请主体不一致"值得商榷。二审人民法院的认为也值得商榷。

判例9 登记申请存在权属争议的认定标准

一、案件名称

上诉人某市西环商场（私企①）因履行房屋行政登记职责一案。

二、人民法院确认的事实

原告某市西环商场（私企）系位于某市某区富工二街14号（旧址为某区富工街×段×里×号）、建筑面积1910平方米的房屋的原所有权人。2013年，原告发现涉诉房屋经刘某以某市某区商业管理中心之名转移登记给案外人相甲、相乙，被告某市房产局于2012年10月15日为相甲、相乙颁发了房屋所有权证。原告不服，起诉至某市A人民法院，该院于2014年7月30日作出（2014）A初字第6号行政判决，撤销某市房产局为相甲、相乙颁发的××号、××号房屋所有权证。某市房产局不服，向某市中级人民法院提出上诉，该中级人民法院于2014年10月31日作出（2014）某中行终字第444号行政判决：驳回上诉，维持原判。原告某市西环商场（私企）于2014年12月27日通过邮寄方式向被告某市房产局提交办理房屋所有权证的申请。被告某市房产局以未收到申请为由未予答复。2015年5月25日，某市西环商场（私企）诉被告某市房产局不履行法定职责，向B法院提起行政诉讼，该案在审理过程中，某市房产局于2015年6月

---

① 本书编著者注。

1日作出《答复》，某市西环商场（私企）于2015年6月26日撤回该次起诉。后原告某市西环商场（私企）对上述《答复》不服，于2015年7月2日向一审法院提起行政诉讼，请求：（1）确认被告某市房产局于2015年6月1日向原告某市西环商场作出的《答复》违法；（2）判令被告某市房产局履行为某市某区富工二街14号、建筑面积为1910平方米房产进行所有权行政登记并发证的职责。2015年11月25日，一审法院到涉诉房屋现场查看，该处房屋现基本由某市某老年病医院租用，该医院系私人非营利性医疗机构，法定代表人相丙，系相甲、相乙的父亲。涉诉房屋西侧由某浴池租用。

根据某市工商行政管理局某分局的企业法人申请变更登记注册书记载，原某市西环商场成立于1987年2月6日，系集体企业，法定代表人为王某。1998年11月2日，该企业申请变更登记，即企业性质由集体企业变更为私企，法定代表人变更为赵某。根据个人独资企业登记情况查询卡记载，赵某作为投资人的某市西环商场（私企）成立于1998年11月9日，因连续6个月未经营，于2006年2月5日被吊销营业执照。本案涉诉房屋原房屋所有权证记载，位于某市某区富工二街14号（旧址为某区富工街×段×里×号）、建筑面积1910平方米的房屋的所有权人为某市西环商场，所有权性质为集体，填发日期为1993年1月17日。根据企业资料查询卡片记载，某市某区同心商场，成立于1998年12月17日，核准于2011年9月26日，系个人独资企业，投资人赵某，住所地址与涉诉房屋地址相同，经营范围为自有房屋出租。

一审人民法院以"位于某市某区富工二街14号、建筑面积1910平方米的涉诉房屋现由案外人相甲、相乙占有并使用，可以证明该房屋存在权属争议"为由，对原告某市西环商场（私企）要求被告某市房产局履行为其办理房屋所有权登记并发证的请求不予支持。以"被告某市房产局作出的《答复》系针对原告要求被告履行职责的回复意见，其回复行为本身对原告的合法权益明显不产生实际影响力，不具有可诉性"为由，对原告要求确认其违法的请求不予支持。遂判决驳回原告某市西环商场（私企）的诉讼请求。原告某市西环商场（私企）不服，向二审人民法院提起上诉。

三、二审人民法院的认为

根据《不动产登记暂行条例》第二十二条第一款第（二）项的规定，"登记申请有下列情形之一的，不动产登记机构应当不予登记，并书面告知申请人：（二）存在尚未解决的权属争议的"。本案中，涉诉房屋现主要由案外人相甲、相乙占有并使用，且被上诉人某市房产局提交的 2012 年 9 月 20 日房屋买卖补充协议书、2012 年 12 月 26 日房屋买卖顶账协议书、2013 年 1 月 7 日房屋交接协议书上均有作为卖方的上诉人某市西环商场（某区同心商场）法定代表人赵某及作为买方的相甲、相乙签字，故形式上可以证明该房屋存在权属争议。被上诉人对上诉人作出的《答复》中，已明确告知不能为上诉人办理房屋登记并颁发房屋所有权证的理由，提示了其应尽快解决权属争议，且向其交代了救济途径，对上诉人的权利义务产生实际影响，且该《答复》并不违反相关法律规定。原审认定《答复》对上诉人合法权益明显不产生实际影响、不具有可诉性不当，应予纠正。原审判决驳回上诉人的诉讼请求结果正确，应予维持。上诉人的上诉请求，本院不予支持。

四、二审人民法院的裁判结论

判决驳回上诉，维持原判。

五、解析

1. 关于登记机构对申请人的书面告知

《不动产登记暂行条例》第十七条第一款规定："不动产登记机构收到不动产登记申请材料，应当分别按照下列情况办理：（一）属于登记职责范围，申请材料齐全、符合法定形式，或者申请人按照要求提交全部补正申请材料的，应当受理并书面告知申请人；（二）申请材料存在可以当场更正的错误的，应当告知申请人当场更正，申请人当场更正后，应当受理并书面告知申请人；（三）申请材料不齐全或者不符合法定形式的，应当当场书面告知申请人不予受理并一次性告知需要补正的全部内容；（四）申请登记的不动产不属于本机构登记范围的，应当当场书面告知申请人不予受理并告知申请人向有登记权的机构申请。"据此可知，对申请人申请的不动产登记，登记机构在受理现场对申请人提交的登记申请材料进行初步查验后，是否满足受理要求，或者是否属于登记机构的登记范围的，登记机构均须书面告知申请人，这是行政法规的规定课以登记机构的义务。登记机构告知申请人的书面方式主要有：一是对满足受理要求并予以受理的，或应登记机构的告知当场补正后满足受理要求并予以受理的，一般以收件清单、受理凭证、受理通知书等方式告知申请人；二是对不满足受理要求的，一般以不予受理告知书、不予受理告知单、告知单等方式告知申请人，但此类书面告知中须一次性载明需要申请人补正的具体内容、理由或依据；三是对不属于登记机构登记范围内的，一般以告知单的方式告知申请人，明确告知申请人其申请登记的事项不属于本登记机构的登记范围。因此，登记机构对申请人的告知，虽然不影响申请人取得或设立不动产权利或有关事项，但影响申请人对其取得或设立的不动产权利、有关事项可否登记。本案中，某市房产局于 2015 年 6 月 1 日对某市西环商场（私企）作出的《答复》明确告知不能为其办理房屋登记并颁发房屋所有权证的理由，提示了其应尽快解决权属争议，且向其交代了救济途径。笔者认为，该《答复》属于登记机构对申请人的申请作不予登记处理的告知。但是，在当时的制度环境下，申请人未到登记机构申请登记，登记机构告知不予受理的《答复》亦没有在收到申请人申请材料当天（当场）作出，即申请人的申请方式和登记机构告知不予受理的《答复》的作出均有不当。二审人民法院"被上诉人对上诉人作出的《答复》中，已明确告知不能为上诉人办理房屋登记并颁发房屋所有权证的理由，提示了其应尽快解决权属争议，且向其交代了救济途径，对上诉人的权利义务产生实际影响，且该《答复》并不违反相关法律规定"的认为，值得赞同。

2. 关于登记申请"存在尚未解决的权属争议"的认定标准

按《不动产登记暂行条例》第二十二条第一款第（二）项规定，登记申请存在尚未解决的权属争议的，登记机构应当不予登记。那么，登记申请"存在尚未解决的权属争议"的认定标准是什么？笔者认为，登记申请"存在尚未解决的权属争议"，是指申请人申请登记的不动产权利或有关事项，有两个以上的主体对其归属产生争执，且此争执在申请登记时没有因解决而终止。但对登记申请"存在尚未解决的权属争议"的证据材料，法律、行政法规、行政规章和政策均没有作规定。

《土地纠纷处理办法》第二十条规定："国土资源行政主管部门在调查处理争议案件时，应当审查双方当事人提供的下列证据材料：（一）人民政府颁发的确定土地权属的凭证；（二）人民政府或者主管部门批准征用、划拨、出让土地或者以其它方式批准使用土地的文件；（三）争议双方当事人依法达成的书面协议；（四）人民政府或者司法机关处理争议的文件或者附图；（五）其他有关证明文件。"按《林木林地权属争议处理办法》第四条和第七条规定，尚未取得林权证的林木林地权属发生争执时，各级人民政府调处争执，作出明确林木林地归属处理决定时的证据主要有：（一）人民政府作出的林权争议处理决定。对同一起林权争议有数次处理协议或者决定的，以上一级人民政府作出的最终决定或者所在地人民政府作出的最后一次决定为依据。（二）人民法院作出的裁定、判决。（三）当事人之间依法达成的林权争议处理协议、赠送凭证及附图。据此可知，当事人因土地、林权争执申请人民政府确认权属时，这些材料是各级人民政府确认土地、林权权属的证据。申言之，这些材料也是土地、林权权属存在争议且该争议尚未解决的证据材料。笔者据此认为，土地、林权权属是不动产权属的重要组成部分，土地、林权权属存在争议且该争议尚未解决与其他不动产权属存在争议且该争议尚未解决的原理相同，因此，笔者对土地、林权权属存在争议且该争议尚未解决的证据材料作扩张理解：申请人申请不动产权利或相关事项登记时，他人持以下材料对该不动产权利或相关事项主张权利时，这些材料成为不动产权属存在争议且该争议尚未解决的证据：

（1）人民法院、仲裁机构关于解决纠纷的生效的法律文书；（2）有权机关颁发的权属证书或凭证；（3）有权机关作出的能证明权属的批文、通知等公文；（4）有权的人民政府关于解决纠纷的决定、调处协议；（5）当事人关于解决纠纷的合同、协议、声明、承诺或当事人间关于不动产权属的约定等。

《合同法》第五十一条规定，无处分权的人处分他人财产，经权利人追认或者无处分权的人订立合同后取得处分权的，该合同有效（《民法典》删除了此规定）。据此可知，无权处分的合同，原则上为效力待定，可以因处分权人对之加以追认，或无处分权人事后取得了处分权而有效[①]。《房地产管理法》第三十七条规定，房地产转让，是指房地产权利人通过买卖、赠与或者其他合法方式将其房地产转移给他人的行为。该法第四十一条规定，房地产转让，应当签订书面转让合同，合同中应当载明土地使用权取得的方式。《物权法》第十七条规定，不动产权属证书是权利人享有该不动产物权的证明（《民法典》第二百一十七条做了同样的规定）。据此可知，房屋买卖合同应当由房屋所有权权属证书上的权利人作为卖方与买方签订。本案中，"原某市西环商场成立于1987年2月6日，系集体企业，法定代表人为王某。1998年11月2日，该企业申请变更登记，即企业性质由集体企业变更为私企，法定代表人变更为赵某"表明，某市西环商场由集体企业变更为私企，登记在集体企业性质的某市西环商场名下的房屋，应当转移登记到私企性质的某市西环商场名下。但是，"2013年，原告发现涉诉房屋经刘某以某市某区商业管理中心之名转移登记给案外人相甲、相乙，被告某市房产局于2012年10月15日为相甲、相乙颁发了房屋所有权证""本案涉诉房屋原房屋所有权证记载，位于某市某区富工二街14号（旧址为某区富工街×段×里×号），建筑面积1 910平方米的房屋的所有权人为某市西环商场，所有权性质为集体，填发日期为1993年1月17日"表明，登记在集体企业性质的某市西环商场名下的房屋没有因企业转制而转

---

① 王利明：《民法学》，复旦大学出版社2004年版，第603页。

移登记到私企性质的某市西环商场名下，却被刘某以某市某区商业管理中心之名将涉诉房屋转移登记给案外人相甲、相乙，换言之，房屋所有权权属证书上的权利人还是集体企业性质的某市西环商场，房屋转让合同应当由集体企业性质的某市西环商场与买方相甲、相乙签订，不应当是某市某区商业管理中心，房屋转让合同因合同当事人中的转让方不适格，即该转让合同系由无处分权人与买方签订，其是否生效存疑。"上诉人某市房产局提交的 2012 年 9 月 20 日房屋买卖补充协议书、2012 年 12 月 26 日房屋买卖顶账协议书、2013 年 1 月 7 日房屋交接协议书上均有作为卖方的上诉人某市西环商场（某区同心商场）法定代表人赵某及作为买方的相甲、相乙签字"表明，在房屋所有权登记在集体企业性质的某市西环商场名下的情形下，房屋买卖补充协议书、房屋买卖顶账协议书、房屋交接协议书上的卖方却不是集体企业性质的某市西环商场，而有私企性质的某市西环商场（某区同心商场）法定代表人赵某作为卖方的签名，即登记机构用作办理转移登记证据材料的房屋买卖补充协议书、房屋买卖顶账协议书、房屋交接协议书仍然因当事人中的卖方不适格，即这些协议书均由无处分权人与买方签订，其是否生效存疑。概言之，涉诉房屋由非房屋所有权权属证书上的权利人转让给相甲、相乙，转让方（卖方）主体不适格，用作办理转移登记证据的房屋买卖合同、房屋买卖补充协议书、房屋买卖顶账协议书、房屋交接协议书也均由无处分权人与买方签订，其是否生效存疑，笔者认为，这些效力存疑的房屋买卖原因证明，不是涉诉房屋存在尚未解决的权属争议的证明材料，且该转移登记已经被人民法院的生效判决撤销，人民法院确认的事实和人民法院的认为的表述中，没有显示涉诉房屋还存在其他尚未解决的权属争议的证据材料，因此，二审法院关于"涉诉房屋现主要由案外人相甲、相乙占有并使用，且被上诉人某市房产局提交的 2012 年 9 月 20 日房屋买卖补充协议书、2012 年 12 月 26 日房屋买卖顶账协议书、2013 年 1 月 7 日房屋交接协议书上均有作为卖方的上诉人某市西环商场（某区同心商场）法定代表人赵某及作为买方的相甲、相乙签字""形式上可以证明该房屋存在权属争议"的认为值得商榷。某市房产局于 2015

年6月1日对某市西环商场（私企）作出的《答复》中应当告知申请人"你提交的登记申请材料中，没有你享有房屋所有权的证明材料，因此，我局不能为你办理房屋登记并颁发房屋所有权证"，但房管局却在《答复》中"告知不能为上诉人办理房屋登记并颁发房屋所有权证的理由，提示了其应尽快解决权属争议，且向其交代了救济途径"的处置值得商榷。但是，登记机构为相甲、相乙办理的登记被人民法院生效的行政判决书撤销后，表明登记机构对该房屋的登记错误。人民法院确认的事实和人民法院的认为中显示，某市西环商场（私企）向登记机构申请房屋所有权登记时，人民法院确认的事实中，没有显示某市西环商场（私企）向登记机构提交了其享有房屋所有权的证明，表明某市西环商场（私企）的申请材料不齐全。按某市西环商场（私企）邮寄申请房屋所有权登记时适用的《房屋登记办法》第十七条第二款规定，申请人提交的申请登记材料不齐全或者不符合法定形式的，应当作不予受理处理，并告知申请人需要补正的内容。据此可知，本案中，登记机构应当以申请人提交的申请材料不齐全为由不予受理。现时适用的《不动产登记暂行条例》第十七条第（三）项规定吸收了《房屋登记办法》第十七条第二款规定。但是，如前所述，本案涉诉《答复》，属于登记机构对某市西环商场（私企）的登记申请作不予登记处理的告知，而非不予受理的告知。

3. 对某市西环商场（私企）申请的房屋登记的处理

对某市西环商场（私企）申请的房屋登记，登记机构该怎样处理？

本案中，"根据某市工商行政管理局某分局的企业法人申请变更登记注册书记载，原某市西环商场成立于1987年2月6日，系集体企业，法定代表人为王某。1998年11月2日，该企业申请变更登记，即企业性质由集体企业变更为私企，法定代表人变更为赵某"表明，自1998年11月2日起，集体企业性质的某市西环商场因体制转化为私企性质的某市西环商场而消灭。"根据个人独资企业登记情况查询卡记载，赵某作为投资人的某市西环商场成立于1998年11月9日，因连续6个月未经营，于2006年2月5日被吊销营业执照"表明，私企性质的某市西环市场虽然被吊销营业执照，但并不消灭，投资人赵某可以组织清算，成立清算组织负责善后事宜。

按《行政诉讼法》第七十条规定，违法的行政行为才会被人民法院判决撤销。申言之，被人民法院判决撤销的行政行为是错误的行政行为。按《物权法》第十九条规定，权利人、利害关系人认为不动产登记簿记载的事项错误的，可以申请更正登记（按《民法典》第二百二十条规定可以得出同样的结论）。据此可知，凡登记簿上的记载有错误的，登记簿上记载的权利人或与登记簿上记载的错误事项有利害关系的人均可以申请更正登记，将登记簿上记载的错误事项恢复到错误登记前的登记状态或正确的登记状态。因此，本案中，某市A人民法院于2014年7月30日作出（2014）A初字第6号行政判决，判决撤销某市房产局为相甲、相乙颁发的××号、××号房屋所有权证。对此判决，某市房产局不服，向某市中级人民法院提出上诉，该中级人民法院于2014年10月31日作出（2014）某中行终字第444号行政判决：驳回上诉，维持原判。据此可知，登记簿上现时登记在相甲、相乙名下的房屋系错误的转移登记所致，应当通过更正登记纠正。如何更正？

本案中，人民法院确认的事实表明，1998年11月2日前，某市西环商场系集体企业，涉案房屋所有权登记在集体企业性质的某市西环商场名下。1998年11月2日后，某市西环商场由集体企业转换成私有企业，涉案房屋应当转移登记给私企性质的某市西环商场，却并有转移登记给私企性质的某市西环商场，即私企性质的某市西环商场对涉案房屋所有权有主张权利的资格，但涉案房屋所有权登记在相甲、相乙名下，该登记对私企性质的某市西环商场主张权利有影响，换言之，私企性质的某市西环商场与登记在相甲、相乙名下的房屋所有权有利害关系，私企性质的某市西环商场为利害关系人。因此，可以由私企性质的某市西环商场的清算组织凭撤销登记机构为相甲、相乙办理转移登记的判决书等材料申请更正登记，将涉案房屋更正登记到集体企业性质的某市西环商场名下。集体企业性质的某市西环商场虽然已经消灭而不具有民事权利能力，不具有享有民事权利的资格，但是，涉案房屋在错误转移登记到相甲、相乙名下前，登记在其名下，将涉案房屋更正登记到其名下，是将错误登记恢复到该错误登记之前的登记状态，并不是将已经消灭的集体企业性质的某市西环商场作为新的权利人记载在登记簿上，因此，此举并不违反相关法律的规定。但是，如果私企性质的某市西环商场清算组织不申请更正登记，登记机构可以按《不动产登记暂行条例实施细则》第八十一条规定，通知某市西环商场清算组织办理更正登记，否则，按程序启动依职权更正登记，将房屋更正登记到集体企业性质的某市西环商场名下，以主动纠正自己的错误。在涉案房屋更正登记到集体企业性质的某市西环商场名下后，私企性质的某市西环商场清算组织可以凭集体企业转换成私有企业的证明材料申请转移登记，将房屋转移登记到私有性质的某市西环商场名下，尔后，再由某市某区同心商场或赵某与前述清算组织通过申请转让等产生的转移登记，将房屋登记到权利取得人名下。

判例 10　登记机构对被视为已经受理的申请也要作出是否登记的决定

一、案件名称

上诉人吕某因诉被上诉人某市住房保障和房地产管理局不履行法定职责一案。

二、人民法院确认的事实

吕某与案外人于某原系夫妻关系。2014年吕某因与于某离婚后财产纠纷向某经济技术开发区人民法院提起民事诉讼。2014年11月14日，某经济技术开发区人民法院作出（2014）某经开民初字第1228号民事判决书，判决于某于本判决生效后立即协助吕某办理某房权字第0005234号、某房权字第0005235号房屋产权登记变更手续，将该两处房屋产权变更至吕某名下。判决生效后，吕某申请某经济技术开发区人民法院执行。某经济技术开发区人民法院查封了该两处房屋。吕某称房屋被查封后其曾多次要求某市住房保障和房地产管理局履行换证、更名的义务,某市住房保障和房地产管理局以其没有土地使用证为由,拒绝履行义务,且未出具书面材料。某市住房保障和房地产管理局称吕某房产档案里没有土地手续,无法为其办理登记。吕某提起行政诉讼,请求人民法院责令某市住房保障和房地产管理局将某房权字第0005234号、某房权字第0005235号房屋产权证更换为新证并将产权变更至吕某名下。一审法院认为,原告主张被告对其不动产进行登记,被告是否受理,应当书面告知原告,遂以原告要求被告履行法定职责,有法律依据为由,判决某市住房保障和房地产管理局于本判决生效次日起十日内,履行法定职责作出书面决定;驳回原告的其他诉讼请求。吕某不服一审判决,向二审人民法院提起上诉。

三、二审人民法院的认为

《不动产登记暂行条例》第十七条规定:"不动产登记机构收到不动产登记申请材料,应当分别按照下列情况办理:(一)属于登记职责范围,申请材料齐全、符合法定形式,或者申请人按照要求提交全部补正申请材料的,应当受理并书面告知申请人;(二)申请材料存在可以当场更正的错误的,应当告知申请人当场更正,申请人当场更正后,应当受理并书面告知申请人;(三)申请材料不齐全或者不符合法定形式的,应当当场书面告知申请人不予受理并一次性告知需要补正的全部内容;(四)申请登记的不动产不属于本机构登记范围的,应当当场书面告知申请人不予受理并告知申请人向有登记权的机构申请。不动产登记机构未当场书面告知申请人不予受理的,视为受理。"《不动产登记暂行条例》第二十条规定:"不动产登记机构应当自受理登记申请之日起30个工作日内办结不动产登记手续,法律另有规定的除外。"《不动产登记暂行条例》第二十二条规定:"登记申请有下列情形之一的,不动产登记机构应当不予登记,并书面告知申请人:(一)违反法律、行政法规规定的;(二)存在尚未解决的权属争议的;(三)申请登记的不动产权利超过规定期限的;(四)法律、行政法规规定不予登记的其他情形。"本案中,被上诉人某市住房保障和房地产管理局办理申请事项时应当按照《不动产登记暂行条例》第十七条的规定书面告知申请人是否受理。在被上诉人某市住房保障和房地产管理局未当场书面告知申请人不予受理的情况下，应视为受理。被上诉人某市住房保障和房地产管理局受理后，认为符合登记条件的，应当按照《不动产登记暂行条例》第二十条的规定办理登记手续；认为不符合登记条件的，应当按照《不动产登记暂行条例》第二十二条的规定书面告知申请人。原审法院认为"原告主张被告对其不动产进行登记，被告是否受理，应当书面告知原告，故原告要求被告履行法定职责，有法律依据，本院予以支持"的论述不妥，但判决被上诉人某市住房保障和房地产管理局履行法定职责作出书面决定结论正确，应予维持。上诉人吕某的上诉理由不成立，其上诉请求本院不予支持。

四、二审人民法院的裁判结论

判决驳回上诉，维持原判。

五、解　析

1. 登记机构告知申请人不予受理或需要补正内容应当用书面方式

按《不动产登记暂行条例》第十七条第（三）项规定，申请材料不齐全或者不符合法定形式的，登记机构应当当场书面告知申请人不予受理并一次性告知需要补正的全部内容。据此可知，登记机构在受理现场对申请人提交的申请材料作初步查验后，在申请材料不齐全或者不符合法定形式的情形下，应当当场以书面形式告知申请人不予受理的理由、依据和需要补正的全部内容。其中，登记机构以"书面形式"告知申请人，是行政法规规定的方式，即登记机构以"书面形式"告知申请人是法定的方式，此为要式行政行为。要式行政行为，是指必须具备某种法定的形式或遵守法定的程序才能成立生效的行政行为。要式行政行为就其形式而言是一种羁束性要求，若不具备相应的形式，就会因形式违法而被宣布无效[①]。不动产登记机构未当场书面告知申请人不予受理的，视为受理。据此可知，本

---

① 马怀德：《行政法学》，中国政法大学出版社2007年版，第110~111页。

案中，由于被上诉人某市住房保障和房地产管理局未在受理现场当场书面告知吕某对其登记申请不予受理，应当视为其已经受理了吕某的登记申请，因此，二审人民法院关于"在被上诉人某市住房保障和房地产管理局未当场书面告知申请人不予受理的情况下，应视为受理"的认为值得赞同。

2. 本案中，某市住房保障和房地产管理局应当对吕某的登记申请作出是否准予登记的决定

《不动产登记暂行条例》第二十条规定："不动产登记机构应当自受理登记申请之日起 30 个工作日内办结不动产登记手续，法律另有规定的除外。"该暂行条例第二十二条规定："登记申请有下列情形之一的，不动产登记机构应当不予登记，并书面告知申请人：（一）违反法律、行政法规规定的；（二）存在尚未解决的权属争议的；（三）申请登记的不动产权利超过规定期限的；（四）法律、行政法规规定不予登记的其他情形。"据此可知，登记机构受理申请人的申请后，应当在 30 个工作日内对其进行审查，若该登记申请有法律、行政法规规定的不予登记的情形的，登记机构应当作不予登记处理并书面通知申请人。否则，应当按时完成登记。换言之，登记机构受理申请人的申请后，通过审查，对其受理的申请是否予以登记，均须作出决定。本案中，如前所述，某市住房保障和房地产管理局因未书面告知吕某对其申请的不动产登记不予受理，而被视为已经受理了吕某的登记申请，某市住房保障和房地产管理局对吕某的登记申请是否予以登记，没有以完成登记的方式来体现，也没有以其他书面的方式告知吕某，即没有履行行政法规的规定课以的职责，属于行政不作为，二审法院判决维持一审法院关于"某市住房保障和房地产管理局于本判决生效次日起十日内，履行法定职责作出书面决定"的判决结论正确。

3. 本案中，某市住房保障和房地产管理局仍然不得为吕某办理房屋登记

"2014 年 11 月 14 日，某经济技术开发区人民法院作出（2014）某经开民初字第 1228 号民事判决书，判决于某于本判决生效后立即协助吕某办理某房权字第 0005234 号、某房权字第 0005235 号房屋产权登记变更手续，

将该两处房屋产权变更至吕某名下"表明，人民法院生效的民事判决书没有直接确认涉案房屋权利属吕某，而是判决于某协助吕某申请房屋转移登记（权属变更登记）。因此，吕某、于某应当按正常程序申请房屋转移登记（权属变更登记）。

《物权法》第十六条规定，不动产登记簿是物权归属和内容的根据（《民法典》第二百一十六条做了同样的规定）。该法第十七条规定，不动产权属证书是权利人享有该不动产物权的证明（《民法典》第二百一十七条做了同样的规定）。据此可知，我国的不动产登记实行登记与颁发证书相配套的制度，但权利人享有的不动产物权，以登记簿的记载为准。与登记簿上的记载相对应的不动产权属证书是权利人享有不动产物权的外在表征方式。《物权法》第一百四十七条规定，建筑物、构筑物及其附属设施转让、互换、出资或者赠与的，该建筑物、构筑物及其附属设施占用范围内的建设用地使用权一并处分（《民法典》第三百五十七条做了同样的规定）。《房地产管理法》第三十二条规定，房地产转让、抵押时，房屋的所有权和该房屋占用范围内的土地使用权同时转让、抵押。据此可知，法律的规定确立了房屋转让时，房屋占用范围内的土地使用权同时转让的原则。本案发生争执时适用的《房屋登记办法》第八条规定，办理房屋登记，应当遵循房屋所有权和房屋占用范围内的土地使用权权利主体一致的原则。据此可知，房屋所有权权利主体与房屋占用范围内的土地使用权权利主体同一，是房屋登记的原则。申言之，房屋所有权与房屋占用范围内的土地使用权一并登记，也是房屋登记的原则。因此，当事人申请转让房屋产生的转移登记时，应当向登记机构提交表征房屋的所有权和该房屋占用范围内（或分摊）的土地使用权的不动产权属证书。本案中，人民法院查明的事实中没有显示吕某向某市住房保障和房地产管理局提交了表征其享有房屋占用范围内（或分摊）的土地使用权的不动产权属证书。本判决生效后，《不动产登记暂行条例实施细则》颁布实施，该实施细则第二条第二款规定，房屋等建筑物、构筑物和森林、林木等定着物应当与其所依附的土地、海域一并登记，保持权利主体一致。据此可知，房屋所有权与其占用或分摊享有的土地使用权一并登记是不动产登记的原则。当然，在该房屋上没有查封登记的前提下，如果人民法院生效的民事判决书中明确确认涉案房屋归吕某的，吕某可据此生效的民事判决书单方申请房屋转移登记（权属变更登记），登记机构对其申请也应当受理。

另外，在司法实务中，《最高人民法院、国土资源部、建设部关于依法规范人民法院执行和国土资源房地产管理部门协助执行若干问题的通知》（法发〔2004〕5号）第二十二条规定，国土资源、房地产管理部门对被人民法院依法查封、预查封的土地使用权、房屋，在查封、预查封期间不得办理抵押、转让等权属变更、转移登记手续。据此可知，被人民法院查封的房屋，登记机构不得为当事人办理房屋权属变更产生的转移登记，本案中，吕某向某市住房保障和房地产管理局申请将某房权字第0005234号、某房权字第0005235号房屋产权证更换为新证并将产权变更至吕某名下，实质上是申请房屋权属变更产生的转移登记，但该两处房屋已经被某经济技术开发区人民法院查封，虽然吕某是查封申请人，但该查封仍然排除吕某申请的房屋权属变更产生的转移登记（变更登记）的办理。因此，某市住房保障和房地产管理局不得为吕某办理房屋登记，但应当将不得办理的理由和依据书面告知吕某。

因此，无论从法律规范上看还是从司法实务上看，某市住房保障和房地产管理局都不能为吕某办理房屋登记。

判例11　一般情形下，土地出让金缴纳凭证不是登记机构办理商品房买卖转移登记时应当收取的材料

一、案件名称

上诉人某县国土资源局与被上诉人张某不履行法定职责一案。

二、人民法院确认的事实

甲房产公司于2009年和2010年取得了彩虹城项目的国有土地使用权证，原告张某购买了由甲房产公司开发建设的彩虹城小区9幢1单元8楼

2号的房屋并已取得房屋所有权证。其间，某县人民政府批复同意对彩虹城等项目的容积率进行调整，某县国土资源局于此后曾催促甲房产公司完善用地手续并补缴土地出让金。2017年3月31日原告张某与第三人甲房产公司共同书面申请办理张某所购房屋的不动产登记，某县不动产登记中心以《不动产登记不予受理告知书》的方式告知张某和甲房产公司，以第三人甲房产公司未补缴土地增容出让金为由决定不予受理。张某将某县国土资源局作为被告向一审法院起诉，请求判决被告履行不动产登记职责。

彩虹城项目共有1—9号楼600余住户，现1—8号楼400余住户已经取得房屋所有权证和国有土地使用权证，9号楼200余住户均未取得国有土地使用权证。某县不动产登记中心现负责具体办理不动产登记事宜，所颁发的不动产登记证书加盖"某县国土资源局不动产登记专用章"。

一审法院以"某县不动产登记中心作出的《不动产登记不予受理告知书》认定事实不清，主要证据不足，适用法律错误，且违反合理行政原则，依法应予撤销，本案申请人已经提交《不动产登记暂行条例》第十六条第一款规定的材料，不动产登记机关依法应当予以受理并在法定期限内办结不动产登记手续"为由，判决：（1）撤销某县不动产登记中心于2017年3月31日作出的《不动产登记不予受理告知书》；（2）由某县国土资源局于本判决生效之日受理张某和甲房产公司的不动产登记申请并在《不动产登记暂行条例》规定的期限内办结不动产登记手续。某县国土资源局不服，向二审人民法院提起上诉。

三、二审人民法院的认为

本案的争议焦点是上诉人某县国土资源局以原审第三人未补缴土地出让金而不予受理被上诉人张某和原审第三人不动产登记的行为是否合法。根据《不动产登记暂行条例》第十六条第一款"申请人应当提交下列材料，并对申请材料的真实性负责：（一）登记申请书；（二）申请人、代理人身份证明材料、授权委托书；（三）相关的不动产权属来源证明材料、登记原因证明文件、不动产权属证书；（四）不动产界址、空间界限、面积等材料；（五）与他人利害关系的说明材料；（六）法律、行政法规以及本条例实施细则规定的其他材料"的规定，申请人申请不动产登记需提交上述材料，而相关法律、行政法规以及《不动产登记暂行条例实施细则》并未明确要求申请人需提交补缴土地出让金的凭证。上诉人某县国土资源局诉称其不予受理不动产登记申请的依据是国土资源部（现自然资源部）印发的《不动产登记操作规范（试行）》8.3.3条之6的规定，虽然该操作规范中规定国有建设用地使用权及房屋所有权转移登记应提交的材料包括"依法需要补交土地出让价款、缴纳税费的，应当提交土地出让价款缴纳凭证、税费缴纳凭证"，但本案原审第三人甲房产公司是否应当补交土地出让价款并无有权机关的认定，即使原审第三人甲房产公司应当补交土地出让价款，亦应由职能部门依法予以追缴，而不应以此为由不予受理房屋买受人办理不动产登记。综上，上诉人某县国土资源局的上诉理由于法无据，本院不予支持。原判认定事实清楚，适用法律正确，本院依法予以维持。

四、二审人民法院的裁判结论

判决驳回上诉，维持原判。

五、解　析

1. 一般情形下，土地出让金缴纳凭证不是登记机构办理商品房买卖转移登记时应当收取的材料

《城镇国有土地使用权出让和转让暂行条例》第十六条规定，土地使用者在支付全部土地使用权出让金后，应当依照规定办理登记，领取土地使用证，取得土地使用权。在不动产登记实务中，按《不动产登记暂行条例实施细则》第三十四条第一款第（三）项规定，土地出让价款缴纳证明是申请人申请国有建设用地使用权首次登记时应当提交的材料。据此可知，一般情形下，土地出让金缴纳凭证是申请人申请国有建设用地使用权首次登记时应当提交的材料。本案中，张某和甲房产公司申请的是因买卖房屋所有权及房屋分摊的国有建设用地使用权产生的转移登记，而非国有建设用地使用权首次登记。

《不动产登记暂行条例实施细则》第三十八条规定:"申请国有建设用地使用权及房屋所有权转移登记的,应当根据不同情况,提交下列材料:(一)不动产权属证书;(二)买卖、互换、赠与合同;(三)继承或者受遗赠的材料;(四)分割、合并协议;(五)人民法院或者仲裁委员会生效的法律文书;(六)有批准权的人民政府或者主管部门的批准文件;(七)相关税费缴纳凭证;(八)其他必要材料。动产买卖合同依法应当备案的,申请人申请登记时须提交经备案的买卖合同。"据此可知,申请人申请房屋及房屋分摊的国有建设用地(或房屋占用范围内的国有建设用地)使用权转移登记时,无须向登记机构提交土地出让金缴纳凭证。本案中,张某和甲房产公司申请因买卖房屋所有权及房屋分摊的国有建设用地使用权产生的转移登记时,无须提交土地出让金缴纳凭证。

《房地产管理法》第四十条第一款规定,以划拨方式取得土地使用权的,转让房地产时,应当按照国务院规定,报有批准权的人民政府审批。有批准权的人民政府准予转让的,应当由受让方办理土地使用权出让手续,并依照国家有关规定缴纳土地使用权出让金。质言之,划拨取得的国有建设用地使用权及地上房屋所有权经县级以上人民政府批准不维持划拨状态转让的,才须补交土地出让金。虽然《不动产登记操作规范(试行)》8.3.3条之6规定"申请人申请国有建设用地使用权转移登记时,依法需要补交土地出让价款、缴纳税费的,应当提交缴清土地出让价款凭证、税费缴纳凭证",但笔者认为,该规定应当与8.3.3条之5的规定相结合理解,8.3.3条之5规定为"申请人申请国有建设用地使用权转移登记时,划拨取得国有建设用地使用权转移登记的,应当提交有批准权的人民政府的批准文件"。据此可知,申请人申请不维持划拨状态转移划拨的国有建设用地使用权及地上房屋所有权产生的转移登记时,才属于需要依法补交土地出让价款的情形。

因此,本案中,二审人民法院关于"根据《不动产登记暂行条例》第十六条第一款'申请人应当提交下列材料,并对申请材料的真实性负责:

（一）登记申请书；（二）申请人、代理人身份证明材料、授权委托书；（三）相关的不动产权属来源证明材料、登记原因证明文件、不动产权属证书；（四）不动产界址、空间界限、面积等材料；（五）与他人利害关系的说明材料；（六）法律、行政法规以及本条例实施细则规定的其他材料'的规定，申请人申请不动产登记需提交上述材料，而相关法律、行政法规以及《不动产登记暂行条例实施细则》并未明确要求申请人需提交补缴土地出让金的凭证。……上诉人某县国土资源局的上诉理由于法无据，本院不予支持。原判认定事实清楚，适用法律正确，本院依法予以维持"的认为值得赞同，据此判决驳回上诉，维持原审判决的判决正确。

2. 关于合理行政原则

合理行政原则又称公正、公平原则，是行政法又一基本原则。它要求行使行政权力应当客观、适度、符合理性①。据此可知，行政机关在行使行政权力时，对同时出现的多个相对人，或先后出现的同类相对人，在法律、行政法规不改变的前提下，应当同等对待，或适用相同的规则处理相关事务，不得区别对待，更不得歧视。本案中，"彩虹城项目共有1—9号楼600余住户，现1—8号楼400余住户已经取得房屋所有权证和国有土地使用权证，9号楼200余住户均未取得国有土地使用权证"表明，诉争房屋所在项目中，在同等情形下，除诉争房屋所在的9号楼200余住户未取得国有土地使用权证，其他楼幢的400余住户已经取得房屋所有权证和国有土地使用权证。基于行政合理原则，某县不动产登记中心应当适用为其他楼幢的400余住户办理房屋所有权证和国有土地使用权证的规则，为诉争房屋办理转移登记，颁发载明房屋所有权及房屋分摊的国有建设用地使用权的不动产权属证书。但是，某县不动产登记中心却以《不动产登记不予受理告知书》的方式告知同一项目9号楼200余住户之一的张某、甲房产公司，以第三人甲房产公司未补缴土地增容出让金为由决定不予受理。据此可知，某县不动产登记中心在面对后面的同类申请人，处理同类的行

---

① 王连昌、马怀德：《行政法学》，中国政法大学出版社2002年版，第25页。

政事务时，区别对待，采用前后不一致的规则，有失公平、公正，明显违反合理行政原则。一审人民法院关于某县不动产登记中心作出的《不动产登记不予受理告知书》违反合理行政原则的认为正确。

3. 其他应当提交土地出让金缴纳凭证的不动产登记类型

如前所述，一般情形下，土地出让金缴纳凭证是申请人申请国有建设用地使用权首次登记时应当提交的材料。《不动产登记暂行条例实施细则》第二十四条第一款规定，不动产首次登记，是指不动产权利第一次登记。据此可知，国有建设用地使用权首次登记，是将国有建设用地使用权第一次记载在登记簿上的登记类型。但是，申请人申请以下几种情形下的国有建设用地使用权变更登记时，也应当提交土地出让金缴纳凭证。

（1）申请人申请界址变更导致土地面积增加产生的国有建设用地使用权变更登记的情形。

因界址变更增加的土地面积，通过国有建设用地使用权变更登记被第一次记载在登记簿上，换言之，因界址变更增加的土地面积通过变更登记记载在登记簿上属于首次登记。但是，此类登记总体上属于变更登记，但此变更登记中有首次登记的元素，属于一种复合登记。既然因界址变更增加的土地面积通过变更登记记载在登记簿上属于首次登记，申请人申请变更登记时就应当向登记机构提交土地出让金缴纳凭证。

（2）申请人申请用途变更产生的国有建设用地使用权变更登记的情形。

《城镇国有土地使用权出让和转让暂行条例》第十八条规定，土地使用者需要改变土地使用权出让合同规定的土地用途的，应当征得出让方同意并经土地管理部门和城市规划部门批准，依照本章的有关规定重新签订土地使用权出让合同，调整土地使用权出让金，并办理登记。在不动产登记实务中，按《不动产登记操作规范（试行）》8.2.3条之4规定，土地用途变更的，提交国土资源主管部门出具的批准文件和土地出让合同补充协议。依法需要补交土地出让价款的，还应当提交缴清土地出让价款的凭证。据此可知，申请因土地用途改变产生的国有建设用地使用权变更登记时，也应当提交土地出让金缴纳凭证。

（3）申请人申请因使用期限延长产生的国有建设用地使用权变更登记的情形。

《房地产管理法》第二十二条第一款规定，土地使用权出让合同约定的使用年限届满，土地使用者需要继续使用土地的，应当至迟于届满前一年申请续期，除根据社会公共利益需要收回该幅土地的，应当予以批准。经批准准予续期的，应当重新签订土地使用权出让合同，依照规定支付土地使用权出让金。据此可知，延长出让取得的土地使用权期限，实质上是将该延长期限内的土地使用权重新出让给使用权人，使用权人应当按重新签订的出让合同缴纳土地出让金。在不动产登记实务中，按《不动产登记操作规范（试行）》8.2.3条之4规定，国有建设用地使用权的权利期限发生变化的，提交国土资源主管部门出具的批准文件、出让合同补充协议。依法需要补交土地出让价款的，还应当提交缴清土地出让价款的凭证。因此，土地出让金缴纳凭证和契税缴纳凭证，是申请人申请因出让取得的土地使用权期限延长产生的国有建设用地使用权变更登记时应当提交的材料。

此外，在国有建设用地使用权是出让取得的情形下，申请人申请因更正登记增加国有建设用地面积时，增加的国有建设用地面积通过更正登记记载在登记簿上也属于首次登记。但是，此类登记总体上属于更正登记，但此更正登记中有首次登记的元素，属于一种复合登记。既然因更正登记增加的国有建设用地面积通过更正登记记载在登记簿上属于首次登记，申请人申请更正登记时就应当向登记机构提交土地出让金缴纳凭证。此处的因更正登记增加国有建设用地面积，是指宗地界址不变，因测绘原因而使宗地面积大于登记簿上记载的面积的情形。

判例12　权利人才是房屋变更登记的申请人

一、案件名称

上诉人某市甲房地产开发有限公司因诉不履行房屋变更登记行政职责一案。

二、人民法院确认的事实

原审原告某市甲房地产开发有限公司于 2007 年 6 月 9 日向原审被告某市房产管理局申请办理某区建设路福星花园 2 栋房屋权属初始登记，原审被告根据原审原告提供的资料颁发了房屋产权证，房屋阳台面积根据规划部门设计图纸按未封闭进行登记。原审原告与原审第三人刘某签订约定阳台为封闭式的商品房买卖（预售）合同，房屋按约定建成。根据原审第三人提供的资料，原审被告为原审第三人办理了原审原告已取得初始登记的某区建设路福星花园 2 栋 1 单元 201 号房屋的转移登记，原审第三人于 2007 年 8 月 14 日取得了房屋所有权。原审原告于 2005 年 1 月 25 日向某市规划局提出阳台用 90 系列铝合金推拉窗封闭的要求，某市规划局于 2009 年 10 月 12 日补发了阳台变更为封闭式阳台的通知单。原审原告认为房屋阳台为封闭式已取得某市规划行政许可，要求原审被告对原审第三人在某区建设路福星花园 2 栋 1 单元 201 号房屋的产权证登记面积予以变更。原审被告认为原审原告不具备办理变更登记的主体资格不予办理，原审原告遂向原审法院提起行政诉讼，请求判令原审被告履行变更登记职责，变更原审第三人房屋产权证上登记的面积。

位于某区建设路福星花园 2 栋 1 单元 201 号房屋转移登记时因上诉人未取得规划行政部门同意将阳台变更为封闭式阳台的通知单，阳台面积按其投影的半面积计算。《某省房产面积测算及共有建筑面积分摊规则》有"全封闭的阳台按其外围水平投影面积计算"的相关规定。

原审法院以"房屋面积增加或减少，申请变更登记唯一合法主体是本案的原审第三人，原审原告不具备办理变更登记的主体资格，并非原审被告不作为"为由，判决驳回原审原告某市甲房地产开发有限公司的诉讼请求。某市甲房地产开发有限公司不服，向二审人民法院提起上诉。

三、二审人民法院的认为

上诉人某市甲房地产开发有限公司与原审第三人刘某签订商品房买卖（预售）合同，双方约定房屋的面积及价格，上诉人将自己取得初始登记的房屋转让给原审第三人，因转让房屋产权登记的面积涉及上诉人与原审第三人购房价款的给付，故上诉人与所诉房屋产权变更登记有法律上的利害关系，上诉人是所诉房屋产权变更登记的当事人。根据中华人民共和国建设部制定的《房屋登记办法》第十二条第二款第（四）项"有本办法所列变更登记情形之一，可以由当事人单方申请"的规定，上诉人有权申请所诉房屋产权的变更登记。被上诉人某市房产管理局认为只有房屋权利人才能申请房屋产权变更登记，上诉人不具备主体资格的理由不能成立，对其为此提出的主张不予支持。在上诉人提供一定的事实依据申请房屋产权变更登记时，被上诉人应对上诉人提出的产权变更登记申请依相应程序进行审查履行自己的职责。原判认定事实较为清楚，但根据《房屋登记办法》第三十六条第（三）项"房屋面积增加或减少的，权利人应当在有关法律文件生效或者事实发生后申请房屋产权变更登记"的规定，认定申请本案所诉变更登记原审第三人是唯一合法主体的观点是错误的，该条款是对权利人在变更登记上的强制性规定，而不是对申请变更登记主体的设定，并未规定除权利人以外的其他当事人不能申请房屋产权变更登记。原判适用法律错误，处理不当，本院依法予以撤销。上诉人要求被上诉人对原审第三人房屋产权面积履行变更登记职责请求的理由成立。

四、二审人民法院的裁判结论

判决：（1）撤销原审人民法院的行政判决；（2）判令被上诉人某市房产管理局根据上诉人某市甲房地产开发有限公司的申请履行原审第三人刘某的产权面积变更登记的职责。

五、解　析

1. 本案中，准予房屋阳台由未封闭变为封闭的规划手续，是申请人申请变更登记时应当提交的材料

《城乡规划法》第四十条第一款规定，在城市、镇规划区内进行建筑物、构筑物、道路、管线和其他工程建设的，建设单位或者个人应当向城市、县人民政府城乡规划主管部门或者省、自治区、直辖市人民政府

确定的镇人民政府申请办理建设工程规划许可证。该法第六十四条规定，未取得建设工程规划许可证或者未按照建设工程规划许可证的规定进行建设的，由县级以上地方人民政府城乡规划主管部门责令停止建设；尚可采取改正措施消除对规划实施的影响的，限期改正，处建设工程造价百分之五以上百分之十以下的罚款；无法采取改正措施消除影响的，限期拆除，不能拆除的，没收实物或者违法收入，可以并处建设工程造价百分之十以下的罚款。据此可知，在城市、镇规划区内进行建筑物、构筑物、道路、管线和其他工程建设的，应当取得规划许可手续，并按取得的规划许可手续进行建设，否则，属于应当受到惩处的违法行为。本案中，将房屋的未封闭阳台变更为封闭式阳台，属于建筑物工程建设行为，应当取得规划许可手续后方可为之。按本案发生时适用的《房屋登记办法》第二十条第一款第（二）项规定，申请初始登记的房屋与申请人提交的规划证明材料记载一致的，方可登记。据此可知，本案中，"位于某区建设路福星花园2栋1单元201号房屋转移登记时因上诉人未取得规划行政部门同意将阳台变更为封闭阳台的通知单，阳台面积按其投影的半面积计算。《某省房产面积测算及共有建筑面积分摊规则》有'全封闭的阳台按其外围水平投影面积计算'的相关规定"表明，阳台由未封闭变更为全封闭导致房屋面积增加，申请人虽然申请的是房屋变更登记，但增加的面积是第一次记载在登记簿上，该部分面积属于初始登记，应当取得规划许可手续并按规划许可手续建造完工后方可申请登记。不动产统一登记后，按《不动产登记暂行条例》第二十二条第（一）项规定，不动产登记申请违反法律、行政法规规定的，登记机构应当作不予登记处理。据此可知，本案中，如果申请人申请因房屋阳台由未封闭变更为封闭式产生的变更登记时，不能提交准予变更的规划手续的，则此变更属于应当受到惩处的违法行为所致，登记机构应当作不予登记处理。概言之，无论是曾经的房屋登记还是现时的不动产统一登记，准予房屋阳台由未封闭变为封闭式的规划手续，是申请人申请由此产生的变更登记时应当提交的材料。

2. 本案中，被上诉人某市房产管理局对上诉人某市甲房地产开发有限公司提出的变更登记的处置并无过错

本案发生时适用的《房屋登记办法》第三十六条规定："发生下列情形之一的，权利人应当在有关法律文件生效或者事实发生后申请房屋所有权变更登记：（一）房屋所有权人的姓名或者名称变更的；（二）房屋坐落的街道、门牌号或者房屋名称变更的；（三）房屋面积增加或者减少的；（四）同一所有权人分割、合并房屋的；（五）法律、法规规定的其他情形。"不动产统一登记后，《不动产登记暂行条例实施细则》第二十六条规定："下列情形之一的，不动产权利人可以向不动产登记机构申请变更登记：（一）权利人的姓名、名称、身份证明类型或者身份证明号码发生变更的；（二）不动产的坐落、界址、用途、面积等状况变更的；（三）不动产权利期限、来源等状况发生变化的；（四）同一权利人分割或者合并不动产的；（五）抵押担保的范围、主债权数额、债务履行期限、抵押权顺位发生变化的；（六）最高额抵押担保的债权范围、最高债权额、债权确定期间等发生变化的；（七）地役权的利用目的、方法等发生变化的；（八）共有性质发生变更的；（九）法律、行政法规规定的其他不涉及不动产权利转移的变更情形。"笔者据此认为，不动产变更登记，是指记载在登记簿上的不动产物权，权利主体不变，权利内容、权利客体和其他事项发生变更产生的登记。具体到房屋变更登记，是指登记簿上记载的房屋所有权权利主体不变，权利内容、权利客体和其他事项发生变更产生的登记。申请不动产（房屋）变更登记是一种由权利人单方实施的纯物权行为。简言之，不动产（房屋）变更登记的申请人是登记簿上现时记载的不动产（房屋）权利人。

《立法法》第九十二条规定，同一机关制定的法律、行政法规、地方性法规、自治条例和单行条例、规章，特别规定与一般规定不一致的，适用特别规定。据此可知，同一部法律、行政法规、地方性法规、自治条例和单行条例、规章中，特别规定优于一般规定使用。本案中，上诉人某市甲房地产开发有限公司申请变更登记时适用《房屋登记办法》第十二条第二款第（四）项规定"有本办法所列变更登记情形之一，可以由当事人单

方申请"，据此规定，不是登记簿上记载的权利人的某市甲房地产开发有限公司似乎可以申请所诉房屋产权的变更登记，但此规定属于《房屋登记办法》的一般规定。该办法第三十六条明确规定房屋变更登记由权利人申请，且该规定属于《房屋登记办法》的特别规定。因此，就房屋变更登记的申请人，《房屋登记办法》第三十六条规定优于该办法第十二条第二款规定使用。简言之，房屋变更登记的申请人只能是登记簿上记载的房屋权利人。因此，本案中，被上诉人某市房产管理局对上诉人某市甲房地产开发有限公司提出的变更登记的处置并无过错。笔者赞同一审人民法院的认为和据此作出的判决。二审人民法院的认为和据此作出的判决值得商榷。

不动产统一登记后，《不动产登记暂行条例实施细则》第二十六条明确规定不动产变更登记的申请人为不动产权利人。

判例13 原配偶死亡后权利取得人不能单方申请离婚转移登记

一、案件名称

原告任某诉被告某县不动产登记局要求履行法定职责一案。

二、人民法院确认的事实

原告任某与前夫李某共同购置了位于某县金鼎商城4幢B区××号房屋。该房屋于2005年元月6日办理了房屋所有权证，2005年元月19日取得了国有土地使用权证，房屋所有权人及土地使用人均登记为任某。2011年4月19日任某与李某在某县民政局登记离婚，并签订了《离婚协议书》，约定上述房屋归任某所有。2015年3月19日李某去世。2016年7月29日任某单方向某县不动产登记局申请办理上述房屋的离婚转移登记，并提交了房屋所有权证、土地使用权证、李某死亡证明、离婚协议书等申请资料，某县不动产登记局认为，共有不动产的转移登记，应有共有人共同申请，因共有人李某死亡，应由其合法继承人与任某共同申请或通过司法途径由法院裁定离婚协议有效，故根据《不动产登记暂行条例》第十七条的规定，作出了《不动产登记不予受理告知书》，原告不服，起诉至人民法院，要求被告履行转移登记职责。

三、人民法院的认为

根据《不动产登记暂行条例》第七条中"不动产登记由不动产所在地的县级人民政府不动产登记机构办理"的规定，某县不动产登记局作为该县行政区域内的不动产登记机构，具有依法对该行政区域内的不动产权属进行登记的行政职权。

任某向某县不动产登记局申请办理其与李某上述共有房屋的离婚转移登记，由于涉案房屋系任某与前夫李某共同所有，根据《不动产登记暂行条例》第十四条中"因买卖、设定抵押权等申请不动产登记的，应当由当事人双方共同申请"的规定，任某应与共有人李某共同提出申请，任某单方提出申请并不符合上述规定。本案的特殊情况在于，任某在李某死亡的情况下，不可能共同申请房屋登记，但任某与李某达成离婚协议后，有权要求李某及时履行协议内容并与其共同申请商品房转移登记，即使在李某死亡的情况下，李某的继承人享有继承李某遗产的权利，但同时也应承担李某应承担的义务，因此，任某有权要求李某的继承人配合办理相关房屋登记，亦可通过其他民事途径实现其权利。另外，《不动产登记暂行条例》第十四条第二款规定："属于下列情形之一的，可以由当事人单方申请：（一）尚未登记的不动产首次申请登记的；（二）继承、接受遗赠取得不动产权利的；（三）人民法院、仲裁委员会生效的法律文书或者人民政府生效的决定等设立、变更、转让、消灭不动产权利的；（四）权利人姓名、名称或者自然状况发生变化，申请变更登记的；（五）不动产灭失或者权利人放弃不动产权利，申请注销登记的；（六）申请更正登记或者异议登记的；（七）法律、行政法规规定可以由当事人单方申请的其他情形。"任某的情形不符合该条例第十四条第二款第（一）项至第（六）项的规定，而该条例第十四条第二款第（七）项的规定，虽然是一项兜底条款，但该条款明确规定，当事人可单方申请房屋登记的其他情形必须由法律或行政法规予以规定，现任某并没有提供依据证明其符合某一法律或法规规定的其他可单方申请房屋登记的情形，故《不动产登记暂行条例》第十四条第二款中第（七）项的规定亦不能适用于任某。现任某未提供相关材料证明其符合单方申请办理房屋登记的条件，对此，某县不动产登记局根据《不动产登记暂行条例》第十七条规定作出不予受理决定，并告知原告需要补正的内容，认定事实清楚，适用法律正确，原告要求被告办理转移登记，理由不成立，本院不予支持。

四、人民法院的裁判结论

判决驳回原告任某的诉讼请求。

本判决已经发生法律效力[1]。

五、解析

1. 基于当事人双方合意的民事法律行为产生的不动产登记，由民事法律行为的当事人双方共同申请

《民法总则》第一百三十三条规定，民事法律行为是民事主体通过意思表示设立、变更、终止民事法律关系的行为（《民法典》第一百三十三条做了同样的规定）。据此可知，民事法律行为是引起民事法律关系变动的主要原因。所谓民事法律行为，是指以意思表示为要素并以设立、变更、终止民事权利义务关系为目的的行为[2]。《不动产登记暂行条例》第十四条第一款规定，因买卖、设定抵押权等申请不动产登记的，应当由当事人双方共同申请。按该条例第十七条第（三）项规定，申请材料不齐全或者不符合法定形式的，登记机构应当当场书面告知申请人不予受理并一次性告知需要补正的全部内容。据此可知，因买卖、抵押等当事人双方合意的民事法律行为产生的不动产登记，由民事法律行为的当事人双方共同申请并提交相关登记申请材料，但在登记申请受理环节，登记申请材料不齐全或者不符合法定形式的，登记机构应当当场以书面告知的方式作不予受理处理。本案中，"2011 年 4 月 19 日任某与李某在某县民政局登记离婚，并签订了

---

[1] 本书编著者注。
[2] 梁慧星：《中国物权法草案建议稿附理由：总则编》，法律出版社 2004 年版，第 139 页。

《离婚协议书》，约定上述房屋归任某所有。2015年3月19日李某去世。2016年7月29日任某单方向某县不动产登记局申请办理上述房屋的离婚转移登记，并提交了房屋所有权证、土地使用权证、李某死亡证明、离婚协议书等申请资料"表明，离婚协议属于任某、李某实施的双方合意的民事法律行为，基于约定房屋归属的离婚协议产生的房屋转移登记，应当由任某、李某共同申请，但李某因去世无法申请，也不能委托他人代为申请，更不能向登记机构提交登记申请书等申请材料。任某申请离婚转移登记时，无法提交李某签名的申请书、李某的有效的身份证明等必需材料，属于提交的登记申请材料不齐全的情形。因此，某县不动产登记局作出的《不动产登记不予受理告知书》于法有据。人民法院关于"某县不动产登记局根据《不动产登记暂行登记条例》第十七条的规定作出不予受理决定，并告知原告需要补正的内容，认定事实清楚，适用法律正确，原告要求被告办理转移登记，理由不成立，本院不予支持"的认为值得赞同，据此作出的判决正确。

2. 本案中，任某欲得到房屋的途径

《物权法》第十五条规定，当事人之间订立有关设立、变更、转让和消灭不动产物权的合同，除法律另有规定或者合同另有约定外，自合同成立时生效；未办理物权登记的，不影响合同效力（《民法典》第二百一十五条规定，当事人之间订立有关设立、变更、转让和消灭不动产物权的合同，除法律另有规定或者当事人另有约定外，自合同成立时生效；未办理物权登记的，不影响合同效力）。据此可知，以取得不动产物权为目的的合同、协议，自合同、协议成立时生效，且不因未办理不动产物权登记而影响其效力。本案中，任某、李某约定房屋归属的离婚协议，属于以任某取得房屋权利为目的的协议，自任某、李某签字时起生效，不因未办理离婚转移登记而失效。简言之，任某、李某约定房屋归属的离婚协议是任某单独享有房屋权利的有效的原因证明。

《继承法》第二条规定，继承从被继承人死亡时开始（《民法典》第一千一百二十一条做了同样的规定）。《物权法》第二十九条规定，因继承或者受遗赠取得物权的，自继承或者受遗赠开始时发生效力（《民法典》第二百三十条规定，因继承取得物权的，自继承开始时发生效力）。依该法第三十一条规定，基于继承取得的不动产权利，权利人非经登记到其名下而处分的，不发生物权效力（依《民法典》第二百三十二条规定可以得出同样的结论）。据此可知，自被继承人死亡时起，继承人无须登记即依法、即时享有被继承人遗留不动产的物权，且继承人须将该不动产物权登记到其名下后，处分该不动产才能发生物权效力。本案中，自李某死亡时起，李某的继承人无须登记即依法、即时享有离婚协议中载明房屋之一部分的权利，如前所述，该离婚协议是任某单独享有房屋权利的有效的原因证明，任某可凭此离婚协议与李某的继承人协商，在继承人将遗产部分房屋登记到其名下后，再通过赠与等途径将此部分房屋转移登记到任某名下。

《物权法》第三十三条规定，因物权的归属、内容发生争议的，利害关系人可以请求确认权利（《民法典》第二百三十四条做了同样的规定）。《民事诉讼法》第三条规定，人民法院受理公民之间、法人之间、其他组织之间以及他们相互之间因财产关系和人身关系提起的民事诉讼，适用本法的规定。据此可知，不动产物权关系属于重要的财产关系，当事人就物权归属产生争执时，可以向人民法院起诉，请求人民法院判决确认权属。本案中，如果任某与李某的继承人协商不能达成一致时，可凭约定房屋归属的离婚协议，将李某的全部继承人作为被告起诉，请求人民法院判决确认房屋权属，再凭生效的确认权属的判决书单方申请登记。

3. 其他

本案中，诉争房屋在任某与李某婚姻关系存续期间取得，且登记于不动产登记簿制度建立前，虽然登记在任某名下，但没有明确登记为任某单独所有，一般情形下，应当作为任某与李某的夫妻共同财产考虑，任某、李某在离婚协议中，也对该房屋作为夫妻共同财产进行分割，表明任某、李某均将该房屋作为夫妻共同财产对待。房屋现时登记在任某名下，离婚协议也约定该房屋归任某，登记簿上的记载表明房屋是以任某的名义登记的但属于任某与李某共有的财产，任某凭离婚协议等材料申请转移登记后，房屋仍然登记在任某名下，但表明的是任某单独所有的财产，登记簿和不动产权属证书上也将明确记载该房屋为任某"单独所有"。

判例 14　婚前竣工的非法建筑物在婚姻关系存续期间完善建房手续后可以登记为夫妻共有

一、案件名称

上诉人包某因房屋行政登记一案。

二、人民法院确认的事实

谭某于 2003 年 8 月 16 日开始在原某市经济开发区大荒田（现公安编号为某市经济开发区华胜新村××号）自建住房，于 2003 年 10 月 16 日竣工。2004 年 6 月 28 日谭某与李某登记结婚。2007 年 6 月 25 日谭某补领了上述房屋的《建设工程规划许可证》。2008 年 1 月 21 日谭某办理了上述房屋的《国有土地使用权证》。经某市某区城乡测绘院测绘，上述房屋为二层混合结构房屋，总建筑面积为 182.50 平方米。2016 年 4 月 21 日谭某向某市某区房地产管理处申请房屋所有权登记，并提交了《国有土地使用权证》、《建设工程规划许可证》、房屋竣工证明、《测绘报告》、婚姻状况证明、对房屋权属的约定等材料。某市某区房地产管理处审核后于 2016 年 5 月 5 日向谭某、李某填发了共同共有的村镇字第 CZ0014760 号《房屋所有权证》。包某（对涉案房地产主张共有权者，但与谭某、李某间存在何种关系，法律文书中没有交代①）不服，诉至一审法院。一审法院以"被诉颁证行为，事实清楚，证据确凿，程序合法，适用法律依据正确"为由，判决驳回包某诉讼请求。包某不服一审判决，向二审人民法院提起上诉。

---

① 本书编著者注。

三、二审人民法院的认为

《不动产登记暂行条例》第七条第一款规定:"不动产登记由不动产所在地的县级人民政府不动产登记机构办理;直辖市、设区的市人民政府可以确定本级不动产登记机构统一办理所属各区的不动产登记。"某市国土资源局系本案适格被告。

《不动产登记暂行条例实施细则》第三十五条规定:"申请国有建设用地使用权及房屋所有权首次登记的,应当提交下列材料:(一)不动产权属证书或者土地权属来源材料;(二)建设工程符合规划的材料;(三)房屋已经竣工的材料;(四)房地产调查或者测绘报告;(五)相关税费缴纳凭证;(六)其他必要材料。"谭某申领房产证时提交了《国有土地使用权证》、《建设工程规划许可证》、房屋竣工证明、《测绘报告》、婚姻状况证明、对房屋权属的约定等材料,某市国土资源局进行现场查看并审查后予以登记颁证,符合上述规章规定,并无不当。涉案房屋为国有土地上的房屋,不属于《不动产登记暂行条例实施细则》第十七条规定的在登记事项记载于登记簿前必须进行公告的范畴,包某的上诉理由不能成立。

包某认为被诉颁证行为侵犯其共有权,但其既未在一审期间就相关民事争议提起民事诉讼,也未向一审法院申请一并解决相关民事争议。

综上,原审判决驳回包某的诉讼请求并无不当,本院予以维持。

四、二审人民法院的裁判结论

判决驳回上诉,维持原判。

五、解 析

1. 婚前竣工的非法建筑物在婚后完善建房手续后可以登记为夫妻共有

《物权法》第三十条规定,因合法建造、拆除房屋等事实行为设立或者消灭物权的,自事实行为成就时发生效力(《民法典》第二百三十一条做了同样的规定)。该法第一百三十九条规定,设立建设用地使用权的,应当向登记机构申请建设用地使用权登记。建设用地使用权自登记时设立(《民法典》第三百四十九条做了同样的规定)。质言之,合法建造的房屋,自房屋竣工时起，权利人无须登记即依法、即时享有该房屋所有权，但一般情形下，设立国有建设用地使用权的则自记载于登记簿上时起，权利人才享有该国有建设用地使用权。申言之，非法建造的房屋竣工后，当事人对其不享有合法的所有权，即非法建造物不产生权利。一般情形下，未经登记，权利人不享有国有建设用地使用权。本案中，谭某于婚前建造的房屋在取得合法的用地和规划手续前，属于非法建造的房屋，房屋虽然已经竣工，但他对该房屋不享有合法的所有权。房屋占地属于非法占地，谭某也不享有该宗地的国有建设用地使用权。

按《婚姻法》第十七条、第十八条规定，一般情形下，夫妻于婚姻关系存续期间取得的财产，为夫妻共同财产（按《民法典》第一千零六十二条、第一千零六十三条规定可以得出同样的结论）。本案中，"2004年6月28日谭某与李某登记结婚。2007年6月25日谭某补领了上述房屋的《建设工程规划许可证》。2008年1月21日谭某办理了上述房屋的《国有土地使用权证》"表明，谭某、李某在婚姻关系存续期间完善了土地、房屋由非法转换成合法的手续，即成就了合法的国有建设用地使用权、合法建造房屋的事实行为，按前述《婚姻法》第十七条、第十八条规定（对应《民法典》第一千零六十二条、第一千零六十三条规定）和《物权法》第三十条、第一百三十九条规定（对应《民法典》第二百三十一条、第三百四十九条规定），自领取《国有土地使用权证》的2008年1月21日起，谭某、李某共同享有房屋占用范围内的国有建设用地使用权，也无须登记即依法、即时共同享有该房屋的所有权。换言之，谭某、李某共同享有该房屋的所有权及房屋占用范围内的国有建设用地使用权于法有据，是申请房屋所有权首次登记的适格主体。

2. 本案中，登记机构的颁证行为并无不当

本案中，涉案房屋虽然于2003年10月16日竣工，但完善规划、用地手续分别为2007年6月25和2008年1月21日，申请房屋所有权首次登记时间为2016年4月21日，应当适用《不动产登记暂行条例实施细则》关于房屋首次登记的规定。该实施细则第三十五条规定："申请国有建设用

地使用权及房屋所有权首次登记的，应当提交下列材料：（一）不动产权属证书或者土地权属来源材料；（二）建设工程符合规划的材料；（三）房屋已经竣工的材料；（四）房地产调查或者测绘报告；（五）相关税费缴纳凭证；（六）其他必要材料。"笔者认为，其中第（五）项"相关税费缴纳凭证"，是指申请人提交第（一）项中的"土地权属来源材料"—并申请国有建设用地使用权及地上房屋所有权首次登记时，应当提交的土地出让金缴纳凭证和土地出让环节的契税缴纳凭证。若申请人提交第（一）项中的载明国有建设用地使用权的"不动产权属证书"及其他必需材料，只申请房屋所有权首次登记时，则无须提交第（五）项"相关税费缴纳凭证"。本案中，谭某申领房产证时提交了《国有土地使用权证》、《建设工程规划许可证》、房屋竣工证明、《测绘报告》、婚姻状况证明、对房屋权属的约定等材料，据此可知，谭某提交的登记申请材料齐全、充分，符合上述行政规章的规定。二审人民法院关于"某市国土资源局进行现场查看并审查后予以登记颁证，并无不当"的认为值得赞同，据此作出的判决正确。

3. 国有建设用地上的房屋首次登记无须公告

公告作为不动产登记的辅助审查手段，对查清申请登记的不动产权利或相关事项的真相、提高不动产登记的准确性具有重要作用。在不动产登记实务中，《不动产登记暂行条例实施细则》第十七条规定："有下列情形之一的，不动产登记机构应当在登记事项记载于登记簿前进行公告，但涉及国家秘密的除外：（一）政府组织的集体土地所有权登记；（二）宅基地使用权及房屋所有权，集体建设用地使用权及建筑物、构筑物所有权，土地承包经营权等不动产权利的首次登记；（三）依职权更正登记；（四）依职权注销登记；（五）法律、行政法规规定的其他情形。"据此可知，公告是政府组织的集体土地所有权登记，登记机构依职权办理更正登记和注销登记以及宅基地使用权及地上房屋所有权首次登记，集体建设用地使用权及地上建筑物、构筑物所有权首次登记，土地承包经营权首次登记等不动产登记程序中的一个必不可少的环节，即强制性公告，此举：

一是拘束登记机构和行政相对人（登记申请人）。登记机构将不动产登记的有关情况以公告的形式告之公众，有政务公开，接受公众监督的意思表示，承诺将公告中载明的欲登记的有关权利义务置于公众的监督之下，无论登记机构还是行政相对人都应在监督之下行使权利或履行义务。

二是作证据之用，根据《行政诉讼法司法解释》的有关规定，不动产公告是登记机构依职权作出的书面证据：① 就不动产登记情况向公众征询无异议的，作权利归属的证据之一；② 催告、促使不动产权利人或利害关系人主张权利的公告，可以证明登记机构履行了告知义务和"合理审慎的注意"义务，当然，也可以作为产生行政复议或行政诉讼时时效起算点的证据；③ 拘束登记机构和行政相对人的公告，结合公告后登记机构的行政行为，可以证明登记机构是否依法行政、依程序行政。

本案中，谭某、李某申请的是国有建设用地上的房屋所有权首次登记，不属于前述《不动产登记暂行条例实施细则》第十七条规定的应当公告的情形。因此，二审人民法院关于"涉案房屋为国有土地上的房屋，不属于《不动产登记暂行条例实施细则》第十七条规定的在登记事项记载于登记簿前必须进行公告的范畴"的认为值得赞同。

判例 15　一般情形下，购房合同上的买方才是登记簿上记载的权利人

一、案件名称

上诉人裴甲、上诉人刘某因房屋登记一案。

二、人民法院确认的事实

裴甲与刘某系夫妻关系，与第三人裴乙系兄妹关系，第三人裴乙与第三人陈某原系夫妻关系，二人于2013年7月29日经法院调解离婚。2012年10月31日，裴甲、刘某与第三人裴乙及其父母共同签订一份协议书，约定裴甲与刘某出全资购买某市某广场0629号产权房（即案涉房屋）一套，用于给裴乙和吉某（裴乙之子）落户某市，该房屋的实际产权所有人为裴甲与刘某。2012年10月31日，第三人裴乙与某有限公司签订《商品房买卖合同》，购买某市某区某路93A号1单元6层29号房屋，建筑面积75.41

平方米，房屋总价款 942 625 元。同日，第三人裴乙与某银行签订《个人购房担保借款合同》，借款 659 000 元。涉案房屋首付款 283 625 元由裴甲与刘某支付。因涉案房屋逾期未还贷，某银行将第三人裴乙起诉至某市某区人民法院。2015 年 12 月 14 日，某市某区人民法院就裴甲与刘某诉裴乙、陈某房屋买卖合同纠纷一案作出（2015）某民初字第 2450 号民事判决书，确认原告裴甲与刘某为某市某区某路 93A 号 1 单元 6 层 29 号（建筑面积 75.41 平方米）房屋的实际购买人。另查，2016 年 10 月 20 日，第三人裴乙作为申请权利人、某有限公司作为申请义务人、某银行营业部作为抵押权人共同就涉案房屋向被告某不动产登记中心提交房地产登记申请书，并共同委托方某代为办理房屋产权转移登记事宜，同时提交了申请人的身份证明、委托书、商品房买卖合同、房屋权属登记面积报告书、维修基金发票及税收完税证明等材料。被告经审核后，认为申请人提交的材料符合法律法规关于房屋登记的规定，故将涉案房屋的预告登记转为正式登记，并向裴乙颁发了不动产权证书。裴甲、刘某诉至一审法院，请求判决撤销被告为裴乙办理的房屋登记。一审法院以"裴甲、刘某关于撤销被诉行政行为以及为其办理涉案房屋权属登记的请求无事实证据"为由，判决驳回裴甲、刘某的诉讼请求。裴甲、刘某不服，上诉至二审人民法院。

三、二审人民法院的认为

《不动产登记暂行条例》第十四条第一款规定："因买卖、设定抵押权等申请不动产登记的，应当由当事人双方共同申请。"该条例第十六条第一款规定："申请人应当提交下列材料，并对申请材料的真实性负责：（一）登记申请书；（二）申请人、代理人身份证明材料、授权委托书；（三）相关的不动产权属来源证明材料、登记原因证明文件、不动产权属证书；（四）不动产界址、空间界限、面积等材料；（五）与他人利害关系的说明材料；（六）法律、行政法规以及本条例实施细则规定的其他材料。"本案中，从现有证据看，被上诉人是基于原审第三人裴乙和某有限公司的共同申请，在对其提交的身份证明、委托书、商品房买卖合同、房屋权属登记面积报告书、维修基金发票及税收完税证明等申请材料进行审核后，作出被诉房屋登记行为，该行为符合上述法律规定，事实清楚，程序合法，并无不妥。《不动产登记暂行条例》第二条第一款规定："本条例所称不动产登记，是指不动产登记机构依法将不动产权利归属和其他法定事项记载于不动产登记簿的行为。"据此，被诉房屋登记行为的性质是涉案房屋所有权的权属确认和公示行为。本案中，业已生效的某市某区人民法院（2015）某民初字第 2450 号民事判决书仅是确认二上诉人系涉案房屋的实际购买人，并未对涉案房屋的所有权予以确认，故从现有证据看，无据证明被诉房屋登记行为的登记结果已被有权机关确认。二上诉人关于案涉房屋所有权登记错误的主张，缺乏事实依据，本院不予支持。综上，被诉房屋登记行为并无不当，原审判决驳回二上诉人的诉讼请求正确，本院应予维持。

四、二审人民法院的裁判结论

判决驳回上诉，维持原判决。

五、解　析

1. 一般情形下，购房合同上的买方才是转移登记后登记簿上记载的权利人

《物权法》第十一条规定，当事人申请登记，应当根据不同登记事项提供权属证明和不动产界址、面积等必要材料（《民法典》第二百一十一条做了同样的规定）。该法第十二条规定："登记机构应当履行下列职责：（一）查验申请人提供的权属证明和其他必要材料；（二）就有关登记事项询问申请人；（三）如实、及时登记有关事项；（四）法律、行政法规规定的其他职责。申请登记的不动产的有关情况需要进一步证明的，登记机构可以要求申请人补充材料，必要时可以实地查看。"（《民法典》第二百一十二条做了同样的规定）。据此可知，申请人申请不动产登记时，应当根据申请的登记类型，提交相应的登记申请材料。对登记申请材料进行查验、核实，并根据查验核实的情况如实、及时在登记簿上作记载，则是登记机构的职责。《不动产登记暂行条例》第十四条第一款规定："因买卖、设定抵押权等申请不动产登记的，应当由当事人双方共同申请。"该条例第十六条

第一款规定："申请人应当提交下列材料，并对申请材料的真实性负责：（一）登记申请书；（二）申请人、代理人身份证明材料、授权委托书；（三）相关的不动产权属来源证明材料、登记原因证明文件、不动产权属证书；（四）不动产界址、空间界限、面积等材料；（五）与他人利害关系的说明材料；（六）法律、行政法规以及本条例实施细则规定的其他材料。"因此，本案中，第三人裴乙和某有限公司共同委托方某代为办理房屋产权转移登记事宜，并提交了申请人的身份证明、委托书、商品房买卖合同、房屋权属登记面积报告书、维修基金发票及税收完税证明等材料。被告某不动产登记中心在对这些材料进行查验、核实后，将房屋转移登记给其中的商品房买卖合同上的购房人裴乙，属于履行如实、及时登记有关事项的法定职责的行为。因此，二审人民法院关于"从现有证据看，被上诉人是基于原审第三人裴乙和某有限公司的共同申请，在对其提交的身份证明、委托书、商品房买卖合同、房屋权属登记面积报告书、维修基金发票及税收完税证明等申请材料进行审核后，作出被诉房屋登记行为，该行为符合上述法律规定，事实清楚，程序合法，并无不妥"的认为，值得赞同。

2. 不动产登记不是不动产权属确认行为

二审人民法院认为"被诉房屋登记行为的性质是涉案房屋所有权的权属确认和公示行为"，不动产登记是不动产权属确认行为吗？笔者认为不是。

《物权法》第十四条规定，不动产物权的设立、变更、转让和消灭，依照法律规定应当登记的，自记载于不动产登记簿时发生效力（《民法典》第二百一十四条做了同样的规定）。该法第二十八条规定，因人民法院、仲裁委员会的法律文书或者人民政府的征收决定等，导致物权设立、变更、转让或者消灭的，自法律文书或者人民政府的征收决定等生效时发生效力（《民法典》第二百二十九条规定，因人民法院、仲裁机构的法律文书或者人民政府的征收决定等，导致物权设立、变更、转让或者消灭的，自法律文书或者征收决定等生效时发生效力）。该法第二十九条规定，因继承或者受遗赠取得物权的，自继承或者受遗赠开始时发生效力（《民法典》第二百三十条规定，因继承取得物权的，自继承开始时发生效力）。该法第三十条规定，因合法建造、拆除房屋等事实行为设立或者消灭物权的，自事实行为成就时发生效力（《民法典》第二百三十一条做了同样的规定）。《不动产登记暂行条例》第二条第一款规定，不动产登记，是指不动产登记机构依法将不动产权利归属和其他法定事项记载于不动产登记簿的行为。据此可知，对基于民事法律行为取得的不动产物权，不动产登记：一是起设权作用，即基于民事法律行为取得的不动产物权，自记载于登记簿上时起设立，具有物权效力；二是起公示作用，即将基于民事法律行为取得的不动产物权通过登记簿的记载，向社会公众公示，便于其查询后知晓不动产物权的归属，抉择是否与之为交易；三是为当事人申请变更登记、抵押权登记等后续的不动产登记建立前提。对非基于民事法律行为取得的不动产物权，不动产登记则只起公示作用和为申请人申请变更登记、抵押权登记等后续的不动产登记建立前提的作用。简言之，前者为设权登记，后者为宣示登记。概言之，不动产登记没有不动产物权归属确认的作用，即不动产登记不是不动产物权确认行为。

当然，不动产登记属于行政确认行为，但此行政确认，是指不动产登记机构根据收取的登记申请材料及履行查看现场、询问申请人等法定职责获取的材料、信息，综合查验，确认登记申请是否满足登记要求，是否准予登记，换言之，此行政确认也不对不动产物权的归属作确认，即不确权。

但是，《土地管理法》第十四条第一款、第二款规定，土地所有权和使用权争议，由当事人协商解决；协商不成的，由人民政府处理。单位之间的争议，由县级以上人民政府处理；个人之间、个人与单位之间的争议，由乡级人民政府或者县级以上人民政府处理。当事人对有关人民政府的处理决定不服的，可以自接到处理决定通知之日起三十日内，向人民法院起诉。在土地所有权和使用权争议解决前，任何一方不得改变土地利用现状。其中"土地所有权和使用权争议，由当事人协商解决；协商不成的，由人民政府处理"和"当事人对有关人民政府的处理决定不服的，可以自接到处理决定通知之日起三十日内，向人民法院起诉"表明，当事人对土地所有权和使用权争议无法协商解决时,人民政府的处理就是确认土地所有权和使用权的归属,人民政府确认土地所有权和使用权的归属后,当事人不服的,请求人民法院判决确认土地所有权和使用权的归属,或请求人民法院撤销人民政府的确认决定,由人民政府重新确认土地所有权和使用权的归属。概言之,土地所有权和使用权归属的确认权由人民政府和人民法院行使,作为人民政府职能机构的不动产登记机构无权确认土地所有权和使用权的归属。因此,土地所有权和使用权归属的确认属于人民政府和人民法院的职责,不动产登记机构作为人民政府职能机构行使的是物权记载行为,二者属于不同的行为。

总而言之,不动产登记不是不动产权属确认行为。

3. 本案的实务处理

某市某区人民法院(2015)某民初字第 2450 号民事判决书仅是确认二上诉人系涉案房屋的实际购买人,表明二上诉人裴甲、刘某才是裴乙与某有限公司签订的商品房买卖合同的买方,即裴甲、刘某基于该判决书和商品房买卖合同建立了取得诉争房屋权属的原因,登记簿上应当记载的房屋权利人应当是裴甲、刘某,但现时却记载为裴乙,即登记簿上记载的房屋权利人不是房屋真实的权利人,形成登记簿的记载错误。

《物权法》第十九条第一款规定,权利人、利害关系人认为不动产登记簿记载的事项错误的,可以申请更正登记。不动产登记簿记载的权利人书面同意更正或者有证据证明登记确有错误的,登记机构应当予以更正(《民法典》第二百二十条第一款做了同样的规定)。在不动产登记实务中,《不动产登记暂行条例实施细则》第七十九条规定:"权利人、利害关系人认为不动产登记簿记载的事项有错误,可以申请更正登记。权利人申请更正登记的,应当提交下列材料:(一)不动产权属证书;(二)证实登记确有错误的材料;(三)其他必要材料。利害关系人申请更正登记的,应当提交利害关系材料、证实不动产登记簿记载错误的材料以及其他必要材料。"据此可知,登记簿的记载有错误,当事人应当通过申请更正登记的途径予以纠正。登记簿上记载的权利人或与登记簿上记载的事项有利害关系的人可以持相关材料申请更正登记。本案中，如前所述，登记簿上记载的权利人错误，房屋的真实权利人、与登记簿上错误的记载有利害关系的人裴甲、刘某，应当与裴乙共同申请更正登记，或裴甲、刘某持裴乙同意更正的证明等材料申请更正登记，将登记簿上的房屋权利人由裴乙更正登记为裴甲、刘某。

判例 16　单独所有权人与买方申请的房屋转移登记，登记机构应当办理

一、案件名称

原告孙某与被告某国土资源局某不动产登记中心不履行法定职责案。

二、人民法院确认的事实

原告孙某与张某于 2011 年 9 月 30 日到某市某区民政局登记离婚并就财产达成协议：坐落于某市某区某路 1407 号××房屋（房产证号：某房权证某字第××号）归孙某所有。该房屋所有权证登记房屋所有权人为孙某，共有情况为单独所有。原告因出售该房产，到被告处申请办理不动产转移登记未果，被告某国土资源局以应当由共有人共同申请为由，对原告的登记申请暂不予受理。原告诉至人民法院，请求法院依法判令被告为原告所有的房产办理变更登记手续。

三、人民法院的认为

第一，被告某国土资源局辩称，原告孙某未向其提交有关不动产变更登记申请及相关材料，不存在原告诉称的不履行法定职责的情形，但被告某国土资源局作出《不予受理告知书》的书面答复，对原告孙某的登记申请暂不予受理，故被告某国土资源局本项辩称理由，本院不予支持。第二，原告与张某经婚姻登记机关办理离婚手续并签订离婚协议书，该协议约定，坐落于某市某区某路 1407 号××房屋归孙某所有，原告有占有使用处分的权利。原告孙某到被告处办理房屋转移登记手续，被告应依法给予办理。被告以应当由共有人共同申请为由，对原告的登记申请暂不予受理，与被告为原告发放的某房权证某字第××号房屋所有权证所登记的孙某单独所有相矛盾。第三，被告某国土资源局具有办理所在行政区域内的不动产登记工作的法定职责。因2016年9月9日起，原有的办理所在行政区域内的不动产登记工作的职权变更为被告某国土资源局统一组织实施，其所属的某不动产登记中心及各分中心按职责分工办理辖区内不动产统一登记业务。依照《中华人民共和国行政诉讼法》第二十六条第六款"行政机关被撤销或者职权变更的，继续行使其职权的行政机关是被告"的规定，某国土资源局为本案的适格被告，故原告起诉某不动产登记中心不履行法定职责，本院不予支持。

四、人民法院的裁判结论

判决：责令被告某国土资源局于判决生效之日起三十日内依法为原告办理房屋转移登记手续。

本判决已经发生法律效力[①]。

五、解析

1. 在不动产登记实务中，不动产的共有情况原则上以登记簿上的记载为准

《物权法》第十六条规定，不动产登记簿是物权归属和内容的根据。不动产登记簿由登记机构管理（《民法典》第二百一十六条做了同样的规定）。该法第十七条规定，不动产权属证书是权利人享有该不动产物权的证明。不动产权属证书记载的事项，应当与不动产登记簿一致；记载不一致的，除有证据证明不动产登记簿确有错误外，以不动产登记簿为准（《民法典》第二百一十七条做了同样的规定）。该法第三十九条规定，所有权人对自己的不动产或者动产，依法享有占有、使用、收益和处分的权利（《民法典》第二百四十条做了同样的规定）。据此可知，我国的不动产登记实行登记与颁证相配套的制度。不动产物权的归属和内容以登记簿上的记载为准，与登记簿上的记载相对应的不动产权属证书是权利人享有不动产物权的外

---

① 本书编著者注。

在表征方式。一般情形下,登记簿上的记载与不动产权属证书的记载应当一致,登记簿和不动产权属证书上记载的权利人可以依自己的意思表示处分其不动产。在房屋登记时代,《房屋登记簿管理试行办法》附《房屋登记簿记载内容说明》规定,共有情况,记载按份共有或共同共有。不属共有情况的,填写单独所有;属于共有情况的,填写按份共有或共同共有。在附记栏中注明共有人及共有份额。不动产统一登记后,《国土资源部关于启用不动产登记簿证样式(试行)的通知》(国土资发〔2015〕25号)附《不动产登记簿样式及使用填写说明》规定,共有情况,填写单独所有、按份共有或共同共有。属于按份共有的,还要填写共有份额。按户取得的宅基地的按照姓名(性别、年龄、与户主关系)的格式逐个填写共有人。据此可知,不动产的共有情况属于登记簿记载的内容,应当以登记簿和基于登记簿的记载核发的不动产权属证书的记载为准。本案中,原告孙某的房屋所有权登记于不动产统一登记前,基于登记簿的记载颁发的房屋所有权证登记房屋所有权人为孙某,共有情况为单独所有。因此,该房屋属于原告孙某单独所有,与他人无关,孙某可以依自己的意思表示处分该房屋,无须他人协助配合。申言之,孙某依自己的意思表示出售该房屋产生的转移登记,作为转移登记申请人中的出售方,仅有孙某一人。故"被告某国土资源局以应当由共有人共同申请为由,对原告的登记申请暂不予受理"的处置不正确。

2. 离婚分割的只能是夫妻共有财产

《婚姻法》第三十九条规定,离婚时,夫妻的共同财产由双方协议处理;协议不成时,由人民法院根据财产的具体情况,照顾子女和女方权益的原则判决。夫或妻在家庭土地承包经营中享有的权益等,应当依法予以保护(《民法典》第一千零八十七条规定,离婚时,夫妻的共同财产由双方协议处理;协议不成的,由人民法院根据财产的具体情况,按照照顾子女、女方和无过错方权益的原则判决。对夫或者妻在家庭土地承包经营中享有的权益等,应当依法予以保护)。据此可知,离婚时,只有夫妻共有财产,才可以由夫妻双方协议处理。换言之,只有夫妻共有财产,离婚时才可以由夫妻以协议的方式予以分割。本案中，原告孙某与张某虽然对坐落于某市某区某路 1407 号××房屋（房产证号：某房权证某字第××号）协议约定归原告孙某所有，但该房屋当时已经登记为孙某单独所有，不属于孙某、张某的夫妻共同财产，即该房屋不属于孙某、张某离婚时可以协议分割的财产范围，张某、孙某离婚时关于该房屋的协议分割无效，孙某作为该房屋具有法律意义的权利人，可以依自己的意思表示处分房屋并申请处分产生的登记。因此，被告某国土资源局据此协议认定该房屋属于孙某、张某的夫妻共同财产，且应当由共有人共同申请出售产生的转移登记不正确。

综上所述，人民法院的认为值得赞同，据此作出的判决正确。

判例 17 因离婚协议产生的房屋转移登记应当由当事人双方共同申请

一、案件名称

上诉人某市国土资源局（以下简称市国土局）因与被上诉人张某、原审第三人赵某不动产行政登记一案。

二、人民法院确认的事实

本案案涉房屋位于某市某区某小区 8 号楼 3606 室，原系赵某与案外人康某（已故）夫妻共同财产，登记在康某名下。2004 年 7 月赵某与康某在民政部门协议离婚，离婚协议约定财产处理"全部归女方赵某"、房产处理"归女方赵某"（其他约定在此略）。离婚后，康某一直在该房居住，未办理房屋更名。2007 年 1 月，张某与康某登记结婚。2017 年 9 月康某因交通事故死亡。2017 年 10 月 16 日，赵某持离婚证、离婚协议、道路交通事故尸体处理通知书等向市国土资源局申请转移登记，于 2017 年 10 月 23 日取得某（2017）某市不动产权第××号不动产权证书。张某遂提起行政诉讼，请求撤销该不动产权证书。一审法院以"市国土局为赵某发证的行政行为主要证据不足，适用法律错误，应予撤销"为由，判决撤销市国土局于 2017 年 10 月 23 日为赵某颁发的某（2017）某市不动产权第××号不动产权证书的行政行为。

上诉人市国土局不服一审判决，向二审人民法院提起上诉。

三、二审人民法院的认为

第一，《不动产登记暂行条例》施行时间是 2015 年 3 月 1 日，《不动产登记暂行条例实施细则》施行时间是 2016 年 1 月 1 日，本案中，市国土局为原审第三人办理不动产登记的时间是 2017 年 10 月 23 日，故应适用上述行政法规及规章的相关规定。《不动产登记暂行条例》第十四条第一款规定："因买卖、设定抵押权等申请不动产登记的，应当由当事人双方共同申请。"该条例第十四条第二款规定了七种可以由当事人单方申请的情形，即"属于下列情形之一的，可以由当事人单方申请：（1）尚未登记的不动产首次申请登记的；（2）继承、接受遗赠取得不动产权利的；（3）人民法院、仲裁委员会生效的法律文书或者人民政府生效的决定等设立、变更、转让、消灭不动产权利的；（4）权利人姓名、名称或者自然状况发生变化，申请变更登记的；（5）不动产灭失或者权利人放弃不动产权利，申请注销登记的；（6）申请更正登记或者异议登记的；（7）法律、行政法规规定可以由当事人单方申请的其他情形。"同时，《不动产登记暂行条例实施细则》第十九条第一款规定："当事人可以持人民法院、仲裁委员会的生效法律文书或者人民政府的生效决定单方申请不动产登记。"该细则第十九条第二款规定了不动产登记机构直接办理不动产登记的四种情形，即"有下列情形之一的，不动产登记机构直接办理不动产登记：（一）人民法院持生效法律文书和协助执行通知书要求不动产登记机构办理登记的；（二）人民检察院、公安机关依据法律规定持协助查封通知书要求办理查封登记的；（三）人民政府依法做出征收或者收回不动产权利决定生效后，要求不动产登记机构办理注销登记的；（四）法律、行政法规规定的其他情形。"由此可知，由申请人单方向不动产登记机构申请办理登记的情形必须满足上述条款规定的情形或者法律、行政法规规定可以由当事人单方申请的其他情形。本案中，原审第三人赵某仅持离婚协议单方向上诉人市国土局申请办理不动产登记，并不符合《不动产登记暂行条例》和《不动产登记暂行条例实施细则》规定的可以为其办理登记之情形。据此，上诉人市国土局为原审第三人赵某办理不动产登记主要证据不足。

第二，上诉人市国土局主张，原审法院应根据《最高人民法院关于审理房屋登记案件若干问题的规定》第八条，即"当事人以作为房屋登记行为基础的买卖、共有、赠与、抵押、婚姻、继承等民事法律关系无效或者应当撤销为由，对房屋登记行为提起行政诉讼的，人民法院应当告知当事人先行解决民事争议，民事争议处理期间不计算在行政诉讼起诉期限内；已经受理的，裁定中止诉讼"的规定，告知当事人先行解决民事争议。经审查，被上诉人张某提起行政诉讼，要求撤销上诉人市国土局为原审第三人赵某办理的不动产登记的理由并非仅认为被上诉人张某为房屋的实际权利人，其在庭审中主张被上诉人市国土局在办理房屋转移登记时存在程序违法之事实，即在原审第三人赵某未满足单方申请办理不动产登记的情况下，市国土局为其办理了登记。据此，被上诉人张某不属于《最高人民法院关于审理房屋登记案件若干问题的规定》第八条规定的"以作为房屋登记行为基础的买卖、共有、赠与、抵押、婚姻、继承等民事法律关系无效或者应当撤销为由，对房屋登记行为提起行政诉讼的"之情形。另外，虽然产权清晰系办理不动产登记的基础，但本案所涉的权属争议无论是否实际解决，被上诉人市国土局为赵某单方作出的不动产登记均存在主要证据不足之情形，应当依法予以撤销。据此，原审法院适用法律正确，上诉人市国土局的上述主张，本院不予支持。

综上，原审判决认定事实清楚，适用法律、法规正确，审判程序合法。上诉人市国土局的上诉理由不成立，其上诉请求本院不予支持。

四、二审人民法院的裁判结论

判决维持原判。

五、解　析

1. 基于离婚协议产生的房屋转移登记，应当由协议当事人双方共同申请

《不动产登记暂行条例》第十四条规定："因买卖、设定抵押权等申请

不动产登记的，应当由当事人双方共同申请。属于下列情形之一的，可以由当事人单方申请：（一）尚未登记的不动产首次申请登记的；（二）继承、接受遗赠取得不动产权利的；（三）人民法院、仲裁委员会生效的法律文书或者人民政府生效的决定等设立、变更、转让、消灭不动产权利的；（四）权利人姓名、名称或者自然状况发生变化，申请变更登记的；（五）不动产灭失或者权利人放弃不动产权利，申请注销登记的；（六）申请更正登记或者异议登记的；（七）法律、行政法规规定可以由当事人单方申请的其他情形。"据此可知，基于买卖、设定抵押权等当事人双方合意的民事法律行为产生的不动产登记，由形成合意的双方当事人共同申请。反之，非基于当事人合意的民事法律行为产生的不动产登记，由相关当事人单方申请。本案中，"2004年7月赵某与康某在民政部门协议离婚，离婚协议约定财产处理'全部归女方赵某'、房产处理'归女方赵某'。离婚后，康某一直在该房居住，未办理房屋更名。2007年1月，张某与康某登记结婚。2017年9月康某因交通事故死亡。2017年10月16日，赵某持离婚证、离婚协议、道路交通事故尸体处理通知书等向市国土局申请转移登记，于2017年10月23日取得某（2017）某市不动产权第××号不动产权证书"表明，赵某申请的是基于离婚协议产生的房屋转移登记，但作为房屋转移登记基础的离婚协议，是基于原夫妻赵某、康某的合意成立、生效的民事法律行为，由此产生的房屋转移登记应当由赵某、康某共同申请。然而，2017年9月康某因交通事故死亡。2017年10月16日，赵某单方持离婚协议等材料向市国土局申请因离婚产生的房屋转移登记后，市国土局为赵某办理了该转移登记。因市国土局为赵某办理的该转移登记系依赵某的单方申请，违反前述《不动产登记暂行条例》第十四条规定。按《行政诉讼法》第七十条第（三）项规定，违反法定程序的行政行为，人民法院可以判决撤销或者部分撤销，并可以判决被告重新作出行政行为。因此，本案中，二审人民法院的认为值得赞同，据此作出的判决正确。

2. 本案中,赵某欲取得房屋的途径

《物权法》第十四条规定,不动产物权的设立、变更、转让和消灭,依照法律规定应当登记的,自记载于不动产登记簿时发生效力(《民法典》第二百一十四条做了同样的规定)。该法第十五条规定,当事人之间订立有关设立、变更、转让和消灭不动产物权的合同,除法律另有规定或者合同另有约定外,自合同成立时生效;未办理物权登记的,不影响合同效力(《民法典》第二百一十五条规定,当事人之间订立有关设立、变更、转让和消灭不动产物权的合同,除法律另有规定或者当事人另有约定外,自合同成立时生效;未办理物权登记的,不影响合同效力)。据此可知,基于当事人双方合意的民事法律行为设立、变更、转让和消灭不动产物权的,自记载于登记簿上时起生效。我国的物权法严格区分物权与债权,基于合同或协议建立的以取得不动产物权为目的的债权,自该不动产物权记载于不动产登记簿上时起,债权目的实现,不动产物权生效。反之,该不动产物权没有记载于不动产登记簿,则债权目的不实现,不动产物权不生效,但以取得不动产物权为目的的债权自合同或协议成立时起生效。本案中,赵某、康某在离婚协议中约定房屋归赵某,只是建立了赵某以取得房屋所有权为目的的协议债权,离婚转移登记未完成,赵某没有单独取得该房屋的所有权,赵某、康某仍然是该房屋的共同所有权人,但该离婚协议的效力并不消灭。

《继承法》第二条规定,继承从被继承人死亡时开始(《民法典》第一千一百二十一条第一款做了同样的规定)。《物权法》第二十九条规定,因继承或者受遗赠取得物权的,自继承或者受遗赠开始时发生效力(《民法典》第二百三十条规定,因继承取得物权的,自继承开始时发生效力)。据此可知,自被继承人死亡时起,继承人无须登记即依法、即时取得被继承人遗留的物权。本案中,如前所述,赵某、康某在离婚协议中约定房屋归赵某,但离婚转移登记未完成,赵某没有单独取得该房屋的所有权,赵某、康某仍然是该房屋的共同所有权人,由于康某已经死亡,自其死亡时起,康某的继承人无须登记即依法、即时取得康某遗留部分的房屋所有权。赵某欲取得该房屋的全部所有权：一是在赵某的继承人完成继承转移登记后，与该继承人协商，建立转让或赠与关系，共同申请转让或赠与转移登记，将继承人名下的房屋转移登记至其名下；二是凭有效的离婚协议起诉赵某的全部继承人，请求法院判决确认权属，凭生效的确认权属的判决书单方申请登记。

判例 18 登记机构不得将不成立的合同用作办理转移登记的证据材料

一、案件名称

原告宋甲诉被告某不动产登记局（以下简称某市不动产局）、第三人某住房保障和房屋管理局（以下简称某市房管局）、王乙、宋丙撤销不动产转移登记一案。

二、人民法院确认的事实

2004年8月28日，原告宋甲与案外人陈丁签订《房屋买卖契约书》（以下简称契约书），契约书约定：宋甲购买陈丁位于某市某区星火路（市环卫处）家属院1单元5楼510号房屋，房屋价款7万元，因当时该房屋无产权证书，双方约定办理房产证件时陈丁请求单位直接将房屋产权登记在原告宋甲名下，如单位不予办理或者政策不允许，则先办理证件后再过户至宋甲名下。房屋契约书签订当日，宋甲付清了7万元房款，陈丁出具收条后，向宋甲交付了房屋。2007年4月2日，陈丁办理了本案诉争房屋的权属证书，但未通知宋甲办理房屋权属变更登记手续。2009年6月30日，陈丁、刘某（陈丁丈夫）与第三人王乙、宋丙为办理本案争议房屋权属转移登记手续另行签订了一份《房屋买卖协议》。协议上"宋丙"的签名系王乙代签。协议主要约定：陈丁、刘某将房屋以7万元价格卖给王乙、宋丙，并协助王乙、宋丙办理房产过户手续。协议签订后，王乙、宋丙并未实际向陈丁、刘某支付购房款。2009年7月15日，第三人王乙、宋丙到第三人某市房管局,将本案争议的房屋权属变更登记至王乙、宋丙名下,房屋坐落确定为某市某区星火路(市环卫处)1幢1单元5层右户。房权证号为:某市房权证某区字第××1号、第××2号。国有土地使用权证书于2009年7月28日登记在宋丙名下。2015年年底,宋甲得知其购买的房屋权属被变更登记在王乙、宋丙名下后,当即向陈丁、刘某询问情况,无果后向人民法院提起了民事诉讼。2017年10月17日,人民法院作出(2017)某0606民初2157号民事判决,判决位于某市某区星火路(市环卫处)1幢1单元5层右户房屋归宋甲所有。原告宋甲依据该民事判决书,向被告申请办理房屋所有权转移登记时,被告称该房屋已给王乙办理了所有权证,不能随意更换办理,宋甲诉至人民法院。

三、人民法院的认为

2009年7月15日,被告受理本案第三人王乙申请办理房屋产权登记申请后,在办理产权登记时所依据的主要材料为王乙申请登记时提供的与陈丁、刘某之间于2009年6月30日签订的一份《房屋买卖协议》,现该协议因本院在(2017)某0606民初2157号民事案件审理查明认定:本案诉争房屋已由陈丁、刘某夫妇于2004年8月28日以7万元的价格出卖给宋甲,宋甲已足额支付了购房款,陈丁、刘某向宋甲交付了房屋。此时,陈丁、刘某已丧失对该房屋的处分权,无权与王乙、宋丙再签订房屋买卖协议。同时陈丁、刘某及王乙、宋丙在诉讼中均认可签订房屋买卖协议的目的是办理房屋过户手续,王乙、宋丙也未实际交付购房款。所以,陈丁、刘某与王乙、宋丙签订的《房屋买卖协议》并非双方进行房屋买卖的真实意思表示。该协议因欠缺双方当事人的真实意思表示而不具备成立要件,故陈丁、刘某与王乙、宋丙签订的《房屋买卖协议》系未成立的合同。未成立的合同对双方当事人均不具有法律约束力,王乙、宋丙不能依据未成立的合同向某市不动产局申请取得合同权利。依此,本院行政诉讼审理认为,某市不动产局在给王乙申请办理房产登记时,虽然没有义务对申请人提供的材料予以实质性审查,没有直接过错,但从现实的客观事实看,王乙申请所取得的房屋产权登记不具有合法性，故依王乙申请被告某市不动产局给其办理的本案争议房屋的登记行为因其购买房屋的合同不成立而应予撤销。

四、人民法院的裁判结论

判决：

（1）撤销登记在王乙名下房权证号为某市房权证某区字第××1号、登记在宋丙名下房权证号为某市房权证某区字第××2号的房权登记。

（2）撤销登记在宋丙名下某国用（2009）第320911010-3-10号土地使用权证。

本判决已经发生法律效力①。

五、解　析

1. 本案中，在宋甲未提起行政诉讼前某市不动产局应当对宋甲申请的转移登记的处置方式

《物权法》第二十八条规定，因人民法院、仲裁委员会的法律文书或者人民政府的征收决定等，导致物权设立、变更、转让或者消灭的，自法律文书或者人民政府的征收决定等生效时发生效力（《民法典》第二百二十九条规定，因人民法院、仲裁机构的法律文书或者人民政府的征收决定等，导致物权设立、变更、转让或者消灭的，自法律文书或者征收决定等生效时发生效力）。据此可知，自人民法院确认不动产物权归属的法律文书生效时起，权利人无须登记即依法、即时享有该不动产的物权。本案中，"2017年10月17日，人民法院作出（2017）某0606民初2157号民事判决，判决位于某市某区星火路（市环卫处）1幢1单元5层右户房屋归宋甲所有"表明，自（2017）某0606民初2157号民事判决生效时起，宋甲基于该判决书享有位于某市某区星火路（市环卫处）1幢1单元5层右户房屋的所有权，该判决书是宋甲享有房屋所有权的权利凭证，而非权利来源的凭证。

---

① 本书编著者注。

对宋甲依据生效的确认房屋权属的民事判决书申请的房屋所有权转移登记，某市不动产局该怎样处置？

《物权法》第十九条规定，权利人、利害关系人认为不动产登记簿记载的事项错误的，可以申请更正登记（《民法典》第二百二十条第一款做了同样的规定）。质言之，更正登记是纠正登记簿记载内容错误的不动产登记类型，通过更正登记将其恢复到错误登记前的登记状态或直接更正为正确的登记状态。本案中，如前所述，宋甲基于生效的（2017）某 0606 民初 2157 号民事判决书无须登记即依法、即时享有诉争房屋的所有权，但现时登记簿上记载的房屋所有权人却是王乙、宋丙，即登记簿上的记载错误，应当通过更正登记予以纠正。虽然宋甲依据（2017）某 0606 民初 2157 号民事判决书申请的是房屋所有权转移登记，但登记机构应当告知、引导宋甲申请更正登记，将房屋更正登记在其名下，即直接更正为正确的登记状态。

还有一种处置方式。按《不动产登记操作规范（试行）》9.4.1 条之 4 规定，因人民法院、仲裁委员会的生效法律文书致使国有建设用地使用权及房屋所有权消灭的，属于当事人申请办理注销登记的情形。本案中，对位于某市某区星火路（市环卫处）1 幢 1 单元 5 层右户房屋，虽然登记簿上现时登记在王乙、宋丙名下，但（2017）某 0606 民初 2157 号民事判决将该房屋所有权确认给宋甲，即自（2017）某 0606 民初 2157 号民事判决生效时起，宋甲的房屋所有权产生，王乙、宋丙的房屋所有权消灭，当事人申请王乙、宋丙房屋所有权注销登记事由成立。该规范 9.4.2 条规定，申请国有建设用地使用权及房屋所有权注销登记的主体应当是不动产登记簿记载的权利人或者其他依法享有不动产权利的权利人。据此可知，本案中，对位于某市某区星火路（市环卫处）1 幢 1 单元 5 层右户房屋，宋甲基于（2017）某 0606 民初 2157 号民事判决依法对其享有所有权，登记机构可以告知宋甲：一是向登记机构申请注销登记，注销现时登记在王乙、宋丙名下的该房屋所有权；二是由于基于生效的法律文书取得的不动产物权是原始取得，宋甲可据此申请房屋所有权首次登记。

某市不动产局若按前述方式处置宋甲申请的转移登记，就不可能产生本案的行政诉讼。在上述两种处置方式中，笔者倾向于前者。

2. 不成立的合同，登记机构不得用作办理转移登记的证据材料

《物权法》第十六条规定，不动产登记簿是物权归属和内容的根据（《民法典》第二百一十六条做了同样的规定）。质言之，不动产登记簿记载的内容是有公信力的。所谓公信力，即法律对第三人依据不动产登记簿的记载所表述的不动产物权的内容而取得的该项权利予以强制保护，使其免受任何人追夺的强制力[①]。笔者认为，登记簿的公信力的支撑是登记簿记载的内容必须合法、真实、有效。而登记簿记载的内容来源于登记申请材料，因此，登记申请材料应当合法、真实、有效。据此可知，申请人申请不动产登记时，提交的应当是合法、真实、有效的登记申请材料。《合同法》第四十四条第一款规定，依法成立的合同，自成立时生效（《民法典》第五百零二条第一款规定，依法成立的合同，自成立时生效，但是法律另有规定或者当事人另有约定的除外）。据此可知，合同成立是合同生效的前提。申言之，不成立的合同，登记机构不得用作办理不动产登记的证据材料。本案中，2009年7月15日，第三人王乙、宋丙到第三人某市房管局，将本案争议的房屋权属变更登记至王乙、宋丙名下时，提交的《房屋买卖协议》，经（2017）某0606民初2157号民事判决书认定为未成立的合同，故此合同登记机构不得用作登记的证据材料，否则，登记程序存在瑕疵。人民法院关于"某市不动产局在给王乙申请办理房产登记时，虽然没有义务对申请人提供的材料予以实质性审查，没有直接过错，但从现实的客观事实看，王乙申请所取得的房屋产权登记不具有合法性，故依王乙申请被告某市不动产局给其办理的本案争议房屋的登记行为因其购买房屋的合同不成立而应予撤销"的认为值得赞同，据此作出的判决正确。

3. 本案的实务处理

《行政诉讼法》第七十条规定："行政行为有下列情形之一的，人民法

[①] 梁慧星：《中国物权法草案建议稿附理由：物权编》，法律出版社2004年版，第239页。

院判决撤销或者部分撤销，并可以判决被告重新作出行政行为：（一）主要证据不足的；（二）适用法律、法规错误的；（三）违反法定程序的；（四）超越职权的；（五）滥用职权的；（六）明显不当的。"质言之，错误的（违法的）行政行为才会被人民法院生效的行政判决书撤销。申言之，被人民法院撤销的不动产登记，都是错误的（违法的）登记，基于此记载在登记簿上的内容也是错误的（违法的）。《物权法》第十九条规定，权利人、利害关系人认为不动产登记簿记载的事项错误的，可以申请更正登记（《民法典》第二百二十条第一款做了同样的规定）。质言之，更正登记是纠正登记簿记载内容错误的不动产登记类型。本案中，登记在王乙、宋丙名下的房产证、土地使用权证被人民法院生效的判决撤销，实际上是撤销登记机构为王乙、宋丙办理的房屋登记、土地登记，登记机构应当按此判决和（2017）某0606民初2157号民事判决书办理更正登记，将房屋、土地直接更正登记到宋甲名下。

此外，人民法院查明的事实中没有显示某市不动产局为王乙、宋丙办理的转移登记是由陈丁、刘某和王乙、宋丙共同申请启动，即某市不动产局为王乙、宋丙办理的转移登记程序是否合法也存疑。

判例19　集资建房在竣工后首次登记前转让的，承让人受让的是房屋而非集资建房资格

一、案件名称

原告熊某与被告某县不动产登记中心依法履行法定职责一案。

二、人民法院确认的事实

某县甲医院分别于1991年、1996年经某县计划经济委员会批准，修建了两幢职工家属楼分别为1号楼和2号楼，但因历史原因，未能办理不动产权证。2016年11月10日，某县人民政府对该问题进行研究，形成了《研究某县甲医院职工家属楼办理不动产权证相关事宜的会议纪要》。该纪要中同意在完善相应手续后，由房屋所有权人申请办理不动产首次登记。

2000年12月18日，某县甲医院职工乙因工作调动将其享有的属于上述2号楼的集资房转让给本院职工即原告熊某，约定由原告享受相关集资房待遇，某县甲医院在该协议书上盖章予以确认。原告到被告处办理不动产权证首次登记，被告于2017年6月1日作出《关于甲医院职工办理不动产登记的说明》以某县甲医院的分房名单无原告名字为由不予办理。熊某以某县不动产登记中心不履行法定职责为由，向人民法院起诉，请求判决被告依法履行法定职责按某县甲医院集资房的相关政策为原告办理不动产首次登记。

三、人民法院的认为

根据《不动产登记暂行条例》第七条规定，被告具有进行不动产登记的法定职责。2000年12月18日，某县甲医院职工乙在工作调动时将其享有的属于某县甲医院家属楼2号楼的集资房转让给本院职工即原告熊某（其在该集资房修建时本有申请资格），协议约定由原告享受相关集资房待遇，某县甲医院在该协议上盖章予以确认。也就是说，在某县人民政府2016年11月10日形成的《研究某县甲医院职工家属楼办理不动产权证相关事宜的会议纪要》之前，原告即已完整享有该集资房的相应权利。故被告不予办理原告所申请的不动产首次登记不当。对原告请求判决被告依法履行法定职责按某县甲医院集资房的相关政策为原告办理房产首次登记的诉讼请求，本院予以支持。

四、人民法院的裁判结论

判决：限被告某县不动产登记中心于本判决生效之日起三个月内对原告在某县甲医院职工家属楼2号楼所享有权利的集资房按《研究某县甲医院职工家属楼办理不动产权证相关事宜的会议纪要》的精神办理不动产首次登记。

本判决已经发生法律效力[①]。

---

① 本书编著者注。

五、解　析

1. 本案中，被告熊某承让的是因集资建房取得的房屋，而非集资建房的资格。

《国务院办公厅转发国务院住房制度改革领导小组关于全面推进城镇住房制度改革意见的通知》（国办发〔1991〕73号）附《关于全面推进城镇住房制度改革的意见》第四条第（六）项规定，各地政府应大力支持单位或个人的集资、合作建房，特别是结合"解危"、"解困"进行的集资、合作建房。《国务院关于进一步深化城镇住房制度改革加快住房建设的通知》（国发〔1998〕23号）第五条第（十七）项规定，在符合城市总体规划和坚持节约用地的前提下，可以继续发展集资建房和合作建房，多渠道加快经济适用住房建设。现时执行的《建设部 发展改革委 监察部 财政部 国土资源部 人民银行 税务总局关于印发〈经济适用住房管理办法〉的通知》（建住房〔2007〕258号）附《经济适用住房管理办法》第三十四条规定，距离城区较远的独立工矿企业和住房困难户较多的企业，在符合土地利用总体规划、城市规划、住房建设规划的前提下，经市、县人民政府批准，可以利用单位自用土地进行集资合作建房。参加单位集资合作建房的对象，必须限定在本单位符合市、县人民政府规定的低收入住房困难家庭。据此可知，单位牵头实施的集资建房是一项住房"解危""解困"的有效措施，具有长期的、连续的政策支持。

《城乡建设环境保护部关于印发〈城镇房屋所有权登记暂行办法〉的通知》附《城镇房屋所有权登记暂行办法》（〔87〕城住字第242号，有效期：1987年4月21日—1998年1月1日）第十条规定，新建房屋，应于竣工后3个月内申请办理所有权登记。据此可知，新建房屋竣工后，权利人应当向登记机构申请房屋所有权初始登记，换言之，新建房屋自竣工时起，才能成为所有权的客体。本案中，"某县甲医院分别于1991年、1996年经某县计划经济委员会批准，修建了两幢职工家属楼分别为1号楼和2号楼，但因历史原因，未能办理不动产权证"表明，熊某于2000年12月从乙处承让的房屋已经竣工，但乙没有按前述规定申请房屋所有权初始登记。

1995年1月1日起施行至今的《城市房地产管理法》第三十八条第（六）项规定，未依法登记领取权属证书的房地产，不得转让。1999年5月1日起实施的《已购公有住房和经济适用住房上市出售管理暂行办法》（建设部令第69号）第三条第二款规定，经济适用住房包括安居工程住房和集资合作建设的住房。该暂行办法第六条规定，已购公有住房和经济适用住房所有权人要求将已购公有住房和经济适用住房上市出售的，应当持房屋所有权证书、土地使用权证书或者房地产权证书等材料向房屋所在地的县级以上人民政府房地产行政主管部门提出申请。据此可知，集资建房上市交易，须以已经办理房屋所有权及房屋占用范围内的土地使用权登记并持有房屋所有权证书、土地使用权证书或者房地产权证书为前提。本案中，"2000年12月18日，某县甲医院职工乙因工作调动将其享有的属于上述2号楼的集资房转让给本院职工即原告熊某，约定由原告享受相关集资房待遇，某县甲医院在该协议书上盖章予以确认"，其中"某县甲医院职工乙因工作调动将其享有的属于上述2号楼的集资房转让给本院职工即原告熊某"表明，乙与熊某间实施的是因集资建房取得的房屋转让，应当由乙按《研究某县甲医院职工家属楼办理不动产权证相关事宜的会议纪要》的精神申请将该集资房屋首次登记在其名下后，再转移登记给熊某（乙与熊某在房屋未登记并领取权属证书的情形下实施房屋交易行为，违反法律和行政规章的规定，属于别的法律关系）。那么，其中"约定由原告享受相关集资房待遇，某县甲医院在该协议书上盖章予以确认"，是否表明熊某取代乙享有参与集资建房的资格而可以据此直接申请该集资建房的首次登记呢？笔者认为，一般情形下，由单位组织的集资建房，集资建房参与人的资格最迟应当于房屋交付前确定，而本案中，熊某承让乙的房屋是在房屋竣工交付后，因此，如前所述，被告熊某承让的是乙因参与集资建房而取得的房屋，而非参与集资建房的资格。概言之，熊某不能按《研究某县甲医院职工家属楼办理不动产权证相关事宜的会议纪要》的精神申请将该集资房屋直接首次登记到其名下。故笔者支持被告某县不动产登记中心于

2017年6月1日作出的《关于甲医院职工办理不动产登记的说明》，人民法院的认为和判决值得商榷。

2. 在现时制度环境下，集资建房转让转移登记的实务处理

由于种种原因，单位组织职工参加集资建房有两种情形：一是在出让土地上组织职工参与集资建房，此情形下，房地产权利登记后，职工登记取得的是房屋所有权、出让性质的国有建设用地使用权，笔者认为，此类房屋虽名为集资建房，但实质上与普通的商品住房并无不同，可以自由上市交易，由此产生的转移登记，登记机构应当办理；二是在划拨的土地上组织职工参与集资建房，此情形下，房地产权利登记后，职工登记取得的是房屋所有权、划拨性质的国有建设用地使用权。《房地产管理法》第四十条规定，以划拨方式取得土地使用权的，转让房地产时，应当按照国务院规定，报有批准权的人民政府审批。有批准权的人民政府准予转让的，应当由受让方办理土地使用权出让手续，并依照国家有关规定缴纳土地使用权出让金。以划拨方式取得土地使用权的，转让房地产报批时，有批准权的人民政府按照国务院规定决定可以不办理土地使用权出让手续的，转让方应当按照国务院规定将转让房地产所获收益中的土地收益上缴国家或者作其他处理。《经济适用住房管理办法》第三十条第三款规定，购买经济适用住房满5年，购房人上市转让经济适用住房的，应按照届时同地段普通商品住房与经济适用住房差价的一定比例向政府交纳土地收益等相关价款，具体交纳比例由市、县人民政府确定，政府可优先回购；购房人也可以按照政府所定的标准向政府交纳土地收益等相关价款后，取得完全产权。据此可知，划拨土地上的集资建房因转让申请转移登记时，登记机构应当收取县级以上人民政府同意转让的批文并按批文要求办理，如果批文批准维持划拨状态转让的，转移登记给受让人的仍然是房屋所有权、划拨性质的国有建设用地使用权；如果批文要求受让方办理出让手续的，应当在收取转让转移登记材料时同时收取土地出让合同、出让金缴纳凭证、土地出让环节的契税缴纳凭证，一并办理转让转移登记，转移登记给受让人的则是房屋所有权、出让性质的国有建设用地使用权。

3. 单位组织的集资建房可否直接首次登记给业主

《物权法》第三十条规定，因合法建造、拆除房屋等事实行为设立或者消灭物权的，自事实行为成就时发生效力（《民法典》第二百三十一条做了同样的规定）。据此可知，合法建造的房屋，自竣工时起，无须登记，权利人即依法、即时对其享有所有权。笔者认为，单位组织的集资建房，单位在其中起组织、协调的作用，单位不是集资建房的权利主体和义务承担人，参与集资建房的人才是权利主体和义务人。至于集资建房的用地、规划、竣工手续以单位的名义办理，应当视为参与集资建房的人集体借用单位的名义办理，但不改变参与集资建房的人的权利主体和义务主体的地位。按《经济适用住房管理办法》第三十四条规定，单位组织的集资建房应当经市、县人民政府批准。据此可知，以单位名义办理的用地、规划、竣工等建房材料与市、县人民政府准予集资建房的批文、单位与参与集资建房的人签订的集资建房分割协议组合，形成参与集资建房的人享有房屋所有权及房屋分摊的国有建设用地使用权的证明，登记机构可据此直接为业主办理首次登记。因此，本案中，"某县人民政府对该问题进行研究，形成了《研究某县甲医院职工家属楼办理不动产权证相关事宜的会议纪要》。该纪要中同意在完善相应手续后，由房屋所有权人申请办理不动产首次登记"并不违反法律、行政法规的规定，具有可操作性。

另外，按《不动产登记暂行条例实施细则》第二十四条第（四）项规定，不动产分割、合并导致权利发生转移的，当事人可以申请转移登记。据此可知，单位组织的集资建房，也可以首次登记在单位名下后，再由单位与各集资参与人申请分割产生的转移登记，将房屋转移登记给集资参与人，此转移登记非因交易原因产生，不涉税。

判例 20　基于形式上存在但实质上不存在的买卖合同办理的房屋转移登记，程序也不合法

一、案件名称

上诉人张甲因与被上诉人某不动产登记和交易中心、李乙房屋行政登记一案。

二、人民法院确认的事实

李甲和张乙婚生两个子女——李乙和李丙，李甲于 2015 年 4 月 25 日去世。2013 年，因李丙向崔某借款，李甲、张乙将本案所涉房屋作为抵押物担保该借款的按期偿还，同时，2013 年 12 月 26 日，李甲、张乙出具了委托书，委托崔某为二人的全权代理人，办理如下事项：（1）先代二人到房产管理部门办理上述房屋的解押手续；（2）代二人与买方签订上述房屋的买卖协议或契约……；（3）代二人收取上述房屋的所有房款……。委托期限为 2014 年 12 月 26 日至 2015 年 12 月 25 日。同日，某市某公证处对该委托进行了公证，并出具了（2013）某证民字第××号公证书。2015 年 12 月 21 日，案外人崔某作为李甲、张乙的委托代理人与张甲签订了《房屋买卖契约》，将本案所涉房屋以 8 万元价格出售给了张甲。在登记申请人提交房屋所有权转移登记申请书、房屋分幢平面图、土地使用权人为李甲的某国用（2012）第 03066 号土地使用证、李甲和张乙的房屋所有权证和共有权证、房屋买卖契约等相关材料的情况下，某不动产登记和交易中心于 2015 年 12 月 25 日为张甲办理了本案所涉房屋的转移登记手续。同时查明，张乙于 2016 年 9 月 3 日出具承诺书，承诺在规定期限内搬离本案所涉房屋，因张乙未在规定期限内搬离，张甲以张乙不予搬离案涉房屋构成侵权为由，以张乙为被告，起诉至某市某区人民法院。某市某区人民法院经审理认为，崔某借钱给李丙，李丙的父母以本案所涉房屋作为担保，在李丙未履行偿还借款及付息义务时双方应通过司法途径将抵押的房屋进行拍卖以实现债权，崔某依据委托书办理了本案所涉房屋的产权转移登记手续，但实际的房屋买卖合同并不存在。该院于 2017 年 4 月 7 日作出（2016）某 0711 民初 2570 号民事判决书，判决驳回张甲的诉讼请求。

李乙诉至一审法院，请求判决撤销被告为张甲办理的房屋转移登记。一审法院以"本案所涉借款纠纷应通过民事诉讼途径解决，某不动产登记和交易中心为张甲颁发房屋所有权证，系主要证据不足，依法应予撤销"为由，判决撤销被告某不动产登记和交易中心（原某房产管理局）作出的某房权证某市字第××号房屋所有权证。张甲不服,上诉至二审人民法院。

三、二审人民法院的认为

根据某市某区人民法院已生效的(2016)某0711民初2570号民事判决书,张甲与张乙之间并不存在房屋买卖合同;而该房屋买卖是本案被诉的颁发某房权证某市字第××号房屋所有权证行为的基础,不存在该房屋买卖合同,被上诉人某不动产登记和交易中心作出案涉房屋所有权转移登记行为主要证据不足,应予撤销。根据上述生效民事判决书认定的事实,李甲、张乙之子李丙向崔某借款,李甲、张乙将本案所涉房屋作为抵押物担保该借款的按期偿还,李甲、张乙又签订委托书,委托崔某代办房屋产权转移等一切手续并办理公证,在李丙未按期还款的情况下,崔某办理了案涉房屋产权过户。以上涉及不动产处分、一次性授权全部重要事项的委托及公证行为,实际违反了《中华人民共和国担保法》第四十条、《中华人民共和国物权法》第一百八十六条中关于禁止约定债务人不履行到期债务时抵押财产归债权人所有的规定(《民法典》第四百零一条规定,抵押权人在债务履行期限届满前,与抵押人约定债务人不履行到期债务时抵押财产归债权人所有的,只能依法就抵押财产优先受偿),且已被有关部门明令禁止,故被诉的房屋登记行为应当撤销。综上,原审判决认定事实清楚,结果正确,上诉人的上诉理由不能成立。

四、二审人民法院的裁判结论

判决驳回上诉,维持原判。

五、解　析

1. 基于形式上存在但实质上不存在的买卖合同办理的房屋转移登记程序不合法

《物权法》第十一条规定,当事人申请登记,应当根据不同登记事项提供权属证明和不动产界址、面积等必要材料(《民法典》第二百一十一条做了同样的规定)。按《不动产登记暂行条例》第十六条第一款第(三)项规定,相关的不动产权属来源证明材料、登记原因证明文件是申请人申请不动产登记时应当提交的材料。在不动产登记实务中,按《不动产登记暂行条例实施细则》第三十八条第一款第(二)项规定,买卖合同是申请人申请因买卖产生的国有建设用地使用权及房屋所有权转移登记时应当提交的材料。据此可知,作为权属证明材料的买卖合同是申请人申请因买卖产生的房屋转移登记时应当提交的材料。本案中,"某市某区人民法院经审理认为,崔某借钱给李丙,李丙的父母以本案所涉房屋作为担保,在李丙未履行偿还借款及付息义务时双方应通过司法途径将抵押的房屋进行拍卖以实现债权,崔某依据委托书办理了本案所涉房屋的产权转移登记手续,但实际的房屋买卖合同并不存在"表明,崔某代张乙申请房屋转移登记时,虽然提交了房屋买卖契约,但该房屋买卖契约实质上并不存在。换言之,崔某代张乙申请房屋转移登记时,提交了形式上存在但实质上并不存在的房屋买卖契约,应当视为崔某代张乙申请房屋转移登记时没有提交房屋买卖合同。《不动产登记暂行条例》第三章是关于不动产登记程序的规定,其中的第十六条、第十七条是关于登记机构收取登记材料和对收取的登记材料进行查验、处置的规定,属于对登记程序的规定。据此可知,不动产登记机构办理不动产登记时,登记申请材料收取不齐全,或收取的登记申请材料无效,均属于登记程序违法。本案中,登记机构为张甲、张乙办理的转移登记,如前所述,因收取形式上存在但实质上并不存在的房屋买卖契约,应当视为崔某代张乙申请房屋转移登记时没有提交房屋买卖合同,属于收取登记申请材料不齐全的情形,登记程序违法,但此违法行为非因登记机构的过错所致。按《行政诉讼法》第七十条第(三)项规定,违反法定程序的行政行为,人民法院可以判决撤销或者部分撤销,并可以判决被告重新作出行政行为。据此可知,本案中,二审人民法院关于"根据某市某区人民法院已生效的(2016)某0711民初2570号民事判决书,张甲与张乙之间并不存在房屋买卖合同;而该房屋买卖是本案被诉的颁发某房权证某市字第××号房屋所有权证行为的基础,不存在该房屋买卖合同,被上诉人某不动产登记和交易中心作出案涉房屋所有权转移登记行为主要证据不足，应予撤销"的认为值得赞同，据此作出的判决正确。

2. 关于本案中的房屋买卖合同是不成立还是无效的讨论

本案中，"李甲、张乙之子李丙向崔某借款，李甲、张乙将本案所涉房屋作为抵押物担保该借款的按期偿还，李甲、张乙又签订委托书，委托崔某代办房屋产权转移等一切手续并办理公证，在李丙未按期还款的情况下，崔某办理了案涉房屋产权过户。以上涉及不动产处分、一次性授权全部重要事项的委托及公证行为，实际违反了《中华人民共和国担保法》第四十条、《中华人民共和国物权法》第一百八十六条中关于禁止约定债务人不履行到期债务时抵押财产归债权人所有的规定（《民法典》第四百零一条规定，抵押权人在债务履行期限届满前，与抵押人约定债务人不履行到期债务时抵押财产归债权人所有的，只能依法就抵押财产优先受偿），且已被有关部门明令禁止，故被诉的房屋登记行为应当撤销"表明：李甲、张乙签订委托书，委托崔某代办房屋产权转移等一切手续并办理公证，当事人借此掩盖了两个事实：一是彼此约定李丙不能按期还款时，登记在李甲、张乙名下的为李丙作还款担保的抵押房屋归崔某所有的事实；二是李甲、张乙没有委托崔某代办房屋产权转移等一切手续并办理公证的事实。因此，本案中，登记机构为张甲、张乙办理转移登记的房屋买卖契约，实质上是崔某基于前述非法约定"取得"房屋后，以李甲、张乙的名义与张甲签订的，但张甲与李甲、张乙间实质上不存在买卖关系，即登记机构为张甲办理转移登记的房屋买卖契约实质上是不存在的。

按《合同法》第五十六条规定，无效的合同或者被撤销的合同自始没有法律约束力（合同属于民事法律行为。《民法典》第一百五十五条规定，无效的或者被撤销的民事法律行为自始没有法律约束力）。据此可知，无效合同是指已经成立的合同，因在内容或形式上违反了法律、行政法规的强制性规定或其内容损害了社会公共利益，而自始、当然、确定的不发生效力[①]。简言之，无效的合同是以合同的成立为前提的。《合同法》第三十二

[①] 王利明：《民法学》，复旦大学出版社2004年版，第590页。

条规定,当事人采用合同书形式订立合同的,自双方当事人签字或者盖章时合同成立(《民法典》第四百九十条第一款规定,当事人采用合同书形式订立合同的,自当事人均签名、盖章或者按指印时合同成立。在签名、盖章或者按指印之前,当事人一方已经履行主要义务,对方接受时,该合同成立)。据此可知,经过双方当事人签字或者盖章的书面合同才成立。本案中,登记机构为张甲办理转移登记的房屋买卖契约,在上面签名(章)的是买方张甲、张乙和未实质上取得卖方李甲、张乙授权委托的崔某,即此房屋买卖契约不成立,也就说不上无效了。

因此,如前所述,本案中,登记机构为张甲办理转移登记的房屋买卖契约不成立,应当视为登记机构为张甲办理的转移登记因收取的登记申请材料不齐全而程序违法,在诉讼中,一般情形下,人民法院可以判决撤销此转移登记。

判例 21 登记机构办理转让房地产产生的转移登记时,有效的不动产权属证书是必收要件

一、案件名称

上诉人沈某因其诉被上诉人某不动产登记局房产登记不予受理决定一案。

二、人民法院确认的事实

2017年2月17日,沈某向某不动产登记局申请对位于某市某区师专南路的房屋进行登记,并提交了房屋购买合同、购房款收据、某公司的产权证复印件,该复印件上有某产权产籍管理处加盖的作废二字。某不动产登记局经核查,依据《不动产登记暂行条例》第十七条规定,书面告知沈某其申请登记材料不齐全、申请登记材料不符合法定形式,决定不予受理。沈某不服,向一审法院提起诉讼,请求依法判决某不动产登记局拒绝为其颁发房地产权证(不动产权证)的行政行为违法,责令某不动产登记局依法作出为其颁发房地产权证(不动产权证)的行政行为。一审法院以某不

动产登记局依据沈某申请登记时提交的材料，依照上述规定决定不予受理，事实清楚，适用依据正确，对沈某关于判决该行政行为违法的请求，不予支持。因房屋登记是某不动产登记局的法定职责，沈某请求责令某不动产登记局为其颁发房地产权证（不动产权证），缺乏事实和法律依据，亦不予支持，判决驳回原告沈某的诉讼请求。沈某不服，向二审人民法院提起上诉。

三、二审人民法院的认为

根据《不动产登记暂行条例》第十四条第一款、第十六条相关规定，因买卖、设定抵押权等申请不动产登记的，应当由当事人双方共同申请，在申请时应当提交登记申请书；申请人、代理人身份证明材料、授权委托书；相关的不动产权属来源证明材料、登记原因证明文件、不动产权属证书；不动产界址、空间界限、面积等材料；与他人利害关系的说明材料；法律、行政法规以及本条例实施细则规定的其他材料等，并对申请材料的真实性负责。本案中，沈某未按照《不动产登记暂行条例》的上述规定申请房屋登记并提交齐全的申请材料。某不动产登记局作为不动产登记机构，依照《不动产登记暂行条例》关于不动产登记的相关规定进行审查，认为沈某的申请及提交的材料不符合不动产登记的规定，并书面告知沈某其申请登记材料不齐全、不符合法定形式，决定不予受理。该行政行为事实清楚，适用法律正确，行政程序合法。沈某认为一审判决适用法律错误的上诉理由不能成立，本院不予支持。综上，一审判决驳回沈某的诉讼请求并无不当，依法应予维持。

四、二审人民法院的裁判结论

判决驳回上诉，维持原判。

五、解 析

1. 有效的不动产权属证书是申请人申请转让房地产产生的转移登记时应当提交的材料

在不动产登记实务中，按《不动产登记暂行条例实施细则》第三十八条第一款第（一）项规定，不动产权属证书是申请人申请转让国有建设用地使用权及房屋所有权产生的转移登记时应当提交的材料。笔者认为，要求申请人提交不动产权属证书：一是《房地产管理法》第三十七条规定，房地产转让，是指房地产权利人通过买卖、赠与或者其他合法方式将其房地产转移给他人的行为。该法第三十八条第（六）项规定，未依法登记领取权属证书的房地产不得转让。据此可知，未经登记并领取权属证书的房地产，不得实施买卖、赠与等转让行为。要求申请人提交不动产权属证书的目的，是证明转让行为合法。二是《不动产登记暂行条例实施细则》第二十七条第（十）项规定，法律、行政法规规定的其他不动产权利转移的，当事人可以申请不动产转移登记。笔者据此认为，不动产转移登记，是指记载在登记簿上的不动产物权，权利主体变动，权利内容、权利客体和其他事项不变产生的登记。简言之，转移登记的内容须已经先行记载在登记簿上。《不动产登记暂行条例实施细则》第二十条第一款规定，不动产登记机构应当根据不动产登记簿，填写并核发不动产权属证书或者不动产登记证明。据此可知，一般情形下，不动产权属证书是不动产权利已经记载在不动产登记簿上的证明，故要求申请人提交不动产权属证书，以证明欲转移的国有建设用地使用权及地上房屋所有权已经记载在登记簿上，申请转移登记的前提成立。三是便于登记机构结合转让方提交的身份证明，比对不动产权属证书上的权利人姓名，判定其作为转移登记申请人之一的转让方是否适格。四是转移登记被记载于登记簿上后，登记机构将基于登记簿的记载向受让方颁发新的不动产权属证书，原转让方名下的不动产权属证书由登记机构收回归档，以免流失社会造成负面影响。五是按《物权法》第十七条规定，不动产权属证书是权利人享有该不动产物权的外在表征形式。质言之，不动产权属证书是权利人享有房地产权利的证明，也是转让关系的双方当事人据此协商签订买卖合同、赠与合同等合同、协议的基础凭证。

按《不动产登记暂行条例》第十七条第一款第（三）项规定，不动产登记机构收到不动产登记申请材料时，申请材料不齐全或者不符合法定形式的，应当当场书面告知申请人不予受理并一次性告知需要补正的全部内容。本案中，"2017年2月17日，沈某向某不动产登记局申请对位于某市某区师专南路的房屋进行登记，并提交了房屋购买合同、购房款收据、某公司的产权证复印件，该复印件上有某产权产籍管理处加盖的作废二字"表明，沈某向登记机构申请转让转移登记时，没有提交具有法律效力的不动产权属证书，属于登记申请材料不齐全的情形，某不动产登记局经核查，依据《不动产登记暂行条例》第十七条规定，书面告知沈某其申请登记材料不齐全、申请登记材料不符合法定形式，作出不予受理的处置有行政法规上的依据。二审人民法院关于"沈某未按照《不动产登记暂行条例》的上述规定申请房屋登记并提交齐全的申请材料。某不动产登记局作为不动产登记机构，依照《不动产登记暂行条例》关于不动产登记的相关规定进行审查，认为沈某的申请及提交的材料不符合不动产登记的规定，并书面告知沈某其申请登记材料不齐全、不符合法定形式，决定不予受理。该行政行为事实清楚，适用法律正确，行政程序合法。沈某认为一审判决适用法律错误的上诉理由不能成立，本院不予支持"的认为值得赞同，据此作出的判决正确。

2. 在不动产登记实务中，申请人申请非因转让原因产生的房地产转移登记时，若不动产权属证书遗失或毁损的，可以提交房地产权利已经登记的证明替代不动产权属证书

本处的非因转让原因产生的房地产转移登记，是指因继承、受遗赠以及生效的确认权属的判决书、裁定书、裁决书等非基于转让方与受让方的合意产生的转移登记。

如前所述，按《不动产登记暂行条例实施细则》第三十八条第一款第（一）项规定，不动产权属证书是申请人申请国有建设用地使用权及地上房屋所有权转移登记时，应当向登记机构提交的材料。但是，申请人申请非因转让原因产生的房地产转移登记时，因不动产权属证书遗失、毁损或其他原因不知所终的情形时有出现。笔者认为，登记机构应当允许申请人提

交记载有房地产权利的不动产登记簿、登记机构存档的房地产登记材料（适用于登记簿制度建立前合法取得的不动产权属证书遗失、毁损的情形）等房地产权利已经登记的证明替代不动产权属证书：一是《物权法》第十一条规定，当事人申请登记，应当根据不同登记事项提供权属证明和不动产界址、面积等必要材料（《民法典》第二百一十一条做了同样的规定）。笔者据此认为，此情形下，应当对《不动产登记暂行条例实施细则》第三十八条第一款第（一）项规定中申请人申请国有建设用地使用权及地上房屋所有权转移登记时应当提交的"不动产权属证书"作扩张理解，即将其理解成国有建设用地使用权及地上房屋所有权已经登记的证明，理由是《物权法》第十六条规定，登记簿是物权归属和内容的依据（《民法典》第二百一十六条做了同样的规定）。故记载有欲因非转让原因转移的国有建设用地使用权及地上房屋所有权的登记簿打印件、复印（制）件更是所有权人依法享有国有建设用地使用权及地上房屋所有权的证明。登记机构存档的国有建设用地使用权及地上房屋所有权登记材料亦然。概言之，记载有欲因非转让原因转移的国有建设用地使用权及地上房屋所有权的登记簿打印件、复印（制）件，或登记机构存档的欲因非转让原因转移的国有建设用地使用权及地上房屋所有权的登记材料等国有建设用地使用权及地上房屋所有权已经登记的证明也能证明申请转移登记的前提成立。二是因非转让原因产生的转移登记，不是权利人须以不动产权属证书表征权利存在而与他人为转让民事法律行为产生的登记。如果登记机构一定要求申请人补发不动产权属证书后再申请转移登记，则完成补发程序费时、费力，且补发的新证书庚即因申请转移登记交由登记机构归档，仅起到拘泥于按《不动产登记暂行条例实施细则》规定的转移登记程序办理登记的作用，国有建设用地使用权及地上房屋所有权已经登记的证明也能起到这个作用，实在是没有必要。此举虽然与《不动产登记暂行条例实施细则》的规定不一致，但符合《物权法》的规定，基于下位法服从上位法的法律适用原则，登记机构应当予以支持。

判例 22　商品房买卖合同与离婚协议组合后可以形成权利人单独享有房屋所有权的原因证明

一、案件名称

上诉人某市国土资源局因杨某诉该局不履行法定职责一案。

二、人民法院确认的事实

杨某与案外人马某于 2005 年 3 月 2 日登记结婚，2010 年 10 月 25 日杨某与甲置业有限公司签订商品房买卖合同，购买位于某市华城国际花园 1 号楼 1 单元 1904 号商品房一套，并向某市房产管理局进行了备案。2014 年 5 月 29 日，杨某与马某在某市某区民政局协议离婚，针对该套商品房的分割，双方在离婚协议中约定归杨某所有。2017 年 4 月 13 日，杨某单方向某市国土资源局申请办理房产登记，某市国土资源局以需财产共有人同时到场为由不予办理。杨某提起行政诉讼，要求某市国土资源局为其办理涉案商品房的房屋登记，并颁发房屋权属证书。原审法院以"杨某符合单方申请房屋登记的情形，某市国土资源局应根据杨某的单方申请为其办理房屋登记"为由，判决某市国土资源局于本判决生效之日起十日内为杨某办理房屋登记。某市国土资源局不服一审法院判决，向二审人民法院提起上诉。

三、二审人民法院的认为

涉案商品房系杨某与马某婚姻关系存续期间购买但未进行登记。双方离婚时签订的协议明确了该房屋归杨某所有，并在民政部门备案。《最高人民法院关于适用〈中华人民共和国婚姻法〉若干问题的解释（二）》第八条第一款规定："离婚协议中关于财产分割的条款或者当事人因离婚就财产分割达成的协议，对男女双方具有法律约束力。"虽然该解释第八条第二款规定当事人因履行上述财产分割协议发生纠纷可以提起诉讼，但该解释第九条也明确规定当事人请求变更或者撤销财产分割协议的期限为男女双方协议离婚后一年内。本案中，杨某与马某协议离婚时间是 2014 年 5 月 29 日，而杨某申请某市国土资源局进行房屋登记的时间在2017年4月13日，已超过了当事人请求法院变更或者撤销财产分割协议的期限。从目前情况看，也未有阻止杨某申请案涉房屋登记的情形出现。不动产物权未经登记虽不能直接产生物权变动的法律效果，但也有例外。对此，《不动产登记暂行条例》第十四条第二款明确规定了可以由当事人单方申请的七种情形，其中第三项规定：人民法院、仲裁委员会生效的法律文书或者人民政府生效的决定等设立、变更、转让、消灭不动产权利的。该项规定并不仅限于人民法院、仲裁委员会生效的法律文书或者人民政府生效的决定。《房屋登记办法》第十二条第二款第六项规定权利人放弃房屋权利的也属于可以由当事人单方申请的情形。综上，基于案涉房屋一方当事人放弃权利，杨某持已经在民政部门备案的离婚协议等所需材料申请房屋登记，某市国土资源局应依法进行受理登记审查。某市国土资源局对杨某的申请不予登记的理由不成立。根据《不动产登记暂行条例》第十九条第二款"对可能存在权属争议，或者可能涉及他人利害关系的登记申请，不动产登记机构可以向申请人、利害关系人或者有关单位进行调查"和第三款"不动产登记机构进行实地查看或者调查时，申请人、被调查人应当予以配合"的规定，某市国土资源局如对杨某申请房屋登记存有异议，也可依法进行调查。综上，某市国土资源局的上诉理由均不能成立，其上诉请求本院不予支持。原审判决认定事实清楚，适用法律正确，程序合法，应予维持。

四、二审人民法院的裁判结论

判决驳回上诉，维持原判。

五、解　析

1. 是单方申请，还是双方申请

《不动产登记暂行条例》第十四条规定："因买卖、设定抵押权等申请不动产登记的，应当由当事人双方共同申请。属于下列情形之一的，可以由当事人单方申请：（一）尚未登记的不动产首次申请登记的；（二）继承、接受遗赠取得不动产权利的；（三）人民法院、仲裁委员会生效的法律文书或者人民政府生效的决定等设立、变更、转让、消灭不动产权利的；（四）权利人姓名、名称或者自然状况发生变化，申请变更登记的；（五）不动产灭失或者权利人放弃不动产权利，申请注销登记的；（六）申请更正登记或者异议登记的；（七）法律、行政法规规定可以由当事人单方申请的其他情形。"据此可知，因买卖、抵押等当事人双方合意的民事法律行为产生的不动产登记，应当由当事人双方共同申请。因合法建造并竣工、继承或受遗赠、拆除等非基于双方合意的民事法律行为产生的不动产登记，可以由当事人单方申请。本案中，杨某申请的是因买卖商品房产生的转移登记，应当由买卖双方共同申请。所谓"杨某单方向某市国土资源局申请办理房产登记，某市国土资源局以需财产共有人同时到场为由不予办理"，是基于当事人合意的民事法律行为产生的转移登记，应当是指杨某与卖方一起申请转移登记，欲将房屋转移登记为杨某单独所有，但需要杨某的原配偶马某，即所谓的财产共有人马某到场参与申请，不是指杨某无须卖方配合，自己单方申请将房屋转移登记为其单独所有。

2. 离婚协议约定预购商品房归属后，转移登记时无须原配偶到场参与申请

按《合同法》第七十九条规定，一般情形下，债权人可以将合同的权利全部或者部分转让给第三人（按《民法典》第五百四十五条第一款规定可以得出同样的结论）。该法第八十一条规定，债权人转让权利的，受让人取得与债权有关的从权利（《民法典》第五百四十七条规定，债权人转让债权的，受让人取得与债权有关的从权利，但是该从权利专属于债权人自身的除外。受让人取得从权利不因该从权利未办理转移登记手续或者未转移占有而受到影响）。按《婚姻法》第三十九条第一款规定，离婚时，夫妻的共同财产由双方协议处理（按《民法典》第一千零八十七条第一款规定可以得出同样的结论）。据此可知，本案中，杨某、马某婚姻关系存续期间，基于商品房买卖合同取得的合同债权系夫妻共同财产，离婚时，双方可以通过离婚协议约定其归属。基于离婚协议取得该商品房买卖合同债权的权利人全部承接对方配偶在本合同中的权利义务，而对方配偶则因该离婚协议退出商品房买卖合同关系。

换言之，原商品房买卖合同与离婚协议组合后，形成杨某单独享有该商品房买卖合同的债权，承担该商品房买卖合同中的义务的证明。简言之，原商品房买卖合同与离婚协议组合后形成杨某单独享有该商品房所有权的原因证明。因此，"2014年5月29日，杨某与马某在某市某区民政局协议离婚，针对该套商品房的分割，双方在离婚协议中约定归杨某所有"于法有据，杨某申请将房屋登记为其单独所有的理由成立。

3. 是放弃权利，还是约定权利的归属

放弃权利，主要指权利人基于自己的意思表示以书面的方式表示抛弃自己依法享有的权利的情形。笔者据此认为，权利人放弃权利后，该被放弃的权利归属处于待定状态，并不当然产生归属，即使按相关规定收归集体经济组织或国有，也须履行相关程序，如申请人民法院判决确认该权利无主，作出接收决定等。本案中，"2014年5月29日，杨某与马某在某市某区民政局协议离婚，针对该套商品房的分割，双方在离婚协议中约定归杨某所有"表明，杨某、马某通过离婚协议约定商品房买卖合同债权属于杨某，而非马某抛弃其享有的商品房买卖合同债权。

在曾经的房屋登记实务中，按《房屋登记办法》第十二条第二款第（六）项规定，权利人放弃房屋权利的，可以由当事人单方申请登记。按该办法第三十八条第（二）项规定，放弃所有权属于当事人申请房屋注销登记的情形。不动产统一登记后，按《不动产登记暂行条例》第十四条第二款第（二）项规定，权利人放弃不动产权利，可以由当事人单方申请注销登记。在现时的不动产登记实务中，按《不动产登记暂行条例实施细则》第二十八条第（二）项规定，权利人放弃不动产权利属于当事人申请不动产注销登记的情形。据此可知，无论是曾经的房屋登记，还是现时的不动产登记，放弃权利均是申请注销登记的情形，当事人基于此单方申请的是注销登记，而非转移登记。

综上所述，本案中，若杨某在卖方的协助下申请将房屋登记为其单独所有于法有据，登记机构应当支持。二审人民法院关于杨某、马某在离婚协议中商品房买卖合同债权属于杨某的约定，系马某对其权利的抛弃的认为值得商榷，但判决结果正确。

判例 23　继承人申请因继承产生的转移登记时应当提交其享有继承权的证明

一、案件名称

原告陈小某诉被告某市国土资源局房产行政登记一案。

二、人民法院确认的事实

1999年3月22日，苏某取得了坐落于某市某区某号楼某室的房屋所有权证，苏某于2007年8月17日去世。苏某与陈某系夫妻，陈某已去世，原告陈小某系苏某与陈某的女儿。2015年7月13日，原告陈小某向某市住房保障和房产管理局提交书面申请，请求办理涉案房屋的变更登记手续，并同时向被告提交了以下材料：房屋所有权证（证号为某房权证中字第××号，房屋所有权人苏某）、苏某殡葬证、完税凭证、苏某婚姻记录证明、陈小某人事档案、居委会关于苏某和陈某为夫妻关系的证明。因被告没有受理，2015年9月16日，原告向某市某区人民法院提起诉讼，2015年11月10日，某市住房保障和房产管理局受理了原告的申请，2015年12月30日起，房屋登记等不动产登记统一由被告某市国土资源局负责，2016年1月13日，某市不动产登记中心以"陈小某无法出具苏某父母的死亡证明、苏某配偶陈某及其父母的死亡证明，无法确定陈小某是苏某的唯一合法继承人"为由，作出不予登记决定书，并送达原告。原告对此不予登记决定书不服，将某市国土资源局诉至人民法院，请求依法判决：撤销被告于2016年1月13日作出的不予登记决定书；并判令被告依法履行其法定职责，为原告办理房产权属变更登记手续。

三、人民法院的认为

《不动产登记暂行条例实施细则》第十四条规定："受继承、受遗赠取得不动产、当事人申请登记的，应当提交死亡证明材料、遗嘱或者全部法定继承人关于不动产分配的协议以及与被继承人的亲属关系材料等，也可以提交经公证的材料或者生效的法律文书。"《中华人民共和国继承法》第十条规定:"遗产按照下列顺序继承,第一顺序:配偶、子女、父母。……"(《民法典》第一千一百二十七条做了同样的规定)。本案中,涉诉房产为原告母亲苏某名下的房产,按照上述法律规定,苏某的配偶、子女、父母均是第一顺序继承人,原告陈小某作为第一顺序继承人之一,在向被告申请继承登记时,应向被告出具其作为苏某唯一继承人的证据,或者公证的材料,或者生效的法律文书。现原告向被告提交的材料不符合上述法律规定,因此被告作出不予登记的决定,认定事实清楚,程序合法,适用法律正确,并无不当。故对原告的诉讼请求,人民法院依法不予支持。

四、人民法院的裁判结论

判决驳回原告陈小某请求法院依法撤销被告于 2016 年 1 月 13 日作出的不予登记决定书。

本判决已经发生法律效力[①]。

五、解 析

本案事实表明,苏某、陈某夫妻没有立下遗嘱处分涉案房屋,因此本案中的继承系法定继承。

《继承法》第二条规定,继承从被继承人死亡时开始(《民法典》第一千一百二十一条做了同样的规定)。《物权法》第二十九条规定,因继承或者受遗赠取得物权的,自继承或者受遗赠开始时发生效力(《民法典》第二百三十条规定,因继承取得物权的,自继承开始时发生效力)。按《不动产登记暂行条例》第十四条第二款第(二)项规定,因继承、接受遗赠取得不动产权利的,可以由当事人单方申请登记。据此可知,自被继承人死亡时起,其继承人无须登记即依法、即时享有被继承人遗留的不动产的权利。继承人对其无须登记即依法、即时享有的因继承取得的不动产权利,可以单方向登记机构申请转移登记。

《继承法》第十条第一款、第二款规定:"遗产按照下列顺序继承:第

---

① 本书编著者注。

一顺序：配偶、子女、父母。第二顺序：兄弟姐妹、祖父母、外祖父母。继承开始后，由第一顺序继承人继承，第二顺序继承人不继承。没有第一顺序继承人继承的，由第二顺序继承人继承。"(《民法典》第一千一百二十七条做了同样的规定）该法第十一条规定，被继承人的子女先于被继承人死亡的，由被继承人的子女的晚辈直系血亲代位继承。代位继承人一般只能继承他的父亲或者母亲有权继承的遗产份额(《民法典》第一千一百二十八条规定，被继承人的子女先于被继承人死亡的，由被继承人的子女的直系晚辈血亲代位继承。被继承人的兄弟姐妹先于被继承人死亡的，由被继承人的兄弟姐妹的子女代位继承。代位继承人一般只能继承被代位继承人有权继承的遗产份额）。该法第二十五条第一款规定，继承开始后，继承人放弃继承的，应当在遗产处理前，作出放弃继承的表示。没有表示的，视为接受继承(《民法典》第一千一百二十四条第一款规定，继承开始后，继承人放弃继承的，应当在遗产处理前，以书面形式作出放弃继承的表示；没有表示的，视为接受继承）。在司法实务中，《继承法司法解释》第五十一条规定，放弃继承的效力，追溯到继承开始的时间。据此可知，一是继承人可以放弃自己享有的继承权，继承人放弃继承权后退出继承关系，继承人放弃继承权的效力溯及于继承开始时，即被继承人死亡时；二是不放弃继承权的继承人按继承顺位享有继承权；三是继承人先于被继承人死亡的，其继承权由他的晚辈直系血亲代位继承。申言之，遗产由继承人中的某一人继承的，须其他继承人或其代位继承人放弃对遗产的继承权。没有其他继承人的自无可言。在不动产登记实务中，《不动产登记暂行条例实施细则》第十四条规定，因继承、受遗赠取得不动产，当事人申请登记的，应当提交死亡证明材料、遗嘱或者全部法定继承人关于不动产分配的协议以及与被继承人的亲属关系材料等，也可以提交经公证的材料或者生效的法律文书。其中"全部法定继承人关于不动产分配的协议"，是指由全部享有继承权的法定继承人协商议定的被继承的不动产归属的协议，是申请继承转移登记的继承人享有被继承的不动产权利的原因凭证。申言之，若不动产由某继承人单独继承的，则该继承人应当提交其他继承人放弃继承不动产的证明，或没有其他继承人的证明。本案中，原告陈小某向某市住房保障和房产管理局提交了以下材料：房屋所有权证（证号为某房权证中字第××号，房屋所有权人苏某）、苏某殡葬证、完税凭证、苏某婚姻记录证明、陈小某人事档案、居委会关于苏某和陈某为夫妻关系的证明。据此可知，陈小某属于因单独继承被继承人遗留的不动产权利申请转移登记的情形，应当向登记机构提交苏某的其他继承人放弃继承不动产的证明，或苏某没有其他继承人的证明，但陈小某却没有提交，属于违反《继承法》第十条、第十一条和第二十五条规定（对应《民法典》第一千一百二十七条、第一千一百二十八条、第一千一百二十四条规定）的情形。按《不动产登记暂行条例》第二十二条第（一）项规定，登记申请违反法律、行政法规规定的，登记机构应当作不予登记处理。因此，本案中，某市不动产登记中心以"陈小某无法出具苏某父母的死亡证明、苏某配偶陈某及其父母的死亡证明，无法确定陈小某是苏某的唯一合法继承人"为由，作出不予登记决定书于法有据。人民法院关于"涉诉房产为原告母亲苏某名下的房产，按照上述法律规定，苏某的配偶、子女、父母均是第一顺序继承人，原告陈小某作为第一顺序继承人之一，在向被告申请继承登记时，应向被告出具其作为苏某唯一继承人的证据，或者公证的材料，或者生效的法律文书。现原告向被告提交的材料不符合上述法律规定，因此被告作出不予登记的决定，认定事实清楚，程序合法，适用法律正确，并无不当。故对原告的诉讼请求，人民法院依法不予支持。据此判决驳回原告陈小某请求人民法院依法撤销被告于2016年1月13日作出的不予登记决定书"的认为和判决，笔者深表赞同。按本判决书生效后发布实施的《不动产登记操作规范（试行）》1.8.6条之3规定，申请人不提交经公证的材料或者生效的法律文书的情形下，所有继承人或受遗赠人与被继承人或遗赠人之间的亲属关系证明，是申请人申请继承转移登记时应当提交的材料，包括户口簿、婚姻证明、收养证明、出生医学证明，公安机关以及村委会、居委会、被继承人或继承人单位出具的证明材料，其他能够证明相关亲属关系的材料等。笔者认为，所有继承人与被继承人之间的亲属关系证明，即是继承人的资格证明或继承人单独继承的资格证明。但是,按民政部等部门联合出台的《关于改进和规范基层群众性自治组织出具证明工作的指导意见》(民发〔2020〕20号)和公安部等部门联合出台的《关于改进和规范公安派出所出具证明工作的意见》(公通字〔2016〕21号)文件规定,公安派出所和社区居民委员会均不再出具亲属关系证明,在申请人不能提交户口簿、婚姻证明、收养证明、出生医学证明作为亲属关系证明的情形下,还可以提交什么样的材料作亲属关系证明?

笔者认为,申请人可以自己书写的继承人与被继承人的关系说明,其中载明被继承人姓名、全部继承人姓名及其与被继承人的关系、继承人是放弃继承还是接受继承等信息,该说明须由两个以上继承人之外的人签名证明属实。申请人可以提交自己书写的继承人与被继承人的关系说明并附上在上面签名证明属实的证人的身份证明作为其申请继承转移登记的亲属关系证明。

按《不动产登记操作规范(试行)》1.8.6.5条规定,登记机构办理申请人凭公证的材料或者生效的法律文书之外的材料申请的继承转移登记时,须将继承转移登记事项在不动产登记机构门户网站进行公示,公示期不少于15个工作日。公示期满无异议的,将申请登记事项记载于不动产登记簿。据此可知,登记机构收取申请人提交自己书写的继承人与被继承人的关系说明后,可以通过公示程序,查明该说明的真实性,也通过该公示程序证明自己尽到了力所能及(合理审慎)的查验职责。

按《不动产登记操作规范(试行)》1.8.6条之4规定,申请人不提交经公证的材料或者生效的法律文书的情形下,放弃继承的,应当在不动产登记机构办公场所且在不动产登记机构人员的见证下,签署放弃继承权的声明。据此可知,申请单独继承不动产产生的转移登记时,继承人的资格证明或继承人单独继承的资格证明、其他继承人放弃继承的证明是应当提交的材料。

另外,按《不动产登记暂行条例》第十七条第一款第(三)项规定,不动产登记机构收到不动产登记申请材料时,申请材料不齐全或者不符合法定形式的，应当当场书面告知申请人不予受理并一次性告知需要补正的全部内容。据此可知，本案中，如果登记机构在受理环节，查明陈小某未提交苏某的其他继承人放弃继承不动产的证明或未提交没有其他继承人的证明的，可以不予受理，同时书面告知陈小某补齐苏某和陈某的其他继承人放弃继承不动产的证明或没有其他继承人的证明后，再申请继承转移登记。

判例 24　继承人资格证明是申请人申请继承转移登记时应当提交的材料

一、案件名称

上诉人董甲因诉某规划和国土资源管理委员会（以下简称某规土委）作出的不动产登记不予受理告知书（以下简称被诉告知书）一案。

二、人民法院确认的事实

×号房屋所有权人登记为董乙，房屋所有权证号为某房权证某私成字第××号（以下简称房屋所有权证），登记日期为1998年11月28日。2016年11月25日，董乙去世。2017年6月7日，董甲向某规土委提交不动产登记申请书，声明其为董乙养子，申请办理因继承产生的×号房屋所有权转移登记。董甲向某规土委提交了房屋所有权证、死亡证明、户口本、某派出所证明、某大学教职工登记表、某钢铁公司工作者登记表、某大学中国语言文学系证明等证明材料。其中，户口本、某派出所证明载明董甲系董乙之侄子；董乙生前所在单位档案中的某大学教职工登记表及某大学教职工家庭人口情况表亦载明董甲系董乙之侄子；董甲在单位填写的工人登记表及某钢铁公司工作者登记表家庭成员处载明董乙是董甲的姑姑，系其抚养人；某大学中国语言文学系证明载明该单位退休教师董乙生前由其家庭成员董甲赡养、照顾。某规土委经审查认为董甲提交的申请登记材料不齐全，缺少证明其为合法继承人的证明材料。同日，某规土委作出被诉告知书。董甲不服该告知书，提起行政诉讼，请求依法撤销某规土委出具的被诉告知书，依法判令某规土委受理董甲要求将×号房屋变更登记至其名下的申请。一审法院以"某规土委作出的被诉告知书认定事实清楚,适用法律正确,符合法定程序。董甲的诉讼请求缺乏事实和法律依据,不予支持"为由,判决驳回董甲的诉讼请求。董甲不服一审法院判决,上诉至二审人民法院。

三、二审人民法院的认为

《不动产登记暂行条例实施细则》第十四条规定,因继承、受遗赠取得不动产,当事人申请登记的,应当提交死亡证明材料、遗嘱或者全部法定继承人关于不动产分配的协议以及与被继承人的亲属关系材料等,也可以提交经公证的材料或者生效的法律文书。同时,《继承法》第十条规定:"遗产按照下列顺序继承:第一顺序:配偶、子女、父母。第二顺序:兄弟姐妹、祖父母、外祖父母。本法所说的子女,包括婚生子女、非婚生子女、养子女和有抚养关系的继子女。"(《民法典》第一千一百二十七条做了同样的规定)依据《不动产登记暂行条例实施细则》的规定,因继承、受遗赠取得不动产申请登记时,申请人须提交可直接表明其为合法继承人的相关证明材料,如遗嘱、全部法定继承人关于不动产分配的协议、经公证的材料或者生效的法律文书。不动产登记机构应当依法审查申请人提交的上述材料,在职权范围内决定办理不动产登记的事宜。且根据相关法律规定,不动产登记机构并不具有通过对申请材料的分析、推断,进而对申请事项中的身份关系、财产权利存在与否作出判断的职权。本案中,上诉人申请办理因继承产生的房屋所有权转移登记,但其提交的申请材料并不能直接表明其为涉案房屋的合法继承人,尚需对其所主张的收养关系、继承关系等进行判断,方可确定上诉人对涉案房屋是否因继承取得所有权。作出此种认定并非不动产登记机构的法定职责,故被上诉人依据《不动产登记暂行条例实施细则》第十四条之规定认为上诉人提供的材料中缺少证明其为合法继承人的证明材料而不予受理正确。一审判决驳回上诉人的诉讼请求并无不当,本院应予维持。上诉人的上诉理由缺乏事实和法律依据,其上诉请求本院不予支持。

四、二审人民法院的裁判结论

判决驳回上诉，维持一审判决。

五、解　析

1. 登记机构只凭登记申请材料查验继承转移登记申请人是否是继承人

《不动产登记暂行条例实施细则》第十四条规定，因继承、受遗赠取得不动产，当事人申请登记的，应当提交死亡证明材料、遗嘱或者全部法定继承人关于不动产分配的协议以及与被继承人的亲属关系材料等，也可以提交经公证的材料或者生效的法律文书。据此可知，继承转移登记的申请人为继承人，遗赠转移登记的申请人为受遗赠人。本案中，"2017年6月7日，董甲向某规土委提交不动产登记申请书，声明其为董乙养子，申请办理因继承产生的×号房屋所有权转移登记"表明，董甲申请的是继承转移登记，申请人董甲应当是董乙的继承人。那么，董甲提交的材料能否证明其是董乙的继承人呢？

《继承法》第十条规定："遗产按照下列顺序继承：第一顺序：配偶、子女、父母。第二顺序：兄弟姐妹、祖父母、外祖父母。本法所说的子女，包括婚生子女、非婚生子女、养子女和有抚养关系的继子女。"(《民法典》第一千一百二十七条做了同样的规定）据此可知，子女作为继承人，可以是被继承人的婚生子女、非婚生子女、养子女和有抚养关系的继子女。本案中，"董甲向某规土委提交了房屋所有权证、死亡证明、户口本、某派出所证明、某大学教职工登记表、某钢铁公司工作者登记表、某大学中国语言文学系证明等证明材料。其中，户口本、某派出所证明载明董甲系董乙之侄子；董乙生前所在单位档案中的某大学教职工登记表及某大学教职工家庭人口情况表亦载明董甲系董乙之侄子；董甲在单位填写的工人登记表及某钢铁公司工作者登记表家庭成员处载明董乙是董甲的姑姑，系其抚养人；某大学中国语言文学系证明载明该单位退休教师董乙生前由其家庭成员董甲赡养、照顾"表明，董甲是董乙的侄子，不能证明董甲是董乙的养子，但被继承人的侄子、侄女不是《继承法》（现《民法典》）规定的继承人，换言之，董甲向登记机构提交的材料不能证明其是董乙的继承人，即董甲提交的登记申请材料中缺少其是董乙的继承人的证明材料，概言之，董甲作为继承转移登记适格的申请人无有效的登记申请材料支撑。

按《不动产登记暂行条例》第十七条第（三）项规定，不动产登记机构收到不动产登记申请材料时，申请材料不齐全或者不符合法定形式的，应当在受理现场当场书面告知申请人不予受理并一次性告知需要补正的全部内容。本案中，某规土委经审查认为董甲提交的登记申请材料不齐全，缺少证明其为合法继承人的证明材料，并以告知书的方式告知董乙的处置有行政法规上的依据。二审人民法院的认为值得赞同，据此作出的判决正确。

2. 本案中，董甲应当提交什么凭证佐证其养子身份

在不动产登记实务中，按《不动产登记操作规范（试行）》1.8.6 条之 3 规定，所有继承人或受遗赠人与被继承人或遗赠人之间的亲属关系证明，是申请人申请继承转移登记时应当提交的材料，包括户口簿、婚姻证明、收养证明、出生医学证明，公安机关以及村委会、居委会、被继承人或继承人单位出具的证明材料，其他能够证明相关亲属关系的材料等。笔者认为，此处的亲属关系证明，即是继承人的资格证明。本案中，如果董甲主张其是董乙的养子，他可以提交的能够证明其是董乙养子的证明有：（1）载明董甲是董乙养子的户口簿；（2）收养证明，按《收养法》的规定，收养证明为收养公证书、民政机关出具的收养登记证明等；（3）公安机关、居委会出具的董甲是董乙养子的证明；（4）董甲或董乙所在单位出具的董甲是董乙养子的证明；（5）其他能够证明董甲是董乙养子的证明，如在司法实务中，《最高人民法院关于贯彻执行民事政策法律若干问题的意见》（1984年8月30日最高人民法院审判委员会讨论通过）第二十八条规定，亲友、群众公认，或有关组织证明确以养父母与养子女关系长期共同生活的，虽未办理合法手续，也应按收养关系对待。据此可知，人民法院确认收养关系的生效判决书也是董甲是董乙养子的证明。

判例 25　继承权生效证明不是申请人申请因遗嘱继承产生的转移登记时应当提交的材料

一、案件名称

上诉人某不动产登记局因与被上诉人沈甲房屋行政登记一案。

二、人民法院确认的事实

原告之父沈乙于 2016 年 9 月 20 日订立遗嘱，去世后将名下位于某市某区某村 1 栋 4 单元 1 层 1 号的房产一套指定由原告一人继承，并在某市某公证处办理了遗嘱公证。2017 年 4 月 11 日，原告向被告提交不动产登记申请表，申请将该房屋转移登记至自己名下，并提交了遗嘱公证书、身份证、户口本等相关材料。被告审查全部材料后，认为缺少不动产权证书及继承权生效的公证书或生效的法律文书，于 2017 年 4 月 17 日作出《不动产登记不予受理告知书》，决定对原告的不动产登记申请不予受理。原告对此不服，起诉至一审法院。一审法院以"沈乙所立遗嘱已经过公证处公证，原告向被告提交了遗嘱公证及沈乙死亡医学证明，可以证实原告已依法取得继承房产的权利，原告提交的材料符合《不动产登记暂行条例实施细则》的要求，并对申请材料的真实性负责。对于原告提交的申请，被告应予受理"为由，判决：（1）撤销被告某不动产登记局对原告沈甲作出的不动产登记不予受理决定；（2）责令被告某不动产登记局于本判决生效之日起三日内受理原告沈甲提交的不动产登记申请。不动产登记局不服一审法院判决，向二审人民法院提起上诉。

三、二审人民法院的认为

根据《不动产登记暂行条例》第七条规定，上诉人具有办理辖区内的不动产登记的法定职责。被上诉人在申请时向上诉人提交了身份证复印件、户籍证明、居民死亡证明、遗嘱公证书、房屋产权登记和土地登记信息查询单、民事调解书、委托书等相关材料，上述材料符合《不动产登记暂行条例实施细则》第十四条"因继承、受遗赠取得不动产，当事人申请登记的，应当提交死亡证明材料、遗嘱或者全部法定继承人关于不动产分配的协议以及与被继承人的亲属关系材料等，也可以提交经公证的材料或者生效的法律文书"的规定，且根据《继承法》第二条"继承从被继承人死亡时开始"（《民法典》第一千一百二十一条做了同样的规定）以及第五条"继承开始后，按照法定继承办理；有遗嘱的，按照遗嘱继承或者遗赠办理；有遗赠扶养协议的，按照协议办理"的规定（《民法典》第一千一百二十三条做了同样的规定），被上诉人的不动产登记申请材料中既有被继承人沈乙的死亡证明也有被继承人沈乙的遗嘱公证书，而上诉人仍以被上诉人未提交继承权生效的公证书或生效的法律文书为由，作出不予受理的决定没有法律依据。上诉人某不动产登记局的上诉理由不能成立。原审判决认定事实清楚，证据充分，适用法律正确，处理恰当。

四、二审人民法院的裁判结论

判决驳回上诉，维持原判。

五、解 析

1. 遗嘱与立遗嘱人的死亡证明组合，构成继承人享有遗产继承权的证明

《继承法》第二条规定，继承从被继承人死亡时开始（《民法典》第一千一百二十一条做了同样的规定）。该法第五条规定，继承开始后，按照法定继承办理；有遗嘱的，按照遗嘱继承或者遗赠办理；有遗赠扶养协议的，按照协议办理（《民法典》第一千一百二十三条做了同样的规定）。《物权法》第二十九条规定，因继承或者受遗赠取得物权的，自继承或者受遗赠开始时发生效力（《民法典》第二百三十条规定，因继承取得物权的，自继承开始时发生效力）。据此可知，自立遗嘱人死亡时起，继承人基于遗嘱，无须登记即依法、即时取得立遗嘱人遗留的不动产的权利。申言之，立遗嘱人的死亡证明和遗嘱组合后，形成继承人无须登记即享有立遗嘱人遗留的不动产权利的凭证。在不动产登记实务中，《不动产登记暂行条例实施细则》第十四条规定，因继承、受遗赠取得不动产，当事人申请登记的，应当提

交死亡证明材料、遗嘱或者全部法定继承人关于不动产分配的协议以及与被继承人的亲属关系材料等，也可以提交经公证的材料或者生效的法律文书。据此可知，申请人申请因继承、受遗赠产生的不动产登记时，可以只向登记机构提交经过公证的继承证明材料。本案中，"2017年4月11日，原告向被告提交不动产登记申请表，申请将该房屋转移登记至自己名下，并提交了遗嘱公证书、身份证、户口本等相关材料""被上诉人的不动产登记申请材料中既有被继承人沈乙的死亡证明也有被继承人沈乙的遗嘱公证书"表明，沈甲向某不动产登记局申请因遗嘱继承产生的转移登记时，提交了被继承人沈乙的死亡证明和沈乙立下的公证遗嘱，此两种材料组合后即形成有效的经过公证的继承证明材料，沈甲据此无须登记即已经依法享有沈乙遗留房屋的所有权，无须另行提交继承权生效的证明。

2. 继承人申请因继承产生的转移登记时，可以提交房屋已经登记的证明代替不动产权属证书

房屋已经登记的证明，主要指登记机构存档的被继承的房屋权利的登记材料复印件（适用于登记簿制度建立前核发的房屋所有权证不能提交的情形）或载明被继承的房屋所有权的登记簿打印件、复印（制）件、查询证明等。

按《不动产登记暂行条例实施细则》第三十八条第一款第（一）项规定，申请人申请转移登记时，不动产权属证书是其应当提交的材料。笔者认为，要求申请人提交被继承人名下的不动产权属证书：一是证明被继承人的房屋所有权已经记载在登记簿上，有合法的房屋所有权供继承人继承，申请继承转移登记的前提成立；二是继承转移登记被记载在登记簿上后，登记机构将基于登记簿的记载向权利人（继承人）核发新的不动产权属证书，原被继承人名下的不动产权属证书由登记机构收回归档，以免流失社会造成负面影响。其中，证明申请继承转移登记的前提成立是最主要的目的。

在实际生活中，由于种种原因，继承开始后，被继承人名下的不动产权属证书不知所终的情形时有发生。《物权法》第十一条规定："当事人申请登记，应当根据不同登记事项提供权属证明和不动产界址、面积等必要

材料。"(《民法典》第二百一十一条做了同样的规定)笔者据此对申请人申请继承转移登记时应当提交的"不动产权属证书"作扩张理解，即理解成房屋所有权已经登记的证明。如前所述，收取被继承人名下的不动产权属证书的主要作用是证明申请继承转移登记的前提成立。笔者认为，被继承的房屋所有权已经登记的证明也具有这个作用。若如此，继承人可凭房屋所有权已经登记的证明申请转移登记，既方便申请人办事，又不违反法律规定。至于未收回的不动产权属证书，在继承转移登记完成后，由登记机构在其门户网站或当地公开发行的报刊上公告作废，以免除或减轻其流失社会造成的负面影响。本案中，被上诉人在申请登记时，向上诉人提交了房屋产权登记和土地登记信息查询单，表明：申请人申请登记时，向登记机构提交了可以替代不动产权属证书的房屋和土地已经登记的证明。

综上所述，本案中，某不动产登记局对沈甲的不动产登记申请处置不当，二审人民法院的认为值得赞同，据此作出的判决正确。

判例 26　遗失补证和继承转移登记可以合并受理后依次序登记

一、案件名称

上诉人徐甲、蔡甲因诉被上诉人某国土资源局、徐某撤销不动产权证纠纷一案。

二、人民法院确认的事实

1993年12月9日某国土资源局印发《关于同意A水泥预制厂用地的复函》(某国土改〔1993〕50号)，同意A水泥预制厂征用B管理区经济联合社位于该管区砖厂偏东下侧水田1898平方米(约2.85亩)作基建水泥预制厂房之用地。某国土资源局初始登记资料显示：1994年10月15日的《土地使用权登记申请书》申请单位签章"A水泥预制加工场"、法定代表人签章"蔡乙"；《某县土地登记发证调查审批表》又记载：用地单位"A水泥预制厂"、单位负责人"蔡乙"。1995年4月28日，某国土资源局核发了以"A 水泥预制厂"为土地使用者的某府国用（1994）字第 02070229 号国有土地使用证。2000 年 9 月 15 日办理年检换证手续，换发了"A 水泥预制厂"为权利人的某府国用（2000）字第 00160336 号国有土地使用证。

2001 年 5 月蔡乙去世之后，被上诉人徐某到蔡乙家中，从上诉人徐甲处取走了某府国用（2000）字第 00160336 号国有土地使用证及办证所支付的土地资源开发基金、办证、服务费等相关费用支出发票、收据。同时徐某提出涉案土地出租的两年租金给上诉人徐甲补贴家用。之后某府国用（2000）字第 00160336 号国有土地使用证及相关办证支付费用的收据、发票等材料一直在被上诉人手中，涉案土地亦由被上诉人出租、收益。2016 年 10 月 31 日，上诉人徐甲在《某日报》刊登："A 水泥预制厂遗失位于某县 B 村新建路的产权证一份，证号：某府国用（2000）字第 00160336 号，地号 02160301 号，现声明作废……"。2016 年 12 月 2 日，蔡甲、徐甲、蔡丙向某国土资源局以"遗失补发、继承"两项事由申请不动产转移登记（徐甲系蔡乙的配偶，蔡甲、蔡丙系徐甲、蔡乙的子女①）。同日，徐甲、蔡丙声明放弃对某府国用（2000）字第 00160336 号、地号 02160301 号不动产权的继承权利。某国土资源局收到上诉人不动产登记申请审查后认为，涉案土地使用权初始登记资料是蔡乙以 A 水泥预制加工场的名义提出土地使用权登记申请，登记的权利人为 A 水泥预制厂，土地证年检持证人为蔡乙。申请人提交的《工商登记资料查询情况》证实并没有"A 水泥预制加工场"和"A 水泥预制厂"的企业登记，均不具有民事主体资格，涉案土地的实际使用权人应为初始登记的申请人蔡乙。因此，根据《不动产登记暂行条例》的相关规定，于 2017 年 1 月 4 日颁发了权利人为徐甲、蔡甲按份共有的某（2017）某县不动产权第 0000028 号不动产权证。

被上诉人徐某知悉后，于 2017 年 3 月 6 日向某国土资源局提出异议登记，申请撤销某（2017）某县不动产权第 0000028 号不动产权证，某国土资源局办理了异议登记。2017 年 3 月 20 日被上诉人徐某以涉案土地是

---

① 本书编著者注。

其在 1992 年年底委托蔡乙以 162 000 元的价款征得，蔡乙在 1994 年 5 月 9 日出具有收款收据，某府国用（2000）字第 00160336 号国有土地使用证及相关办证支付费用的收据、发票等材料一直在其手中等理由，向原审法院提起行政撤销诉讼，请求原审法院判令某国土资源局撤销某（2017）某县不动产权第 0000028 号不动产权证，同时依法重新登记至其名下。

原审法院开庭审理后认为，被上诉人徐某的两个诉讼请求是两个不同的法律关系，不能并案处理。经释明，被上诉人徐某同意变更放弃"涉案土地依法重新登记至其名下"的诉讼请求。原审法院以被告某国土资源局于 2017 年 1 月 4 日向第三人颁发某（2017）某县不动产权第 0000028 号不动产权证的行为存在事实不清和证据不足为由，判决撤销被告某国土资源局于 2017 年 1 月 4 日向第三人徐甲、蔡甲颁发的某（2017）某县不动产权第 0000028 号不动产权证。徐甲、蔡甲不服一审法院判决，向二审人民法院提起上诉。

三、二审人民法院的认为

上诉人徐甲、蔡甲以"遗失补发、继承"两项事由向某国土资源局申请不动产转移登记，根据《不动产登记暂行条例实施细则》第二十二条第二款关于"不动产权属证书或者不动产登记证明遗失、灭失，不动产权利人申请补发的，由不动产登记机构在其门户网站上刊发不动产权利人的遗失、灭失声明 15 个工作日后，予以补发"的规定，原审被告某国土资源局未按上述规定履行职责，违反了法定程序。根据《不动产登记暂行条例实施细则》第三十八条关于"申请国有建设用地使用权及房屋所有权转移登记的，应当根据不同情况，提交下列材料：（一）不动产权属证书；……（七）相关税费缴纳凭证；（八）其他必要材料"的规定，虽然上诉人徐甲、蔡甲是以不动产权属证书"遗失补发"为由申请办理土地使用权转移登记，但原审被告某国土资源局在受理上诉人申请时，未要求上诉人提交及审查相关税费缴纳凭证及其他必要材料。在工商登记资料查询情况反馈查无"A 水泥预制厂""A 水泥预制加工场"工商登记注册记录的情况下，仅凭涉案土地使用权初始登记资料的申请人是蔡乙，从而认定涉案土地的实际使用权人就是蔡乙，并据此为上诉人办理涉案土地使用权转移登记。表明原审被告未尽全面、慎重审查职责。

关于上诉人提出被上诉人提起该案诉讼超过法定起诉期限的问题。被上诉人是因原审被告某国土资源局于2017年1月4日，为上诉人颁发了某（2017）某县不动产权第0000028号涉案土地不动产权证，于2017年3月6日向原审被告提出异议登记，并于2017年3月20日向原审法院提起行政撤销诉讼，该诉讼仍在行政诉讼法规定的六个月的起诉期限内。上诉人的主张于法无据，本院不予采纳。关于上诉人提出原审法院在开庭后被上诉人变更诉讼请求是属程序错误的问题。根据最高人民法院《关于适用〈中华人民共和国行政诉讼法〉若干问题的解释》第二条第二款关于"当事人未能正确表达诉讼请求的，人民法院应当释明"的规定，原审法院在审理中，认为被上诉人提起诉讼时所提出的两项诉讼请求是不能并存的，经释明，被上诉人同意放弃"涉案土地依法重新登记至其名下"这一诉讼请求，此举并无不当，并不存在程序违法或程序错误的问题。

综上所述，上诉人上诉请求和理由缺乏事实和法律依据，本院予以驳回。原审判决认定事实清楚，适用法律正确，程序合法，应予维持。

四、二审人民法院的裁判结论

判决驳回上诉，维持原判。

五、解　析

1. 遗失补证与继承转移登记是两种不同的不动产登记事项

在不动产登记实务中，《不动产登记暂行条例实施细则》第二十二条第二款规定："不动产权属证书或者不动产登记证明遗失、灭失，不动产权利人申请补发的，由不动产登记机构在其门户网站上刊发不动产权利人的遗失、灭失声明15个工作日后，予以补发。"据此可知，在不动产权属证书或者不动产登记证明遗失、灭失的情形下，权利人可以向登记机构申请补发。按该实施细则第二十七条第（五）项规定，继承属于当事人申请转移登记的情形。据此可知，因继承导致不动产权利转移的，当事人可以向登记机构申请转移登记。概言之，在不动产登记实务中，遗失补证与继承转移登记属于登记簿记载的两种不同的事项，遗失补证是在不动产权属证书或者不动产登记证明遗失、灭失的情形下，登记机构根据申请人的申请，基于登记簿上现时的记载，向申请人核发载明内容与遗失、灭失的不动产权属证书或者不动产登记证明载明内容一致的新的不动产权属证书或者不动产登记证明，补证不属于不动产登记类型，不改变原有的物权归属。继承转移登记，是在产生继承的事实发生后，登记机构根据申请人（继承人）的申请，将不动产从被继承人名下转移登记到申请人（继承人）名下的不动产登记类型，转移登记完成后，改变物权的归属。因此，在不动产权属证书遗失、继承事实同时存在时，按《不动产登记暂行条例实施细则》第二十二条第二款规定和第二十七条第（五）项规定，申请人应当分别按相应的程序向登记机构申请遗失补证、继承转移登记。但是，在本案发生时，已经发布实施的《不动产登记操作规范（试行）》1.10.1条之7规定，本规范规定以及不动产登记机构认为可以合并办理的其他情形，申请人一并申请的，不动产登记机构应当一并受理，就不同的登记事项依次分别记载于不动产登记簿的相应簿页。据此可知，如果登记机构认为遗失补证、继承转移登记可以合并办理的，申请人无须分别申请遗失补证、继承转移登记，可以同时一并申请遗失补证、继承转移登记，但登记机构受理后，满足补证和继承转移登记要求的，由于按《不动产登记暂行条例实施细则》第三十八条规定，不动产权属证书是当事人申请转移登记时应当提交的材料，故登记机构应当先行在登记簿上作补证记载，再在登记簿上作转移登记记载。即登记机构若不在登记簿上依次序记载补证、继承转移登记，则违反相应的登记程序。因此，本案中，二审人民法院关于"上诉人徐甲、蔡甲以'遗失补发、继承'两项事由向某国土资源局申请不动产转移登记，根据《不动产登记暂行条例实施细则》第二十二条第二款关于'不动产权属证书或者不动产登记证明遗失、灭失，不动产权利人申请补发的，由不动产登记机构在其门户网站上刊发不动产权利人的遗失、灭失声明15个工作日后,予以补发'的规定,原审被告某国土资源局未按上述规定履行职责,违反了法定程序"的认为值得赞同,据此作出的驳回上诉,维持原判的判决正确。

2. 关于本案中某国土资源局办理的异议登记的讨论

按《物权法》第十九条规定,权利人、利害关系人认为不动产登记簿记载的事项错误的,可以申请更正登记。不动产登记簿记载的权利人书面同意更正或者有证据证明登记确有错误的,登记机构应当予以更正。不动产登记簿记载的权利人不同意更正的,利害关系人可以申请异议登记(按《民法典》第二百二十条规定可以得出同样的结论)。据此可知,在办理异议登记前,利害关系人必须首先提出更正登记,只有在权利人不同意或者登记机关拒绝更正的情况下,更正登记申请人才可以提出异议登记①。申言之,法律规定,更正登记是异议登记的前提,是因为异议登记的目的最终还是为了办理更正登记。如果能够直接办理更正登记,自然就没有必要申请异议登记②。简言之,申请人申请异议登记以其不能办理更正登记为前提。本案中,"被上诉人徐某知悉后,于2017年3月6日向某国土资源局提出异议登记,申请撤销某(2017)某县不动产权第0000028号不动产权证,某国土资源局办理了异议登记",其中没有徐某向徐甲、蔡甲请求办理更正登记的表述,也没有某国土资源局拒绝徐某的更正登记申请的表述,因此,某国土资源局直接为徐某办理的异议登记,没有以徐某不能办理更正登记为前提,与前述《物权法》第十九条规定(对应《民法典》第二百二十条规定)相悖,也属于违法办理的登记。

3. 本案的善后处理

按《行政诉讼法》第七十条规定,违法的行政行为才会被人民法院判决撤销。申言之,被人民法院判决撤销的行政行为是错误的行政行为。《物权法》第十九条规定,权利人、利害关系人认为不动产登记簿记载的事项错误的,可以申请更正登记(《民法典》第二百二十条做了同样的规定)。

---

① 王利明、尹飞、程啸:《中国物权法教程》,人民法院出版社2007年版,第112页。
② 王利明、尹飞、程啸:《中国物权法教程》,人民法院出版社2007年版,第112页。

据此可知，凡登记簿上的记载有错误的，登记簿上记载的权利人或与登记簿上记载的错误事项有利害关系的人均可以申请更正登记，将登记簿上记载的错误事项恢复到错误登记前的状态或正确的登记状态。本案中，某国土资源局为徐甲、蔡甲办理的继承转移登记被人民法院判决撤销，登记机构应当凭一审、二审的判决书，将房屋更正登记回"A 水泥预制厂"名下。

由于工商登记资料查询情况反馈查无"A 水泥预制厂""A 水泥预制加工场"工商登记注册记录，表明"A 水泥预制加工场"是不存在的民事主体。因此，当初将国有土地使用权初始登记在"A 水泥预制厂"名下属于错误的登记，也应当通过更正登记予以纠正。现时登记机构凭一审、二审的判决书，将国有土地使用权更正登记回"A 水泥预制厂"名下，是为了再次实施更正登记建立前提。

本案中，人民法院的判决撤销了某国土资源局为徐甲、蔡甲办理的继承转移登记，登记机构将国有土地使用权更正登记回"A 水泥预制厂"名下，但并没有解决此国有土地使用权属于徐某，还是徐甲、蔡甲的问题，徐某与徐甲、蔡甲可以协商解决，也可以通过提起诉讼、申请仲裁的途径解决，登记机构凭生效的国有土地使用权权属争执解决证明再将国有土地使用权更正登记到权利人名下。

4. 延伸思考

本案中，徐甲、蔡甲以"遗失补发、继承"两项事由向某国土资源局申请不动产转移登记，如果在被继承国有土地使用权登记合法的前提下，徐甲、蔡甲凭证书遗失声明、继承材料、被继承国有土地使用权的登记簿复制件等材料直接申请继承转移登记，登记机构可否办理？

笔者认为，登记机构应当办理。

按《不动产登记暂行条例实施细则》第三十八条第一款第（一）项规定，申请人申请转移登记时，不动产权属证书是应当提交的材料。要求申请人提交被继承人名下的不动产权属证书：一是证明被继承人的国有土地使用权已经记载在登记簿上，有合法的国有土地使用权供继承人继承，申请继承转移登记的前提成立；二是继承转移登记被记载在登记簿上后，登记机构将基于登记簿的记载向权利人（继承人）核发新的不动产权属证书，原被继承人名下的不动产权属证书由登记机构收回归档，以免流失社会造成负面影响。其中，证明申请继承转移登记的前提成立是最主要的目的。

在实际生活中，由于种种原因，继承开始后，被继承人名下的不动产权属证书不知所终的情形时有发生。《物权法》第十一条规定："当事人申请登记，应当根据不同登记事项提供权属证明和不动产界址、面积等必要材料。"（《民法典》第二百一十一条做了同样的规定）笔者据此对申请人申请继承转移登记时应当提交的"不动产权属证书"作扩张理解，即理解成国有土地使用权已经登记的证明。如前所述，收取被继承人名下的不动产权属证书，主要作用是证明申请继承转移登记的前提成立。笔者认为，被继承的国有土地使用权已经登记的证明也具有这个作用。若如此，继承人可凭国有土地使用权已经登记的证明申请转移登记，既方便申请人办事，又不违反法律规定。至于未收回的不动产权属证书，在继承转移登记完成后，由登记机构在其门户网站或当地公开发行的报刊上公告作废，以免除或减轻其流失社会造成的负面影响。

在司法实务中，终审法院在审理"崔甲上诉某房产管理局房屋行政登记一案"时认为"被上诉人根据原审第三人崔乙提交的房地产权登记申请书、公证书、刊登有遗失产权证声明的报纸、国有土地使用证、申请人身份证明等材料，认定崔乙为某市某路某房的合法继承人，并为崔乙核发房地产权证，属认定事实清楚，证据充分，应予维持"，遂作出维持原审法院维持某房产管理局房屋登记的判决的判决[1]。本案中，人民法院的认为和判决表明，申请人申请继承产生的房屋转移登记时，无法提交房屋所有权证的，可以凭房屋所有权已经登记的证明（本案中该证明为登有遗失产权

---

[1] 广东省佛山市中级人民法院："崔甲上诉某房产管理局房屋行政登记一案"，http://www.docin.com/，访问时间：2019年8月21日。

证声明的报纸[①]）替代之。申言之，申请人申请继承产生的国有土地使用权转移登记时，无法提交国有土地使用权证书的，可以凭国有土地使用权已经登记的证明替代之。

国有土地使用权已经登记的证明，主要指登记机构存档的被继承的国有土地使用权的登记材料复印件（适用于登记簿制度建立前核发的国有土地使用权证不能提交的情形）或载明被继承的国有土地使用权的登记簿打印件、复印（制）件等。

判例27 公司股东会同意用不动产抵押的证明不是抵押合同生效的前提

一、案件名称

再审申请人甲银行与被申请人乙公司、原审被告丙公司借款合同纠纷一案。

二、人民法院确认的事实

2006年4月30日，甲银行与乙公司签订编号为2006年某贷字第SL006号借款合同，约定：借款金额为1 496.5万元人民币，借款期限自2006年4月30日至2006年6月30日，如贷款放出的实际日期与上述起始日期不一致，则贷款起止日期以借款借据确定的起止日期为准，借款用途为债权转化（借新还旧），贷款利率为年利率6.435%，乙公司未按期偿还贷款的，对其未偿还部分从逾期之日起按在原利率基础上加50%计收，贷款期间，若遇中国人民银行调整贷款利率，则按中国人民银行调整贷款利率的有关规定执行。2006年6月8日，丙公司出具了编号为2006年某保字第SL002号《不可撤销担保书》，承诺对上述贷款承担连带保证责任，保证范围包括借

[①] 据笔者调查，有很多城市，当事人欲登报声明不动产权属证书遗失作废，须持有登记机构出具的载明不动产权属证书号码的证明，或是登记簿打印件、复印（制）件，否则，报社不予受理。据此可知，登记机构在出具证明时，已经查阅登记档案核实欲登报声明作废的不动产权属证书表征的国有建设用地使用权及地上房屋所有权已经依法登记。故此类刊载有不动产权属证书遗失作废声明的报纸，也可以作国有建设用地使用权及地上房屋所有权已经登记的证明使用。

款本金、利息、罚息、违约金及其他一切相关费用。保证期间为自本保证书生效之日起至借款合同履行期限届满另加两年。2006年4月30日，甲银行与丙公司分别签订了两份《抵押合同》，该合同规定以丙公司所有的位于某市某镇某村182 559平方米的国有土地使用权（土地证号为某国用2005第04038号）及某市某街17套计24 361.09平方米的房产作抵押。同年6月6日在某市国土资源和房管局某分局对位于某市某镇某村182 559平方米的土地办妥了抵押登记，同年6月8日在某市房地产登记发证中心对位于某市某街8号17套计24 361.09平方米的房产办理了抵押登记，担保范围包括但不限于借款本金、利息、罚息、违约金、损害赔偿金及实现债权的费用。甲银行在丁银行之后为第二抵押权人。

2006年6月8日，甲银行按照合同约定将1 496.5万元贷款如数转入乙公司账户内。贷款到期后，乙公司未能偿还借款本息。丙公司也没有履行担保义务。

丙公司的股东共有8个，分别为乙公司、A创业投资管理有限公司、B实业有限公司、C创业投资有限责任公司、D绿色产业有限公司、E科技风险投资基金有限公司、王某、张某。丙公司的股东之一E科技风险投资基金有限公司在2003年5月23日将原名称"E科技风险投资有限公司"变更为现名称"E科技风险投资基金有限公司"。《股东会担保决议》的决议事项并未经过丙公司股东会的同意，丙公司也未就此事召开过股东大会。

根据丙公司的申请，一审法院委托某物证司法鉴定所对《股东会担保决议》中盖有的"C创业投资有限责任公司"和"B实业有限公司"二枚印章进行鉴定，其鉴定意见：《股东会担保决议》上盖印的"C创业投资管理有限公司"印章印文与样本《2006年度年检报告书》上盖印的"C创业投资有限责任公司"印章印文不是同一枚印章所盖。《股东会担保决议》上盖印的"B实业有限公司"的印章印文与样本《2006年度年检报告书》上盖印的"B实业有限公司"的印章印文不是同一枚印章所盖。

某市工商行政管理局提供的企业变更登记情况查询卡片记载，2004年2月26日至2006年8月18日期间，C科技创业投资有限责任公司没有变更企业名称。而《股东会担保决议》中盖有的印章是 C 科技创业投资责任公司。某市工商行政管理局高新园区分局出具的内资企业变更内容查询卡记载，原"E 科技风险投资有限公司"于 2003 年 5 月 23 日已变更为"E 科技风险投资基金有限公司"。根据某市工商行政管理局高新园区分局出具的 2002 年 7 月 22 日丙公司章程修正案中，股东原"E 科技风险投资有限公司"所盖的印章有数码，而《股东会担保决议》中原"E 科技风险投资有限公司"所盖的印章没有数码。

丙公司的 8 个股东中，王某和 D 绿色产业有限公司没有在《股东会担保决议》上签字盖章。根据丙公司章程，乙公司占总股本的 61.5%，乙公司系丙公司的股东和实际控制人。

2008 年 6 月 18 日，甲银行以乙公司和丙公司为被告，向一审人民法院提起诉讼，请求判令乙公司偿还贷款本金 1 496.5 万元及至给付之日的利息（包括逾期利息）；要求丙公司对上述债务承担连带责任。

一审法院认为：……丙公司作为担保人给甲银行提供的《股东会担保决议》上盖的"A 创业投资管理有限公司""B 实业有限公司""C 创业投资责任公司""E 科技风险投资有限公司"的印章均系虚假印章，其对抵押合同及不可撤销担保书的无效显然存在过错，甲银行作为债权人由于未尽到相应的审查义务也存在过错，故根据《担保法司法解释》第七条"主合同有效而担保合同无效，债权人无过错的，担保人与债务人对主合同债权人的经济损失，承担连带赔偿责任；债权人、担保人有过错的，担保人承担民事责任的部分，不应超过债务人不能清偿部分的二分之一"的规定，丙公司应当对乙公司不能清偿部分的债务承担二分之一的赔偿责任。据此判决：（1）乙公司自本判决生效之日起十日内偿还甲银行借款本金 1 496.5 万元人民币及利息。如果未按该判决指定的期间履行义务，应当按照《中华人民共和国民事诉讼法》第二百二十九条之规定加倍支付迟延履行期间的债务利息。（2）在乙公司不能清偿上述款项时，由丙公司对乙公司不能清偿部分的二分之一承担赔偿责任。（3）驳回甲银行的其他诉讼请求。甲银行不服上述一审判决，向二审法院提起上诉。

二审法院认为：一审认定事实清楚，证据确实充分，审判程序合法，应予维持。判决：驳回上诉，维持原判。甲银行不服二审法院的上述民事判决，向再审人民法院申请再审。

三、再审人民法院的认为

本案各方争议的焦点是担保人丙公司承担责任的界定。……案涉《抵押合同》及《不可撤销担保书》系担保人丙公司为其股东乙公司之负债向债权人甲银行作出的担保行为。作为公司组织及公司行为应当受《公司法》调整，同时其以合同形式对外担保行为亦受合同法及担保法的制约。案涉公司担保合同效力的认定，因其并未超出平等商事主体之间的合同行为的范畴，故应首先从合同法相关规定出发展开评判。关于合同效力，《中华人民共和国合同法》（以下简称合同法）第五十二条规定"有下列情形之一的，合同无效。……（五）违反法律、行政法规的强制性规定"。（合同属于民事法律行为。《民法典》第一百四十三条规定："具备下列条件的民事法律行为有效：（一）行为人具有相应的民事行为能力；（二）意思表示真实；（三）不违反法律、行政法规的强制性规定，不违背公序良俗。"）关于前述法律中的"强制性"，《最高人民法院关于适用〈中华人民共和国合同法〉若干问题的解释（二）》（以下简称合同法解释二）第十四条则作出如下解释规定"合同法第五十二条第（五）项规定的'强制性规定'，是指效力性强制性规定"。因此，法律及相关司法解释均已明确了将违反法律或行政法规中效力性强制性规范作为合同效力的认定标准之一。公司作为不同于自然人的法人主体，其合同行为在接受合同法规制的同时，当受作为公司特别规范的公司法的制约。公司法第一条开宗明义规定"为了规范公司的组织和行为，保护公司、股东和债权人的合法权益，维护社会经济秩序，促进社会主义市场经济的发展，制定本法"，公司法第十六条第二款规定"公司为公司股东或者实际控制人提供担保的，必须经股东会或者股东大会决议"，上述公司法规定已然明确了其立法本意在于限制公司主体行为，防止公司的实际控制人或者高级管理人员损害公司、小股东或其他债权人的利益，故其实质是内部控制程序，不能以此约束交易相对人。故此上述规定宜理解为管理性强制性规范。对违反该规范的，原则上不宜认定合同无效。另外，如作为效力性规范认定将会降低交易效率和损害交易安全。譬如股东会何时召开，以什么样的形式召开，何人能够代表股东表达真实的意志，均超出交易相对人的判断和控制能力范围，如以违反股东决议程序而判令合同无效，必将降低交易效率，同时也给公司动辄以违反股东决议主张合同无效的不诚信行为留下了制度缺口，最终危害交易安全，不仅有违商事行为的诚信规则，更有违公平正义。故本案一审、二审法院以"案涉《股东会担保决议》的决议事项并未经过丙公司股东会的同意，丙公司也未就此事召开过股东大会"为由，根据《公司法》第十六条规定，作出案涉《不可撤销担保书》及《抵押合同》无效的认定，属于适用法律错误，本院予以纠正。……关于案涉《抵押合同》的担保责任，鉴于该案一审、二审期间甲银行仅提出相对人承担连带赔偿责任的诉讼主张，并未提出对案涉抵押物享有优先受偿权的诉讼请求，故其再审中请求享有案涉抵押担保物权的主张已超出原审诉请范围，因此本院再审中不予审理。

四、再审人民法院的裁判结论

判决：（1）撤销二审民事判决、一审民事判决第（二）项、第（三）项；（2）维持一审法院民事判决第（一）项；（3）丙公司对乙公司上述债务承担连带担保责任。

五、解　析

1. 从对内法律关系上看，公司用其不动产抵押，应当经过其股东会、股东大会或董事会的同意

《公司法》第十六条规定，公司向其他企业投资或者为他人提供担保，依照公司章程的规定，由董事会或者股东会、股东大会决议；公司章程对投资或者担保的总额及单项投资或者担保的数额有限额规定的，不得超过规定的限额。公司为公司股东或者实际控制人提供担保的，必须经股东会或者股东大会决议。前款规定的股东或者受前款规定的实际控制人支配的

股东，不得参加前款规定事项的表决。该项表决由出席会议的其他股东所持表决权的过半数通过。质言之，公司为他人提供担保，由该公司董事会或者股东会、股东大会决议。

《公司法》第四十二条规定，股东会应当对所议事项的决定作成会议记录，出席会议的股东应当在会议记录上签名。该法第四十九条规定，董事会应当对所议事项的决定作成会议记录，出席会议的董事应当在会议记录上签名。该法第一百零八条规定，股东大会应当对所议事项的决定作成会议记录，由出席会议的董事签名。该法第一百一十三条规定，董事会应当对会议所议事项的决定作成会议记录，出席会议的董事应当在会议记录上签名。据此可知，公司的股东会、股东大会、董事会同意用不动产抵押的凭证是有该公司股东、董事签名的会议记录。

综上所述，笔者认为，这是法律对公司处分其财产的内部制约机制的规定，属于管理性规定。因此，从对内法律关系上看，公司用其不动产抵押，应当经过其股东会、股东大会或董事会的同意，且该同意事项以该公司的股东会、股东大会、董事会会议记录的方式存在。本案中，诉讼当事人提及的《股东会担保决议》，即属于丙公司股东会是否同意用公司的房地产抵押的会议记录形式的凭证。

2. 从对外法律关系上看，公司与他人签订的不动产抵押合同不以不动产抵押是否经过其股东会、股东大会或董事会的同意为生效前提

《物权法》第十六条规定，不动产登记簿是物权归属和内容的根据（《民法典》第二百一十六条第一款做了同样的规定）。该法第三十九条规定，所有权人对自己的不动产或者动产，依法享有占有、使用、收益和处分的权利（《民法典》第二百四十条做了同样的规定）。《公司法》第二条规定，公司是指依照本法在中国境内设立的有限责任公司和股份有限公司。该法第三条规定，公司是企业法人，有独立的法人财产，享有法人财产权。据此可知，有限责任公司和股份有限公司是享有独立财产权的企业法人，以权利人名义记载在登记簿上的有限责任公司或股份有限公司，就是相应的不动产物权的权利主体，可以依自己的意思表示以转让、抵押等方式处

分登记在其名下的不动产。《合同法》第三十二条规定，当事人采用合同书形式订立合同的，自双方当事人签字或者盖章时合同成立（《民法典》第四百九十条第一款规定，当事人采用合同书形式订立合同的，自当事人均签名、盖章或者按指印时合同成立。在签名、盖章或者按指印之前，当事人一方已经履行主要义务，对方接受时，该合同成立）。该法第四十四条规定，依法成立的合同，自成立时生效。法律、行政法规规定应当办理批准、登记等手续生效的，依照其规定（按《民法典》第五百零二条第一款、第二款规定，依法成立的合同，自成立时生效，但是法律另有规定或者当事人另有约定的除外。依照法律、行政法规的规定，合同应当办理批准等手续的，依照其规定）。该法第四十五条第一款规定，当事人对合同的效力可以约定附条件。附生效条件的合同，自条件成就时生效。附解除条件的合同，自条件成就时失效（合同属于民事法律行为。《民法典》第一百五十八条规定，民事法律行为可以附条件，但是根据其性质不得附条件的除外。附生效条件的民事法律行为，自条件成就时生效。附解除条件的民事法律行为，自条件成就时失效）。该法第四十六条规定，当事人对合同的效力可以约定附期限。附生效期限的合同，自期限届至时生效。附终止期限的合同，自期限届满时失效（合同属于民事法律行为。《民法典》第一百六十条规定，民事法律行为可以附期限，但是根据其性质不得附期限的除外。附生效期限的民事法律行为，自期限届至时生效。附终止期限的民事法律行为，自期限届满时失效）。另外，据笔者查考，现时的法律、行政法规和司法解释，没有将董事会或者股东会、股东大会同意用不动产抵押的决定规定为有限责任公司或股份有限公司与他人签订的抵押合同生效的前提。据此可知，一般情形下，只要抵押合同上有双方当事人的签字或者盖章，而无约定生效的条件或期限的，则此抵押合同即已经生效的合同。

本案中，甲银行与丙公司签订抵押合同，此举旨在丙公司的房地产上设立抵押权，以担保乙公司债务的履行。房地产抵押权属于不动产物权。不动产物权是公开的、对世的权利，应当适用外部法律关系，即公司与他人签订的不动产抵押合同不以不动产抵押是否经过其股东会、股东大会或董事会的同意为生效的前提，换言之，本案中当事人提及的《股东会担保决议》对抵押合同的生效与否并无影响。

因此，本案中，再审法院关于"公司法第一条开宗明义规定'为了规范公司的组织和行为，保护公司、股东和债权人的合法权益，维护社会经济秩序，促进社会主义市场经济的发展，制定本法'，公司法第十六条第二款规定'公司为公司股东或者实际控制人提供担保的，必须经股东会或者股东大会决议'，上述公司法规定已然明确了其立法本意在于限制公司主体行为，防止公司的实际控制人或者高级管理人员损害公司、小股东或其他债权人的利益，故其实质是内部控制程序，不能以此约束交易相对人。故此上述规定宜理解为管理性强制性规范。对违反该规范的，原则上不宜认定合同无效"的认为，值得赞同。

3. 在不动产登记实务中，登记机构办理因公司不动产产生的抵押权登记时，无须要求申请人提交股东会、股东大会或董事会同意抵押的证明

在本案发生时，房屋抵押权登记适用《城市房地产抵押管理办法》（建设部令第 98 号）。该办法第十六条规定，以有限责任公司、股份有限公司的房地产抵押的，必须经董事会或者股东大会通过。该办法第三十二条第（五）项规定，可以证明抵押人有权设定抵押权的文件与证明，是当事人办理抵押权登记时应当向登记机构提交的材料。据此可知，有限责任公司和股份制公司，无论用房屋或其他不动产为他人债务作抵押，还是为自身债务作抵押，股东会、股东大会或董事会同意抵押的证明，是申请人申请房屋抵押权首次登记时应当提交的材料。笔者认为，如前所述，公司的股东会、股东大会或董事会的同意抵押的证明对抵押合同的效力无任何影响，《城市房地产抵押管理办法》作此规定实在是没有必要。现时的房屋抵押权登记适用《不动产登记暂行条例》《不动产登记暂行条例实施细则》和《不动产登记操作规范》，这些行政法规、行政规章和政策的规定，均没有再将股东会、股东大会或董事会的同意抵押的证明列为当事人申请抵押权登记时应当提交的材料。因此，在不动产登记实务中，登记机构办理因公司房

屋抵押产生的抵押权登记时，无须再要求申请人提交公司的股东会、股东大会或董事会同意抵押的证明。

判例 28　已经启动但未完成的房屋转移登记因该房屋被查封的，登记机构应当作不予登记处理

一、案件名称

原告于某诉被告某国土资源局、某不动产登记中心履行法定职责一案。

二、人民法院确认的事实

涉案房屋坐落在某市某区中心街 43 乙-27 号，权利人为苏某、张某。2016 年 8 月 19 日，甲区人民法院作出（2016）某 0811 财保 65 号协助执行通知书将涉案房屋查封，期限三年。2017 年 3 月 24 日，甲区人民法院作出（2016）某 0811 民初 1670 号协助执行通知书将涉案房屋解封。2017 年 3 月 27 日，原告于某与涉案房屋权利人到被告某不动产登记中心申请办理不动产转移登记，被告某不动产登记中心受理了此项业务并出具了"不动产登记收件收据（领证凭据）"，留存了"不动产登记收件收据（存根）"，告知原告于 2017 年 4 月 24 日前领取不动产权证书。2017 年 3 月 28 日，甲区人民法院作出（2017）某 0811 财保 5 号协助执行通知书将涉案房屋查封，被执行人为苏某、张某，期限三年。此查封导致被告某不动产登记中心受理的转移登记业务中止。2017 年 4 月 1 日，一审人民法院作出（2017）某 0811 财保 52 号协助执行通知书将房屋进行轮候查封，查封期为三年。2017 年 4 月 5 日，甲区人民法院作出（2017）某 0811 财保 5-1 号协助执行通知书将涉案房屋解封。现该涉案房屋正被一审人民法院查封。原告于某诉至一审人民法院，请求判令被告为原告发放某市某区中心街 43 乙-27 号房的不动产权证书。

三、一审人民法院的认为

依据《不动产登记暂行条例》第十七条、第十八条、第二十一条，不动产登记程序依次为申请、受理、查验、登记事项记载于不动产登记簿上完成登记。《不动产登记暂行条例》第二十条规定"不动产登记机构应当自受理登记申请之日起30个工作日内办结不动产登记手续,法律另有规定的除外"。本案中,原告于2017年3月27日与涉案房屋权利人到被告某不动产登记中心申请办理不动产转移登记,被告某不动产登记中心当日受理了此项业务并出具了"不动产登记收件收据(领证凭据)",留存了"不动产登记收件收据(存根)",告知原告于2017年4月24日前领取不动产权证书。原告认为被告应于受理当日为原告发放不动产权证书的观点,无法律依据,本院不予支持。原告认为被告应将登记程序中的查验时限告知其的观点,无法律依据,本院不予支持。2017年3月28日,由于该涉案房屋转移登记处于查验阶段,登记未完成,故该房屋权利人仍为苏某、张某,依据《最高人民法院、国土资源局、建设部关于依法规范人民法院执行和国土资源房地产管理部门协助执行若干问题的通知》(法发〔2004〕5号)第九条规定"对国土资源、房地产管理部门已经受理被执行人转让土地使用权、房屋的过户登记申请,尚未核准登记的,人民法院可以进行查封,已核准登记的,不得进行查封",本案中,涉案房屋处于查验阶段,尚未核准登记,故被告某不动产登记中心因甲区人民法院作出(2017)某0811财保5号协助执行通知书将涉案房屋查封而中止已受理的转移登记业务并无不当,符合法定程序。原告认为被告应在法院查封时应告知法院已受理原告申请的转移登记业务事实的观点,无法律依据,本院不予支持。原告请求被告依法为原告复印、调取与案涉房屋有关的材料,无法律依据,本院不予支持。《不动产登记暂行条例》第二十二条"登记申请过程有下列情形之一的,不动产登记机构应当不予登记,并书面告知申请人:……"的规定,针对的是登记申请过程中,在庭审过程中,原告与被告都承认被告于原告申请当天受理了其申请,故原告认为被告某不动产登记中心因不给原告发放不动产权证书一事出具书面说明为其不依法作为的观点适用法律错误,本院不予支持。依据《中华人民共和国行政诉讼法》第二条规定"公民、法人或者其他组织认为行政机关和行政机关工作人员的行政行为侵犯其合法权益，有权依照本法向人民法院提起诉讼。前款所称行政行为，包括法律、法规、规章授权的组织作出的行政行为"，对行政机关工作人员的处罚，并非行政诉讼的诉讼标的，依法应予驳回。

四、一审人民法院的裁判结论

判决驳回原告于某的诉讼请求。

本判决已经发生法律效力①。

五、解　析

1. 已经启动的房屋转移登记未记载于登记簿上前，人民法院可以查封该房屋

《物权法》第十四条规定，不动产物权的设立、变更、转让和消灭，依照法律规定应当登记的，自记载于不动产登记簿时发生效力（《民法典》第二百一十四条做了同样的规定）。据此可知，一般情形下，基于民事法律行为转让不动产物权的，自记载于登记簿上时起，不动产物权归受让方。换言之，基于民事法律行为转让不动产物权的，在记载于登记簿上前，不动产物权仍然归转让方。在司法实务中，《最高人民法院、国土资源部、建设部关于依法规范人民法院执行和国土资源房地产管理部门协助执行若干问题的通知》（法发〔2004〕5号）第九条规定，对国土资源、房地产管理部门已经受理被执行人转让土地使用权、房屋的过户登记申请，尚未核准登记的，人民法院可以进行查封，已核准登记的，不得进行查封。本案中，"2017年3月27日，原告于某与涉案房屋权利人到被告某市不动产登记中心申请办理不动产转移登记，被告某市不动产登记中心受理了此项业务并出具了'不动产登记收件收据（领证凭据）'，留存了'不动产登记收件收据（存根）'，告知原告于2017年4月24日前领取不动产权证书。2017年3月28日，甲区人民法院作出（2017）某0811财保5号协助执行通知书将涉案房屋查封，被执行人为苏某、张某，期限三年"表明，该房屋转移

---

① 本书编著者注。

登记申请，登记机构虽然已经受理，但该房屋权利尚未转移登记到受让人（本案原告）于某名下，登记簿上记载的权利人仍然为苏某、张某，即苏某、张某仍然是该房屋法律意义上的权利人，因此甲区人民法院作出（2017）某0811财保5号协助执行通知书查封涉案房屋正确。

2. 已经启动的房屋转移登记未记载于登记簿上前该房屋被查封的，登记机构应当作不予登记处理

在司法实务中，《最高人民法院、国土资源部、建设部关于依法规范人民法院执行和国土资源房地产管理部门协助执行若干问题的通知》(法发〔2004〕5号）第二十条规定，查封法院依法解除查封的，排列在先的轮候查封自动转为查封。据此可知，查封法院依法解除查封后，处于该查封之后的第一个轮候查封，无须办理任何手续即自动转为查封。本案中，"2017年4月5日，甲区人民法院作出（2017）某0811财保5-1号协助执行通知书将涉案房屋解封。现该涉案房屋正被一审人民法院查封。"据此可知，自甲区人民法院解除查封之时起，一审人民法院的轮候查封即自动转为查封，并自此时起计算查封期限三年。该通知第二十二条第一款规定，国土资源、房地产管理部门对被人民法院依法查封、预查封的土地使用权、房屋，在查封、预查封期间不得办理抵押、转让等权属变更、转移登记手续。在不动产登记实务中，按《不动产登记操作规范（试行）》4.8.2条之9规定，不动产被依法查封期间，权利人处分该不动产申请登记的，不动产登记机构应当不予登记并书面通知申请人。据此可知，不动产被查封期间，以转让方式处分该不动产产生的转移登记，登记机构应当作不予登记处理并书面通知申请人。本案中，苏某、张某和于某共同向被告某不动产登记中心申请转移登记后，登记机构也受理了该转移登记，但在该转移登记记载于登记簿上前，欲被转移登记的房屋先被甲区人民法院查封，在甲区人民法院解除查封后，又因一审人民法院的轮候查封自动转为查封而继续处于被查封状态，即该房屋持续处于被查封状态，故某不动产登记中心对该转移登记应当作不予登记处理，而非中止办理。

综上所述，本案中一审人民法院的认为值得赞同，据此作出的判决正确。

判例 29　登记机构不得办理处分被查封房屋产生的转移登记

一、案件名称

上诉人王某因与被上诉人某房地产管理局、某不动产登记局、某不动产登记中心、原审第三人胡某、原审第三人刘某房屋登记纠纷一案。

二、人民法院确认的事实

一审法院认定，2015年9月，原告因第三人刘某尚欠其借款100万元及利息而向某县人民法院提起民事诉讼。在诉讼期间，原告要求对第三人刘某所有的位于某市某区××建材××市场××房产进行保全，保全价值为人民币100万元。2015年9月17日，某县人民法院作出（2015）某法执保字第44号民事裁定，查封第三人刘某位于某市某区××建材××市场××房产，并于2015年9月21日向被告送达了上述裁定书及协助执行通知书。2015年11月23日，某县人民法院对原告诉刘某民间借贷一案，作出（2015）某民二初字第460号民事判决。判决生效后，原告于2016年1月10日向某县人民法院申请强制执行，在执行过程中，第三人胡某于2016年2月28日提出异议。某县人民法院经审查，于2016年3月18日作出解除查封该房屋的裁定。原告不服该解除裁定，向某中级人民法院申请复议，被驳回复议申请。原告认为被告某房地产管理局、某不动产登记局、某不动产登记中心在第三人房屋买卖交易过程中存在违法登记的行为。原告不服，遂起诉至一审法院。

一审法院以"原告的诉请于法无据，诉请理由不能成立，不予支持"为由，判决驳回原告王某的诉讼请求。上诉人王某不服一审判决，向二审人民法院提起上诉。

二审人民法院认定：（1）原审第三人刘某与原审第三人胡某于2015年8月20日签订《某市存量房买卖合同》，约定刘某将位于某市某区××建材××市场××房产转让给胡某，并于当日向某房地产交易管理中心提出交易申请，某房地产交易管理中心即向某不动产登记中心出具《房地产交易确认单》，某不动产登记中心亦于当日受理该不动产转让登记。2015年9月

28日，某不动产登记局向原审第三人胡某颁发某（2015）某市不动产权第00×××6号不动产权证。（2）上诉人王某收到某中级人民法院驳回其复议申请的（2016）某07执复33号执行裁定后，于2016年11月14日向某县人民法院提起执行异议之请求。某县人民法院审理后作出（2016）某0726民初1233号民事判决，驳回了上诉人王某要求撤销该院（2015）某法执保字第44-1号民事裁定的诉讼请求，该判决已经发生法律效力。

三、二审人民法院的认为

《房地产管理法》第三十八条规定："下列房地产，不得转让：……（二）司法机关和行政机关依法裁定、决定查封或者以其他形式限制房地产权利的；……。"被上诉人某不动产登记局于2015年9月21日收到某县人民法院作出的查封涉案房产的裁定和协助执行通知并对涉案房产予以查封后，在某县人民法院未对涉案房产解除查封的情况下，于2015年9月28日向原审第三人胡某颁发某（2015）某市不动产权第00×××6号不动产权证，即将原审第三人刘某所有的涉案房产过户给原审第三人胡某，违反了上述法律规定。上诉人要求确认被上诉人某不动产登记局作出的该房屋转移登记行为违法，具有事实和法律依据，应予支持。关于被上诉人应否向上诉人赔偿100万元的问题，某县人民法院（2016）某0726民初1233号民事判决认定，原审第三人胡某在上诉人王某起诉刘某之前就已购买了涉案房屋，并已付清房款、缴清过户税费、提交过户登记申请和实际占有房屋，胡某属于善意取得涉案房屋，其享有足以排除强制执行的民事权益。因此，上诉人王某的债权不能通过执行涉案房屋来实现，是由于原审第三人胡某对涉案房屋享有足以排除强制执行的民事权益，与被上诉人作出的转移登记行为无关。即被上诉人颁发给原审第三人胡某的某（2015）某市不动产权第00×××6号不动产权证虽属违法，但与上诉人王某的债权不能通过执行涉案房屋来实现而造成的损失没有因果关系，故上诉人王某要求被上诉人向其赔偿100万元的理由不能成立，原审判决对该诉讼请求不予支持并无不当。综上，原审判决未确认被上诉人办理转移登记行为违法不当，予以纠正。

四、二审人民法院的裁判结论

判决：

（1）撤销一审人民法院（2016）某 0702 行初 22 号行政判决；

（2）确认被上诉人某不动产登记局于 2015 年 9 月 28 日向原审第三人胡某颁发某（2015）某市不动产权第 00××××6 号不动产权证的行政行为违法；

（3）驳回上诉人王某的其他诉讼请求。

五、解　析

1. 登记机构不得办理因处分被查封房屋产生的转移登记

按《房地产管理法》第三十八条第（二）项规定，司法机关和行政机关依法裁定、决定查封或者以其他形式限制房地产权利的房地产不得转让。在司法实务中，《最高人民法院、国土资源部、建设部关于依法规范人民法院执行和国土资源房地产管理部门协助执行若干问题的通知》（法发〔2004〕5 号）第二十二条第二款规定，国土资源、房地产管理部门对被人民法院依法查封、预查封的土地使用权、房屋，在查封、预查封期间不得办理抵押、转让等权属变更、转移登记手续。据此可知，被人民法院查封的房地产，当事人不得转让。在查封登记记载于登记簿上后，登记机构不得为当事人办理因转让被查封的房地产产生的转移登记。本案中，2015 年 9 月 21 日，人民法院向被告某不动产登记局送达了查封刘某房屋的裁定书及协助执行通知书。2016 年 3 月 18 日，查封法院作出裁定解除对刘某房屋的查封。但 2015 年 9 月 28 日，被告某不动产登记局完成刘某向胡某转让其被查封房屋产生的转移登记后，向受让人（原审第三人）胡某颁发某（2015）某市不动产权第 00××××6 号不动产权证。表明：被查封人转让了其被查封的房屋，且收到查封法院送达的查封裁定书和协助执行通知书的某不动产登记局，为买卖双方当事人刘某、胡某办理了转让该被查封房屋产生的转移登记。某不动产登记局为刘某、胡某办理的转让转移登记错误。二审人民法院关于"上诉人要求确认被上诉人某不动产登记局作出的该房屋转移登记行为违法,具有事实和法律依据,应予支持"的认为值得赞同,据此作出的判决正确。

在不动产登记实务中,按后于二审法院的判决书颁布实施的《不动产登记操作规范(试行)》4.8.2 条之 9 规定,不动产被依法查封期间,权利人处分该不动产申请登记的,不动产登记机构应当不予登记并书面通知申请人。据此可知,在查封登记记载于登记簿上后,登记机构即使受理了处分被查封的不动产产生的转移登记、抵押权登记、放弃权利产生的注销登记后,也应当作不予登记处理,并将不予登记处理决定、理由和依据书面告知申请人。

2. 其他

本案中,查封法院最终解除了查封,某不动产登记局办理的转移登记对司法行为没有造成影响。

但是,按 1991 年发布实施的《民事诉讼法》第一百零二条第一款第(三)项规定,隐藏、转移、变卖、毁损已被查封、扣押的财产,或者已被清点并责令其保管的财产,转移已被冻结的财产的,人民法院可以根据情节轻重予以罚款、拘留;构成犯罪的,依法追究刑事责任。现时适用的《民事诉讼法》第一百一十一条做了同样的规定。在司法实务中,《最高人民法院、国土资源部、建设部关于依法规范人民法院执行和国土资源房地产管理部门协助执行若干问题的通知》(法发〔2004〕5 号)第二十二条第二款规定,国土资源、房地产管理部门明知土地使用权、房屋已被人民法院查封、预查封,仍然办理抵押、转让等权属变更、转移登记手续的,对有关的国土资源、房地产管理部门和直接责任人可以依照民事诉讼法第一百零二条的规定处理。据此可知,本案中,如果查封法院最终没有解除查封,不动产登记局办理的转移登记产生了影响生效法律文书的执行的情形时,登记机构及相关登记人员可能被人民法院处以罚款、拘留,甚至追究刑事责任等。

判例 30　协助执行以不动产抵债产生的转移登记时，登记机构不应当向申请执行人索取纳税凭证

一、案件名称

上诉人刘某、梅某因要求确认某国土资源局不履行协助法院执行义务办理土地使用权登记的行为违法一案。

二、人民法院确认的事实

2015年4月27日，某省高级人民法院依据已经发生法律效力的某省某市国信公证处（2014）某国信证经字第06×号执行证书，作出（2014）某执字第9-7号《执行裁定书》裁定：（1）将被执行人某省某公司享有的某市某路163号（地号020400××）3 122.5平方米土地使用权作价3 675 072元，交付申请执行人刘某、梅某抵偿借款3 675 072元。上述土地使用权自本裁定送达刘某、梅某时起转移。（2）申请执行人刘某、梅某可持本裁定书到有关机构办理相关产权过户登记手续。本裁定书送达后即发生法律效力。该裁定书生效后，某省高级人民法院于2015年4月27日向被告下发（2014）某执字第9-2号《协助执行通知书》请求协助执行下列事项：（1）解除对某市某路163号（地号020400××）3 122.5平方米土地使用权的查封。（2）上述土地使用权经以物抵债程序由申请执行人刘某、梅某取得土地使用权，请办理相关土地使用权过户登记手续。被告收到该协助执行通知书后，于2017年5月22日通知第三人某公司，将自己开发建设的位于某市某路163号（地号020400××）3 122.5平方米、土地证号为某国用（2011）字第411号，在接到通知之日起3个工作日内持相关证明材料向被告申请办理注销登记。逾期不来办理，被告将公告，待公告期满后，办理本宗地使用权注销登记并废止某国用（2011）字第441号土地证，为刘某、梅某办理不动产登记。第三人未在通知的期限内到被告处办理注销登记，被告于2017年6月6日公告将第三人某公司取得的位于某市某路163号（地号020400××）3 122.5平方米、土地证号为某国用（2011）字第411号的《国有土地使用权证》依法注销登记。因原告和第三人未向被

告提供该土地的完税凭证,虽经原告多次催促,被告一直未给原告办理该土地的使用权登记手续。原告诉到一审法院,请求法院确认被告不履行协助法院执行义务办理土地使用权登记的行为违法。一审法院以"原告要求确认被告不履行协助法院执行义务办理土地使用权登记的行为违法的诉讼请求,无事实和法律依据,依法予以驳回"为由,判决驳回原告刘某、梅某的诉讼请求。宣判后,原审原告刘某、梅某不服,向二审人民法院提出上诉。

三、二审人民法院的认为

本案上诉人持人民法院生效的法律文书和协助执行通知书向被上诉人申请不动产登记时,没有提交相关税费缴纳凭证,被上诉人以上诉人提交的申请登记材料不符合《不动产登记暂行条例实施细则》第三十八条规定的条件为由,未予办理土地使用权登记的行为具有事实和法律依据。在本案二审审理过程中,上诉人亦未能通过有效方式解决税费缴纳问题,上诉人要求被上诉人履行协助法院执行义务办理土地使用权登记的诉讼请求无法得到支持,应当予以驳回。原审判决认定事实清楚,适用法律正确,裁判结果并无不当,应当予以维持。

四、二审人民法院的裁判结论

判决驳回上诉,维持原判。

五、解　析

本案的焦点是登记机构凭协助执行通知书协助人民法院办理抵债产生的国有土地使用权转移登记时,是否应当向国有土地使用权的取得人索收完税凭证?笔者认为,答案是否定的。

1. 完税凭证是申请人申请转让产生的土地使用权、房屋所有权转移登记时应当缴纳的材料

《土地增值税暂行条例》第十二条规定,纳税人未按照本条例缴纳土地增值税的,土地管理部门、房产管理部门不得办理有关的权属变更手续。《契税暂行条例》第十一条规定,纳税人应当持契税完税凭证和其他规定的文件材料,依法向土地管理部门、房产管理部门办理有关土地、房屋的权

属变更登记手续。纳税人未出具契税完税凭证的，土地管理部门、房产管理部门不予办理有关土地、房屋的权属变更登记手续（《契税法》第十一条规定，纳税人办理纳税事宜后，税务机关应当开具契税完税凭证。纳税人办理土地、房屋权属登记，不动产登记机构应当查验契税完税、减免税凭证或者有关信息。未按照规定缴纳契税的，不动产登记机构不予办理土地、房屋权属登记）。据此可知，转让人和受让人申请转让土地使用权、房屋所有权产生的转移登记时，才须向登记机构提交土地增值税和契税完税凭证。依人民法院的协助执行通知书启动的抵债产生的国有土地使用权、房屋所有权转移登记属于嘱托登记，不是依转让人和受让人的申请启动的登记，即转让人和受让人不是登记程序中的行政相对人，登记机构不得向其索收土地增值税、契税完税凭证。本案中，"因原告和第三人未向被告提供该土地的完税凭证，虽经原告多次催促，被告一直未给原告办理该土地的使用权登记手续"表明，被告某国土资源局主动向不是不动产登记程序中的行政相对人的刘某、梅某和某省某公司索收完税凭证，并以刘某、梅某和某省某公司未提交完税凭证为由，不办理人民法院嘱托的转移登记，某国土资源局如此处置，没有法律、行政法规上的依据。

2. 登记机构按人民法院嘱托办理抵债产生的国有土地使用权、房屋所有权转移登记时无须另行索收完税凭证

（1）《民事诉讼法》第二百五十一条规定，在执行中，需要办理有关财产权证照转移手续的，人民法院可以向有关单位发出协助执行通知书，有关单位必须办理。据此可知，直接按人民法院送达的执行文书办相关不动产登记是登记机构的法定义务。

（2）本案判决时，《不动产登记暂行条例实施细则》已经发布实施，按该实施细则第十九条第二款第（二）项规定，人民法院持生效法律文书和协助执行通知书要求不动产登记机构办理的登记，登记机构应当直接办理。据此可知，其中的"直接办理"即登记机构凭人民法院送达的执行文书办理相关不动产登记时，无须添加其他任何中间环节。登记机构若收取

完税凭证才办理登记,属于增加中间环节的行为,与《不动产登记暂行条例实施细则》第十九条第二款第(二)项规定相悖。

因此,登记机构按人民法院以协助执行通知书的方式嘱托办理抵债产生的国有土地使用权转移登记时无须另行索收完税凭证。本案中,某市中级人民法院关于"上诉人亦未能通过有效方式解决税费缴纳问题,上诉人要求被上诉人履行协助法院执行义务办理土地使用权登记的诉讼请求无法得到支持,应当予以驳回。原审判决认定事实清楚,适用法律正确,裁判结果并无不当,应当予以维持"的认为和据此作出的判决值得商榷。

3. 登记机构对此类案例的实务处理

《国家税务总局关于人民法院强制执行被执行人财产有关税收问题的复函》(国税函〔2005〕869号)规定:"鉴于人民法院实际控制纳税人因强制执行活动而被拍卖、变卖财产的收入,根据《中华人民共和国税收征收管理法》第五条的规定,人民法院应当协助税务机关依法优先从该收入中征收税款。"据此可知,实施执行措施的人民法院有协助税务机关征收税款的义务,但该人民法院是否已经履行协助税务机关征收税款的义务,登记机构无须过问。因此,登记机构在签收要求办理转让、抵债等交易原因产生的转移登记的执行文书时,在人民法院的送达回证上加注"未送达完税凭证",表明登记机构尽到了合理审慎的注意义务。

4. 本案中,刘某、梅某的其他救济途径

《民事诉讼法》第一百一十四条规定,有关单位接到人民法院协助执行通知书后,拒不协助办理有关财产权证照转移手续的,人民法院除责令其履行协助义务外,并可以予以罚款,可以对其主要负责人或者直接责任人员予以罚款;对仍不履行协助义务的,可以予以拘留;并可以向监察机关或者有关机关提出予以纪律处分的司法建议。因此,本案中,刘某、梅某无须与某国土资源局交涉并产生诉讼,应当与实施执行措施的某省高级人民法院交涉,要求办结执行事宜。若如此,人民法院应当要求某国土资源局及时按协助执行通知书办结抵债产生的国有土地使用权转移登记,否则，某国土资源局及其主要负责人、直接责任人将会受到人民法院的罚款、司法拘留等司法处罚。

5. 其 他

在"人民法院确认的事实"部分，关于"某省高级人民法院于 2015 年 4 月 27 日向被告下发（2014）某执字第 9-2 号《协助执行通知书》"的表述，表明：某省高级人民法院向登记机构送达了协助执行通知书。但是，二审人民法院的认为中，却有"本案上诉人持人民法院生效法律文书和协助执行通知书向被上诉人申请不动产登记"的表述。即同一份法律文书中，对同一事实出现了不同的表述？！《民事诉讼法》第二百二十八条第一款规定，执行工作由执行员进行。质言之，作为执行工作环节之一的协助执行通知书等执行文书，应当由人民法院的执行员向协助执行单位或个人送达。笔者据此认为，某省高级人民法院是该省的最高审判机关，在该省具有最高的司法权威，具备严格按法律程序办理审判、执行业务的水平和能力，本案中，应当理解为某省高级人民法院向登记机构送达了用作登记材料的协助执行通知书。

6. 延伸思考

本案中，(2014) 某执字第 9-7 号《执行裁定书》裁定：(1) 将被行人某省某公司享有的某市某路 163 号（地号 020400××）3 122.5 平方米土地使用权作价 3 675 072 元，交付申请执行人刘某、梅某抵偿借款 3 675 072 元。上述土地使用权自本裁定送达刘某、梅某时起转移。(2) 申请执行人刘某、梅某可持本裁定书到有关机构办理相关产权过户登记手续。本裁定书送达后即发生法律效力。如果刘某、梅某持此裁定书向某国土资源局申请抵债产生的国有土地使用权转移登记时，是否应当提交完税凭证呢？笔者认为，答案也是否定的。

(1) 申请人因交易法律行为直接申请国有土地使用权、房屋所有权转移登记时才须提交完税凭证。

《土地增值税暂行条例》第二条规定，转让国有土地使用权、地上的建筑物及其附着物（以下简称转让房地产）并取得收入的单位和个人，为土地增值税的纳税义务人（以下简称纳税人），应依照本条例缴纳土地增值税。该暂行条例第十二条规定，纳税人未按照本条例缴纳土地增值税的，土地管理部门、房产管理部门不得办理有关的权属变更手续。《契税暂行条例》第一条规定，在中华人民共和国境内转移土地、房屋权属，承受的单位和个人为契税的纳税人，应当依照本条例的规定缴纳契税（《契税法》第一条规定，在中华人民共和国境内转移土地、房屋权属，承受的单位和个人为契税的纳税人，应当依照本法规定缴纳契税）。该暂行条例第二条第一款规定："本条例所称转移土地、房屋权属是指下列行为：（一）国有土地使用权出让；（二）土地使用权转让，包括出售、赠与和交换；（三）房屋买卖；（四）房屋赠与；（五）房屋交换。"《契税法》第二条第一款规定"本法所称转移土地、房屋权属，是指下列行为：（一）土地使用权出让；（二）土地使用权转让，包括出售、赠与、互换；（三）房屋买卖、赠与、互换"。该暂行条例第十一条规定，纳税人应当持契税完税凭证和其他规定的文件材料，依法向土地管理部门、房产管理部门办理有关土地、房屋的权属变更登记手续。纳税人未出具契税完税凭证的，土地管理部门、房产管理部门不予办理有关土地、房屋的权属变更登记手续（《契税法》第十一条规定，纳税人办理纳税事宜后，税务机关应当开具契税完税凭证。纳税人办理土地、房屋权属登记，不动产登记机构应当查验契税完税、减免税凭证或者有关信息。未按照规定缴纳契税的，不动产登记机构不予办理土地、房屋权属登记）。质言之，当事人之间因买卖、赠与、抵债等交易法律行为转移土地使用权、房屋所有权的，交易当事人须缴纳土地增值税、契税。土地增值税、契税完税凭证是申请人基于交易法律行为直接申请土地使用权、房屋所有权转移登记时应当提交的材料。一般情形下，交易法律行为的体现方式为买卖合同、赠与书或赠与协议、抵债合同等。概言之，土地增值税、契税完税凭证是申请人持买卖合同、赠与书或赠与协议、抵债合同等材料申请土地使用权、房屋所有权转移登记时应当提交的材料。在不动产登记实务中，《国土资源部关于启用不动产登记簿证样式（试行）的通知》（国土资发〔2015〕25号）附《不动产登记簿样式及使用填写说明》规定，登记类型和登记原因是登记簿应当记载的内容。据此可知，登记机构在记载因买卖合同、赠与书或赠与协议、抵债合同等合同、协议产生的土地使用权、房屋所有权转移登记时，登记类型记载为转移登记，登记原因记载为买卖（或赠与、抵债等）。本案中，如果刘某、梅某提交给登记机构的是抵债的执行裁定书，则不是交易法律行为的体现形式，据此申请国有土地使用权、房屋所有权转移登记时，是否应当提交土地增值税、契税完税凭证？

（2）抵债的执行裁定书不是交易法律行为的体现方式，申请人据此申请国有土地使用权、房屋所有权转移登记时可以不提交土地增值税、契税缴纳凭证。

《物权法》第二十八条规定，因人民法院、仲裁委员会的法律文书或者人民政府的征收决定等，导致物权设立、变更、转让或者消灭的，自法律文书或者人民政府的征收决定等生效时发生效力（《民法典》第二百二十九条规定，因人民法院、仲裁机构的法律文书或者人民政府的征收决定等，导致物权设立、变更、转让或者消灭的，自法律文书或者征收决定等生效时发生效力）。在司法实务中，《最高人民法院、国土资源部、建设部关于依法规范人民法院执行和国土资源房地产管理部门协助执行若干问题的通知》（法发〔2004〕5号）第二十六条规定，经申请执行人和被执行人协商同意，可以不经拍卖、变卖，直接裁定将被执行人以出让方式取得的国有土地使用权及其地上房屋经评估作价后交由申请执行人抵偿债务，但应当依法向国土资源和房地产管理部门办理土地、房屋权属变更、转移登记手续。该通知第二十七条规定，人民法院制作的土地使用权、房屋所有权转移裁定送达权利受让人时即发生法律效力，人民法院应当明确告知权利受让人及时到国土资源、房地产管理部门申请土地、房屋权属变更、转移登记。据此可知，人民法院出具的确认土地使用权、房屋所有权因抵债转移的执行裁定书，是基于对当事人产生争执的交易法律行为——债务行为进行审查、判定后，作出的确认土地使用权、房屋所有权因抵债转移给债权人的法律文书，不是当事人间基于合意形成的交易法律行为的体现方式，交易法律行为是抵债的执行裁定书存在的前提。债权人自收到抵债的执行裁定书时起，无须登记即依法、即时享有相应的土地使用权、房屋所有权，换言之，债权人持有的抵债的执行裁定书是其依法享有相应的国有土地使用权、房屋所有权的权利凭证，而非权利来源的凭证，与经过登记取得的载明国有土地使用权、房屋所有权的不动产权属证书在表征权利上具有同等的法律效力。申请人凭国有土地使用权、房屋所有权抵债的执行裁定书申请登记：一是通过登记簿的记载向世人宣示权利的存在；二是为后续的变更登记、转移登记等顺利进行建立前提，以遵循连续登记原则；三是取得社会普遍存在的国有土地使用权、房屋所有权的表征形式——不动产权属证书。此类转移登记的登记类型记载为转移登记，登记原因记载为法律文书（或司法裁决）。概言之，申请人凭人民法院确认权属的抵债的执行裁定书申请的国有土地使用权、房屋所有权转移登记，不同于申请人凭买卖合同、赠与书或赠与协议、抵债合同等交易法律行为产生的材料申请的转移登记。因此，申请人凭人民法院确认权属的执行裁定书申请国有土地使用权、房屋所有权转移登记时，也可以不提交土地增值税、契税完税凭证。

（3）其他。

本案中，刘某、梅某虽然凭人民法院确认权属的执行裁定书取得了国有土地使用权，但毕竟是基于抵债取得，当事人应当依法缴纳土地增值税、契税，这是当事人的法定义务。作为不动产登记机构，有依法护税的义务，此义务的具体履行方式是在给申请人的收件清单上加注"抵债取得国有建设用地使用权的应当依法缴纳土地增值税、契税，请自觉履行你光荣的纳税义务"。当然，申请人申请登记时提交土地增值税、契税完税凭证的，登记机构可以收取。

判例31　登记簿记载错误是申请人申请更正登记的前提

一、案件名称

原告祝某诉被告某市国土资源局房屋行政登记一案。

二、人民法院确认的事实

第三人陶某于 2003 年 12 月 20 日与某旅游开发公司签订商品房买卖合同，某旅游开发公司将某市的某处房屋出卖给陶某。原告祝某与第三人陶某于 2004 年 2 月 6 日登记结婚。2005 年 3 月 14 日，转让人某市旅游开发公司与受让人陶某共同向某市住建局提交了房产转移登记申请，要求将某市的某处房屋进行转移登记，并提供了某市房屋登记申请书（转移登记）、商品房买卖合同、身份证复印件、房地产开发销售发票等材料，其中房屋转移登记申请书中受让人的共有申请人一栏中填写内容为"未婚"。同日，第三人陶某在该局工作人员面前当面签署了内容为"陶某因不能提供户籍所在地民政部门出具的婚姻状况证明，现声明至今未婚，如有不实，本人愿承担法律责任"的声明。2005 年 4 月 5 日，某市住建局经审核后，向陶某颁发了某房权证市区字第××号房屋所有权证。2016 年 2 月 29 日，原告祝某单方向被告某市国土资源局提出申请，以"陶某提交虚假婚姻证明，导致登记机构错误地将属于夫妻共有的房屋登记在其名下"为由，要求将某市的某处房屋产权变更登记至原告祝某和第三人陶某名下，并提供了涉案房产的权属登记信息、结婚证及原告的身份证等材料。被告某市国土资源局以产权人陶某未亲自到场表示同意为由未予办理。祝某向人民法院提起诉讼，要求判令被告某市国土资源局变更某房权证市区字第××号房屋所有权人登记。

另查明：（1）第三人陶某主张涉案房屋为其婚前个人财产；（2）根据某市人民政府印发的《某市不动产统一登记实施方案》的规定，被告下属某市不动产登记中心从 2016 年 1 月 5 日起负责全市的不动产登记工作。

三、人民法院的认为

根据《不动产登记暂行条例》第六条的规定，被告某市国土资源局作为某市人民政府确定的本行政区域的不动产登记机构，负责不动产登记工作系其法定职责，是本案适格的被告。

结合原告祝某提出的事实和理由可以看出，原告祝某向被告某市国土资源局提出的将涉案房屋"变更"登记至原告和第三人名下的申请,实质上是原告基于认为涉案房屋登记错误而提出的更正登记申请,根据《不动产登记暂行条例》第十四条第二款第(六)项之规定,原告可以单方申请。同时,《不动产登记暂行条例》第二十二条规定,登记申请有下列情形之一的,不动产登记机构应当不予登记,并书面告知申请人:……(二)存在尚未解决的权属争议的。《不动产登记暂行条例实施细则》第七十九条规定,权利人、利害关系人认为不动产登记簿记载的事项有错误,可以申请更正登记。……利害关系人申请更正登记的,应当提交利害关系材料、证实不动产登记簿记载错误的材料以及其他必要材料。本案中,原告祝某主张涉案房屋系夫妻共同财产,第三人陶某主张系其婚前个人财产,该争议系房屋权属争议。在该权属争议尚未解决前,被告对原告的更正登记申请不予登记并无不当,该权属争议也不属于本案审查范围。现原告仅以第三人在办理涉案房屋的转移登记时出具与事实不符的婚姻状况声明以及原告与第三人的结婚登记时间来主张涉案房屋的共有权利,并以此作为证明不动产登记簿记载错误的材料而申请被告更正登记,依据不足,原告的诉请理由不能成立。

四、人民法院的裁判结论

判决驳回原告祝某的诉讼请求。

本判决已经发生法律效力[①]。

五、解　析

1. 更正登记适用于登记簿的记载有错误的情形

更正登记,是对不动产登记簿上的瑕疵记载(错误或疏漏)进行改正补充而进行的登记。质言之,更正登记的目的是将登记簿上记载的瑕疵内容予以修正。《物权法》第十九条第一款规定:"权利人、利害关系人认为不动产登记簿记载的事项错误的,可以申请更正登记。不动产登记簿记载

---

① 本书编著者注。

的权利人书面同意更正或者有证据证明登记确有错误的，登记机构应当予以更正。"(《民法典》第二百二十条做了同样的规定)在不动产登记实务中，《不动产登记暂行条例实施细则》第七十九条第一款规定，权利人、利害关系人认为不动产登记簿记载的事项有错误，可以申请更正登记。质言之，登记簿上记载的事项有错误时才产生更正登记，没有错误则不产生更正登记。即现时的法律规范、登记实务均将更正登记范围限于登记簿上记载的事项错误。本案中，人民法院"结合原告祝某提出的事实和理由可以看出，原告祝某向被告某市国土资源局提出的将涉案房屋'变更'登记至原告和第三人名下的申请，实质上是原告基于认为涉案房屋登记错误而提出的更正登记申请"的认为正确。

2. 本案中，登记簿的记载并无错误

本案中，登记簿记载事项是否错误的关键是涉案房屋应当登记为第三人陶某单独所有，还是应当登记为原告祝某和第三人陶某共同所有？

本案中，人民法院确认的事实证明，涉案房屋是陶某基于其婚前与某市旅游开发公司签订商品房买卖合同购买取得，却在婚后转移登记到其名下。在司法实务中，《最高人民法院关于适用〈中华人民共和国婚姻法〉若干问题的解释(三)》第十条规定，夫妻一方婚前签订不动产买卖合同，以个人财产支付首付款并在银行贷款，婚后用夫妻共同财产还贷，不动产登记于首付款支付方名下的，离婚时该不动产由双方协议处理。依前款规定不能达成协议的，人民法院可以判决该不动产归产权登记一方，尚未归还的贷款为产权登记一方的个人债务。双方婚后共同还贷支付的款项及其相对应财产增值部分，离婚时应根据婚姻法第三十九条第一款规定的原则，由产权登记一方对另一方进行补偿。据此可知，夫或妻一方于婚前签订不动产买卖合同，以个人财产支付首付款并在银行贷款，婚后用夫妻共同财产还贷，但不动产登记在首付款支付方名下的，离婚时，当事人对该不动产归属产生诉讼时，一般情形下，人民法院判决该不动产归产权登记人一方，双方婚后共同还贷支付的款项及其相对应的财产增值部分，离婚时由产权登记人一方对另一方进行债权性质的补偿。申言之，一般情形下，当事人于婚前基于合同、协议等法律行为取得的不动产，属于其婚前财产。因此，本案中，陶某于婚前签订商品房买卖合同购买并登记在其名下的房屋应当归其单独所有，即本案中，登记簿上记载房屋归陶某单独所有正确，登记簿上记载的事项并无错误。申言之，祝某即使申请更正登记，也没有前提。

　　3. 本案中，登记机构对祝某登记申请的处理并无不当

　　《物权法》第十九条第一款规定，权利人、利害关系人认为不动产登记簿记载的事项错误的，可以申请更正登记。不动产登记簿记载的权利人书面同意更正或者有证据证明登记确有错误的，登记机构应当予以更正（《民法典》第二百二十条做了同样的规定）。在不动产登记实务中，按《不动产登记暂行条例实施细则》第七十九条第二款第（二）项规定，证实登记确有错误的材料是申请人申请更正登记时应当提交的材料。据此可知，申请人申请更正登记时，应当向登记机构提交登记簿上记载的事项错误的证明或登记簿上现时记载的权利人同意更正登记的证明。本案中，人民法院确认的事实表明，2016年2月29日，原告祝某单方向被告某市国土资源局提出申请，以"陶某提交虚假婚姻证明，导致登记机构错误地将属于夫妻共有的房屋登记在其名下"为由，要求将某市的某处房屋产权变更登记至原告祝某和第三人陶某名下，并提供了涉案房产的权属登记信息、结婚证及原告的身份证等材料。被告某市国土资源局以产权人陶某未亲自到场表示同意为由未予办理。第三人陶某主张涉案房屋为其婚前个人财产。该事实表明：一是虽然祝某提交结婚证表明陶某申请登记时使用的是虚假婚姻证明，但作为陶某房屋登记权源证据的商品房买卖合同却签订于其结婚前，该合同是证明房屋归陶某单独所有的证据，也是登记簿上将房屋登记为陶某单独所有正确的凭证，故该结婚证不能证明登记簿上的事项记载错误，即该结婚证不是登记机构将房屋登记为陶某单独所有的必需证据材料；二是陶某没有出具同意更正的证明。因此，作为不动产登记机构的某市国土资源局在受理祝某的登记申请后，因祝某没有提交陶某同意更正的证明，以产权人陶某未亲自到场表示同意为由而未予办理的处置并无不当。本案中，人民法院关于"原

告祝某主张涉案房屋系夫妻共同财产,第三人主张系其婚前个人财产,该争议系房屋权属争议。在该权属争议尚未解决前,被告对原告的更正登记申请不予登记并无不当"的认为值得商榷。

按在本案产生争执后实施的《不动产登记操作规范(试行)》16.1.4条之3规定,权利人同意更正的,在权利人出具的书面材料中,是否已明确同意更正的意思表示是登记机构的审查要点。据此可知,权利人同意更正的证明是当事人申请更正登记时应当提交的材料,也是登记机构办理更正登记时的审查要点。

判例 32 申请人申请更正登记时应当提交登记簿记载错误的证据作支撑

一、案件名称

原告金某不服被告某县国土资源局作出的不动产登记不予更正通知和被告某市国土资源局作出的维持原行政行为的复议决定案。

二、人民法院确认的事实

2003年8月27日,原某县发展计划委员会作出某计(2003)94号批复,同意某县甲房地产有限公司在莱园镇海滨路190号原规划部门划定的红线范围内新建22#、24#商住楼工程(海滨小区22#现更名为兴海园19幢),工程建设规模建造商品住宅房面积5 329.6平方米。该工程《国有土地使用证》及《建设用地批准书》均记载土地用途为住宅,相关建设工程规划许可证记载建设规模建筑面积5 329.6平方米(其中商铺834.31平方米),竣工验收备案表记载工程用途为商场、住宅。2005年7月7日,某县建设局发放《建设项目规划验收合格证》,该证记载,某县甲房地产有限公司申请在莱园镇海滨路建设的22#、24#楼项目,经审批已施工完毕。工程竣工后验收,认定该工程符合审批要求,并可凭此证及相关资料到县房地产管理处办理房屋产权证,其中建筑工程项目明细表记载建筑面积为6 033.21平方米。

2003年12月15日，金某与赵某向某县甲房地产有限公司购买了位于该县菜园镇×路190号×小区19幢二层201—204号房屋四套，《商品房买卖合同》约定房屋用途为住宅，但该合同附件"房屋平面图"标注涉案二层房屋用途为"办公"。2005年10月，金某、赵某持《商品房买卖合同》、销售发票及原某县房地产管理局颁发的《商品房准售证》等材料，填写《房屋所有权登记申请表》后申请涉案房屋行政登记。其中《商品房准售证》记载该二层为办公用房，销售发票上项目标注亦是商品房（办公楼），原告本人在《房屋所有权登记申请表》上填写的也是二层办公楼。同月26日，某县住建局向他俩颁发《房屋所有权证》和《房屋共有权证》，该两证记载，房屋建筑面积407.91平方米，设计用途"办公"。此后，原告将涉案房屋用于开办宾馆。2015年，原告与赵某分割该四套房屋，其中原告分得203室、204室，赵某分得201室、202室。原告于2017年6月6日向被告申请更正登记并提交了相关材料。被告某县国土资源局下属不动产登记中心于2017年6月6日以不动产登记簿记载没有错误为由，对原告金某提出的将坐落于某县菜园镇××层涉案房屋登记用途从"办公"更正为"住宅"的申请，作出不予更正通知。被告某市国土资源局对原告的行政复议申请，于同年8月10日作出某土资复决字（2017）第1号行政复议决定，维持被告某县国土资源局作出的不予更正通知。2017年8月24日金某向某县人民法院提起行政诉讼，请求撤销被告某县国土资源局作出的不予更正通知和被告某市国土资源局作出的维持原行政行为的复议决定，并判决责令被告某县国土资源局予以更正。某市中级人民法院将该案指定一审人民法院管辖。

其他事实：（1）2015年8月，原告金某以涉案房屋用途系"住宅"而非"办公"为由，状告某县住建局，要求撤销已登记的房屋产权证书。生效裁定以该案远超起诉期限为由，驳回了金某的起诉。（2）2015年，原告以商品房准售证记载错误为由，再次状告某县住建局，要求撤销该准售证。生效裁定以准售证属房地产行政管理部门允许房地产开发销售企业销售房屋的行政许可证件，原告作为买受人与该行政许可行为不具有法律上的利害关系为由，对原告的起诉不予受理。(3) 2016年5月，原告第三次起诉某县住建局，要求更正房屋产权证上的房屋用途和错误的档案信息及要求重新发布正确的房屋登记信息等。生效裁定以该案诉讼请求不明确，不符合起诉条件为由驳回了原告的起诉。(4) 2017年4月，原告不服某县地方税务局以涉案房屋属出租营业用房征收税款的行为，起诉地税局，生效判决认为依现有证据认定涉案房产属于营业用房并无不妥，驳回了原告的诉讼请求。

三、一审人民法院的认为

（1）行政行为是行政机关行使行政职权、进行行政管理的行为，一经作出，即产生行政法律效果。行政行为在其存续期间，对行政机关和行政相对人而言，约束力是双方面的。但在特定条件下，行政相对人可以请求行政机关重开行政程序，对行政行为自行撤销或者废止。不过，行政程序的重开受到严格的条件限制，这些条件包括，作为行政行为根据的事实或者法律状态发生变化，行政行为作出后出现了足以推翻行政行为的新的证据。如果当事人仅仅是沿袭之前的主张，行政机关作出的拒绝答复或者不予答复性质上就系驳回当事人对行政行为提起的重复处理行为，不属于行政诉讼的受案范围。

（2）涉案颁证行为作出于2005年，原告迟至2015年才向人民法院提起撤销之诉，根据《行政诉讼法》第四十六条第二款的规定，期限明显已经届满。造成这一结果的根本原因，在于原告当初将涉案房屋用于营业性宾馆经营，并没有认为该登记结果错误。现因房屋涉税等因素而向被告某县国土资源局提出更正登记申请，则依《不动产登记暂行条例实施细则》第七十九条规定，权利人认为不动产登记簿记载的事项有错误，可以申请更正登记。申请更正登记的，应当提交下列材料：（一）不动产权属证书；（二）证实登记确有错误的材料；（三）其他必要材料。本案原告的申请，不是基于新的事实和法律状态，其所提出的证据也都是原房屋登记机关2005年就涉案房屋首次产权登记时保存的材料，原告并未向法庭提交足以推翻原登记行为的新的证据。况且,从房屋平面图看,涉案房屋一户两梯的设计,有别于普通住宅一梯两户的建筑设计。故原告的更正申请难以得到满足。

(3)至于原告主张的原房地产开发公司未在工程竣工验收后申请房屋所有权初始登记,妨碍其提起撤销之诉或者更正之诉一节。原告对此并不能举证该两者之间存在因果关系,正如上所述,原告迟至2015年才向人民法院提起撤销之诉,究其根源,是原告当初并没有认为该登记结果是错误的。

(4)对于被告抗辩本案属于重复起诉一节,本院不予采纳。因为原告2016年5月第三次起诉某县住建局更正房屋产权证上的房屋用途和错误的档案信息及要求重新发布正确的房屋登记信息等诉求后,生效裁定以该案诉讼请求既涉不动产登记,又涉信息公开,属诉讼请求不明确,不符合起诉条件而驳回起诉的,该案并未进入实体审查。

综上,被告某县国土资源局对原告的更正申请,经审查后,依照《不动产登记暂行条例实施细则》第八十条第三款之规定,书面通知原告不予更正,并无不当。被告某市国土资源局受理原告行政复议申请后,经审查,依法作出行政复议决定,复议程序亦合法。原告要求更正之事实和理由均不足,应予驳回。

四、一审人民法院的裁判结论

判决驳回原告金某的诉讼请求。

本判决已经发生法律效力①。

五、解 析

1. 登记簿记载错误是当事人申请更正登记的前提

《物权法》第十九条第一款规定,权利人、利害关系人认为不动产登记簿记载的事项错误的,可以申请更正登记。不动产登记簿记载的权利人

---

① 本书编著者注。

书面同意更正或者有证据证明登记确有错误的,登记机构应当予以更正(《民法典》第二百二十条第一款做了同样的规定)。据此可知,登记簿记载错误是当事人申请更正登记的前提。本案中,登记簿上记载的房屋用途是否错误呢?1997年7月17日,建设部发布实施的《关于制作颁发全国统一房屋权属证书的通知》(建房〔1997〕第178号)附《房屋所有权证》样式显示:房屋所有权证记载的房屋用途为设计用途。2008年5月27日,住房和城乡建设部办公厅发布实施的《关于印发〈房屋权属证书、登记证明填写说明〉的通知》(建办住房〔2008〕36号)规定,房屋登记簿和房屋所有权证记载的房屋用途为规划用途。据此可知,1997年7月17日—2008年5月26日间颁发的房屋所有权证书记载的房屋用途为设计用途,而非买卖双方约定的用途。本案中,某县住建局于2005年10月26日向被告颁发《房屋所有权证》和《房屋共有权证》,根据其提交的商品房买卖合同附件"房屋平面图"标注涉案二层房屋用途为"办公",按此设计用途将房屋用途登记为"办公",符合当时的政策规定,且有被告提交的其填写的《房屋所有权登记申请表》等申请材料佐证申请登记的房屋用途为"办公",登记簿上记载的房屋用途并无过错,因此,原告申请更正登记的前提不存在。一审人民法院关于"本案原告的申请,不是基于新的事实和法律状态,其所提出的证据也都是原房屋登记机关2005年就涉案房屋首次产权登记时保存的材料,原告并未向法庭提交足以推翻原登记行为的新的证据。况且,从房屋平面图看,涉案房屋一户两梯的设计,有别于普通住宅一梯两户的建筑设计。故原告的更正申请难以得到满足"的认为值得赞同。

不动产统一登记后,《国土资源部关于启用不动产登记簿证样式(试行)的通知》(国土资发〔2015〕25号)附登记簿填写说明规定,建筑物的用途填写建设工程规划许可文件及其所附图件上确定的房屋用途,即房屋用途按规划用途登记。

2. 本案中,登记机构对被告提出的更正登记的处置正确

按《不动产登记暂行条例》第十七条第(三)项规定,申请材料不齐全或者不符合法定形式的,登记机构应当当场书面告知申请人不予受理并

一次性告知需要补正的全部内容。在不动产登记实务中,《不动产登记暂行条例实施细则》第七十九条第二款、第三款规定:"权利人申请更正登记的,应当提交下列材料:(一)不动产权属证书;(二)证实登记确有错误的材料;(三)其他必要材料。利害关系人申请更正登记的,应当提交利害关系材料、证实不动产登记簿记载错误的材料以及其他必要材料。"据此可知,在受理登记申请环节,登记机构接受申请人提交的更正登记申请材料后,经过初步查验,申请材料不齐全或者不符合法定形式的,登记机构应当当场书面告知申请人不予受理并一次性告知需要补正的全部内容。简言之,不予受理告知书适用于登记申请受理环节。本案中,"原告的申请,不是基于新的事实和法律状态,其所提出的证据也都是原房屋登记机关 2005 年就涉案房屋首次产权登记时保存的材料,并未向法庭提交足以推翻原登记行为的新的证据。"据此可知,原告金某向登记机构申请更正登记时,提交的申请材料不齐全或者不符合法定形式,登记机构若在此环节决定不予受理的,应当向金某出具不予受理告知书或不予受理通知书。某县国土资源局下属不动产登记中心对金某作出的不予更正通知不属于此环节的不予受理告知书。

按《不动产登记暂行条例》第二十二条第(一)项规定,登记申请违反法律、行政法规规定的,登记机构应当作不予登记处理并书面告知申请人。据此可知,登记机构受理申请人的申请后,通过对登记申请的综合审核,对违反法律、行政法规规定的登记申请,登记机构应当作不予登记处理并书面告知申请人。按《物权法》第十九条一款规定,登记簿记载错误是当事人申请更正登记的前提(按《民法典》第二百二十条第一款规定可以得出同样的结论)。本案中,如前所述,某县住建局于 2005 年 10 月 26 日向被告颁发的《房屋所有权证》和《房屋共有权证》按设计用途将房屋用途登记为"办公",符合当时的政策规定,且有原告提交的其他申请材料为佐证,登记并无过错,即金某申请更正登记不符合《物权法》第十九条第一款规定(对应《民法典》第二百二十条第一款规定)。因此,被告某县国土资源局下属不动产登记中心于 2017 年 6 月 6 日以不动产登记簿记载没有错误为由,对原告金某提出的将坐落于某县菜园镇××层涉案房屋登记用途从"办公"更正为"住宅"的申请，作出不予更正通知。该通知虽然是在原告申请更正登记之日作出，但该通知不是不予受理通知，而是不予更正登记通知。被告某市国土资源局对原告的行政复议申请，于同年8月10日作出某土资复决字（2017）第1号行政复议决定，维持被告某县国土资源局作出的不予更正通知。笔者认为，某县国土资源局下属不动产登记中心对金某更正登记申请的处置和某市国土资源局对原告的行政复议申请的处置正确。

3. 本案中，原告在取得变更房屋用途的规划手续后，可以申请变更登记

在不动产登记实务中，按《不动产登记暂行条例实施细则》第二十六条第（二）项规定，不动产用途变更，属于当事人申请变更登记的情形。本案中，如前所述，登记簿的记载并无错误，原告申请更正登记的前提不存在，但是，如果房屋用途合法改变后，当事人可以申请变更登记。《国土资源部关于启用不动产登记簿证样式（试行）的通知》（国土资发〔2015〕25号）附登记簿填写说明规定，建筑物的用途填写建设工程规划许可文件及其所附图件上确定的房屋用途。据此可知，若登记簿上记载的房屋用途变更的，变更后的用途也应当按变更房屋用途的规划许可手续载明的用途填写。因此，原告在取得变更房屋用途的规划手续并按规划手续变更房屋用途后，才可以据此申请房屋用途变更登记。

判例 33　转让人可以用已出售但尚未转移登记到受让人名下的房屋作抵押

一、案件名称

原告屠某因要求确认某市房地产管理局于2012年11月20日办理的抵押登记行为违法案。

二、人民法院确认的事实

2010年10月15日，原告与甲公司签订了4份商品房买卖合同，合同

约定:"买受人屠某购买出卖人甲公司开发的东经名邸 1 幢 111、112、113、114 共 4 间商铺,建筑面积共 357.71 平方米,总价款共 148 万元;买受人于 2010 年 10 月 15 日一次性支付全部购房款,出卖人于 2010 年 10 月 15 日交付房屋,出卖人在房屋交付后 360 日内,将办理权属登记需由出卖人提供的资料报产权登记机关备案。"合同签订当日,原告向甲公司支付了全部购房款 148 万元,甲公司向原告交付了合同约定的房屋。2012 年 6 月 14 日,原告屠某经甲公司通知后,到某市房地产管理局缴纳了上述 4 套房屋的物业专项维修资金 25 040 元,到某市某区地方税务局缴纳了契税 59 200 元。2012 年 6 月 15 日,原告到某市政府政务中心房管局窗口递交了房屋转移登记资料。原告至今尚未获得房产证。2012 年 11 月 19 日,第三人与乙公司签订了一份流动资金借款合同,合同约定乙公司向第三人借款 2 000 万元,借款期限为 12 个月,2013 年 11 月 18 日到期偿还。同时,第三人与甲公司签订了一份最高额抵押合同,合同约定甲公司以其名下位于某市城区某路的商用门面(房产证号为某房权证武字第 0310911—××4、03××12、0310315—0310316、03××24、0310882—0310901 号建筑面积合计为 7 294.57 平方米)为乙公司所欠第三人的 2 000 万元借款及利息、罚息、复利等提供抵押担保。2012 年 11 月 20 日,甲公司及第三人到某市房地产管理局就上述房屋办理了抵押登记,某市房地产管理局向第三人发放了某房他证他权字第××号《房屋他项权证》,他项权证载明房屋他项权人为第三人,房屋所有权人为甲公司。

另查明,甲公司开发的东经名邸 1#楼于 2008 年 3 月 14 日进行了初始登记,登记建筑总面积为 4 483.23 平方米,其中商业用途 783.87 平方米,住宅用途 3 699.36 平方米,2008 年 9 月 9 日,甲公司将东经名邸 1#楼的商铺(783.87 平方米)到某市房地产管理局办理了变更分户登记,登记的所有权人仍为甲公司,其中包含原告所购买的 1 幢 111、112、113、114 号房屋,上述 4 间房屋所对应的房产证号为某房权证武字第××、03××13、0310912、03××11 号。

2016 年 8 月 17 日原告向某市某区人民法院提起行政诉讼,请求人民法院判决撤销某房他证他权字第××号《房屋他项权证》。2016年9月9日，某市中级人民法院指定本案由一审人民法院管辖。

三、一审人民法院的认为

本案有两个争议焦点：一是某市不动产登记中心是否是本案适格被告；二是某市房地产管理局办理抵押登记时是否尽到了审慎审查职责。关于焦点一，……；关于焦点二，某市房地产管理局既是房屋登记机构，负有房屋登记职责，又是商品房开发的监督管理部门，负有对商品房开发进行监督管理的职能，还负责对房屋维修资金的缴存、管理和使用。原告在涉案房屋办理抵押登记之前已缴纳了涉案房屋的维修资金，且在房地产管理局房屋登记窗口递交了房屋转移登记资料，某市房地产管理局就应当知晓涉案房屋已由开发商甲公司出售给原告的事实，第三人和甲公司在申请抵押登记时提交的文件虽符合《房屋登记办法》第四十三条规定，某市房地产管理局仍有审慎审查的义务，某市房地产管理局由于疏忽大意未能注意到涉案房屋已由开发商出售，未尽审查义务，不履行法定职责，仍为其办理抵押登记，造成开发商将涉案房屋售后再抵，属于违反法定程序的行政登记行为。综上，某市房地产管理局于2012年11月20日作出的抵押登记行为部分违法，违法部分应予撤销，原告的诉讼请求本院部分予以支持。在抵押登记之前，原告已向甲公司购买了涉案房屋，与本案有利害关系，故被告提出的关于原告不享有涉案房屋物权与本案无利害关系主体不适格及抵押登记行为合法的诉讼主张本院不予采信。本案审理的是行政登记行为，不是第三人与原告的物权争议，故第三人关于原告不享有涉案房屋的物权，只能向甲公司主张债权及抵押登记行为合法的主张，本院不予采信。

四、一审人民法院的裁判结论

判决撤销某市房地产管理局2012年10月20日作出的某房他证他权字第××号抵押登记中的某房权证武字第××、03××13、0310912、03××11号4套房屋的抵押登记。

本判决已经发生法律效力①。

五、解　析

1. 本案中，某市房地产管理局受理原告屠某单方申请的转移登记申请不当

本案发生时适用的《房屋登记办法》第十二条规定："申请房屋登记，应当由有关当事人双方共同申请，但本办法另有规定的除外。有下列情形之一，申请房屋登记的，可以由当事人单方申请：（一）因合法建造房屋取得房屋权利；（二）因人民法院、仲裁委员会的生效法律文书取得房屋权利；（三）因继承、受遗赠取得房屋权利；（四）有本办法所列变更登记情形之一；（五）房屋灭失；（六）权利人放弃房屋权利；（七）法律、法规规定的其他情形。"不动产统一登记后，《不动产登记暂行条例》第十四条第一款规定，因买卖、设定抵押权等申请不动产登记的，应当由当事人双方共同申请。据此可知，无论是曾经的房屋登记，还是现时的不动产登记，因买卖房屋产生的转移登记，均应当由当事人双方共同申请。本案中，"2012年6月15日，原告到某市政府政务中心房管局窗口递交了房屋转移登记资料"表明，原告屠某与甲公司间因商品房买卖产生的转移登记由屠某于2012年6月15日向登记机构某市房地产管理局单方申请，且某市房地产管理局受理了原告屠某单方申请的转移登记。因此，某市房地产管理局受理原告屠某的转移登记申请既不符合本案发生时适用的《房屋登记办法》第十二条规定，也不符合现时的《不动产登记暂行条例》第十四条第一款规定，即某市房地产管理局受理原告屠某单方申请的转移登记申请不当。

2. 本案中，某市房地产管理局受理原告屠某的转移登记申请后存在行政不作为

按本案发生时适用的《房屋登记办法》第二十三条第一款第（一）项规定，国有土地范围内房屋所有权登记，自受理登记申请之日起30个工作日内，房屋登记机构应当将申请登记事项记载于房屋登记簿或者作出不予

---

① 本书编著者注。

登记的决定。据此可知，本案中，某市房地产管理局于 2012 年 6 月 15 日受理原告屠某单方申请的转移登记，但直至 2016 年 8 月 17 日产生诉讼时，原告屠某未领到属于自己的房产证。表明：某市房地产管理局自受理原告屠某申请的商品房转移登记之日起，4 年多的时间内，对该转移登记申请未作记载，也未告知屠某不予登记。就该转移登记申请，某市房地产管理局存在行政不行为。

现时适用的《不动产登记暂行条例》第二十条规定，不动产登记机构应当自受理登记申请之日起 30 个工作日内办结不动产登记手续，法律另有规定的除外。据此可知，一般情形下，不动产登记机构应当自受理登记申请之日起 30 个工作日内办结不动产登记手续，否则，属于不作为或不充分作为。

3. 本案中，某市房地产管理局为甲公司与第三人办理的抵押权登记并无过错

《行政诉讼法》第六条规定，人民法院审理行政案件，对行政行为是否合法进行审查。该法第三十四条第一款规定，被告对作出的行政行为负有举证责任，应当提供作出该行政行为的证据和所依据的规范性文件。据此可知，行政行为被诉时，人民法院判定其是否合法，以该行政行为作出时是否符合当时的规范性文件为准。申言之，行政行为作出时符合当时的规范性文件的，就是合法的行政行为。

《物权法》第十六条规定，不动产登记簿是物权归属和内容的根据。不动产登记簿由登记机构管理（《民法典》第二百一十六条做了同样的规定）。该法第三十九条规定，所有权人对自己的不动产或者动产，依法享有占有、使用、收益和处分的权利（《民法典》第二百四十条做了同样的规定）。该法第一百七十九条第一款规定，为担保债务的履行，债务人或者第三人不转移财产的占有，将该财产抵押给债权人的，债务人不履行到期债务或者发生当事人约定的实现抵押权的情形，债权人有权就该财产优先受偿（《民法典》第三百九十四条第一款做了同样的规定）。据此可知，登记簿上记载的房屋所有权人有权用其房屋为担保自己或他人债务的履行而设定抵

押权。按本案发生时适用的《房屋登记办法》第二十二条规定:"有下列情形之一的,房屋登记机构应当不予登记:(一)未依法取得规划许可、施工许可或者未按照规划许可的面积等内容建造的建筑申请登记的;(二)申请人不能提供合法、有效的权利来源证明文件或者申请登记的房屋权利与权利来源证明文件不一致的;(三)申请登记事项与房屋登记簿记载冲突的;(四)申请登记房屋不能特定或者不具有独立利用价值的;(五)房屋已被依法征收、没收,原权利人申请登记的;(六)房屋被依法查封期间,权利人申请登记的;(七)法律、法规和本办法规定的其他不予登记的情形。"该办法第四十三条规定:"申请抵押权登记,应当提交下列文件:(一)登记申请书;(二)申请人的身份证明;(三)房屋所有权证书或者房地产权证书;(四)抵押合同;(五)主债权合同;(六)其他必要材料。"据此可知,申请人依法提交了齐全、充分的抵押权登记申请材料,登记机构经过审核后,不具备不予登记的情形的,就应当在登记簿上作抵押权登记。本案中,甲公司用于抵押的房屋登记在其名下,且甲公司与第三人共同申请抵押权登记并依法提交了齐全、充分的抵押权登记申请材料,也不具备不予登记的情形,某市房地产管理局为甲公司与第三人办理的抵押权登记符合当时的《房屋登记办法》的规定,即某市房地产管理局为甲公司与第三人办理的抵押权登记并无过错。(虽然原告先行单方向被告某市房地产管理局申请了商品房买卖转移登记,某市房地产管理局没有对其作出正确的处置,但这属于别的法律关系。)因此,一审人民法院关于"某市房地产管理局既是房屋登记机构,负有房屋登记职责,又是商品房开发的监督管理部门,负有对商品房开发进行监督管理的职能,还负责对房屋维修资金的缴存、管理和使用。原告在涉案房屋办理抵押登记之前已缴纳了涉案房屋的维修资金,且在房地产管理局房屋登记窗口递交了房屋转移登记资料,某市房地产管理局就应当知晓涉案房屋已由开发商甲公司出售给原告的事实,第三人和甲公司在申请抵押登记时提交的文件虽符合《房屋登记办法》第四十三条规定,某市房地产管理局仍有审慎审查的义务,某市房地产管理局由于疏忽大意未能注意到涉案房屋已由开发商出售,未尽审查义务,不履行法定职责，仍为其办理抵押登记，造成开发商将涉案房屋售后再抵，属于违反法定程序的行政登记行为"的认为，笔者不敢苟同，据此作出的判决值得商榷。

判例 34　抵押权随主债权转让但不以记载于登记簿上为受让人享有的抵押权生效的前提

一、案件名称

再审申请人甲糖业有限公司、丁某因与被申请人乙城市投资公司、一审第三人庄某借款合同纠纷一案。

二、人民法院确认的事实

一审人民法院经审理查明，2012 年 9 月 20 日，丙银行与甲公司签订了一份编号为 43129901-2012 年（某）字 0051 号的《流动资金借款合同》，甲公司向丙银行借款 2 000 万元，用于大米等原材料收购，借款期限为 2012 年 9 月 21 日至 2013 年 9 月 21 日，年利率为 6%。双方还签订了《最高额抵押合同》，甲公司用其名下的厂房、土地使用权和全部设备作为抵押，并办理了抵押登记。另丁某与丙银行签订了《自然人保证合同》，为甲公司的该笔贷款提供连带责任保证。丙银行依约定提供了贷款。贷款到期后，甲公司仅归还丙银行贷款本金 100 万元。丙银行在告知甲公司拟将所拥有的债权转让给乙城市投资公司后，乙城市投资公司与丙银行于 2013 年 11 月 21 日签订了《债权转让协议》，丙银行将其对甲公司的前述贷款债权和抵押权转让给乙城市投资公司，乙城市投资公司没有重新办理抵押权登记。同日，乙城市投资公司代为清偿了甲公司所欠丙银行的贷款本金及利息 19 127 616.66 元。2013 年 12 月 4 日，乙城市投资公司向甲公司送达了《清偿到期债务通知书》，通知其于 2013 年 12 月 9 日前归还欠款 19 127 616.66 元，但此后甲公司并没有在限定的期限内清偿债务。乙城市投资公司于 2013 年 12 月 24 日提起本案诉讼，请求判决：……乙城市投资公司对甲公司提供的抵押物享有优先受偿权……。一审法院以债权转让，除专属于债权人自身的以外，与债权有关的从权利一并转让。法律规定了抵押权不得与债权相分离而单独转让或作为其他债权的担保，并没有要求随债权所转让的抵押权必须重新办理抵押登记手续或办理抵押权人变更登记手续。债权转让时从权利抵押权的转让，是在抵押权已经有效成立的前提下发生的转移，并非重新设立一个新的抵押权，转让的抵押权所担保的债权仍然是原先设立抵押时的债权，只是由于债权发生了转移而致使抵押权也随之发生转移而已，债权受让人可以取得和行使原债权的抵押权。故一审法院以乙城市投资公司对甲公司向丙银行借款时提供的抵押物继续享有抵押权为由，判决乙城市投资公司对甲公司提供的抵押物享有优先受偿权。甲公司、丁某不服上述判决，向二审法院提起上诉。

二审法院经审理查明，2011 年 8 月 30 日，丙银行与甲公司签订43129901-2011 年某（抵）字 0010 号《最高额抵押合同》，合同约定：甲公司用其所有的某房权证字第××号及某国用（2006）第×354 号权证项下的房屋及国有建设用地使用权，为甲公司 2011 年 7 月 22 日至 2016 年 8 月 16 日从丙银行所借款项，在最高债权本金余额为 1504 万元的限度内提供抵押担保；抵押担保范围包括债权本金、利息、复利、罚息、违约金、损害赔偿金、实现债权的费用以及所有其他应付费用等。2011 年 8 月 11 日，丙银行分别取得某房权证字第××号、某国用（2006）第×354 号权证项下的房屋及国有建设用地使用权的抵押权证，即某房他字第 511005331 号他项权证证明书，以及某房权证××权证项下的房屋的抵押权证，即某房他字第 511005333 号他项权证证明书。……2012 年 8 月 30 日，丙银行与丁某签订的 43129901-2012 年某（保）字 0020 号《自然人保证合同》还约定，当甲公司未履行债务时，无论丙银行对涉案《流动资金借款合同》项下的债权是否拥有其他担保，丙银行均有权直接要求丁某承担保证责任。丁某的配偶刘某亦签署了该保证合同。二审法院查明的其他事实与原审法院查明的事实一致。二审法院以"涉案《债权转让协议》系双方当事人的真实意思表示，且其内容不违反国家现行法律和行政法规的强制性规定，故其合法有效"为由，对甲公司与丁某提出的关于涉案《债权转让协议》无效的上诉理由依法不予支持。判决驳回上诉，维持原判。甲公司、丁某不服二审判决，向再审人民法院申请再审。

三、再审人民法院的认为

《物权法》第一百九十二条规定："抵押权不得与债权分离而单独转让或者作为其他债权的担保。债权转让的，担保该债权的抵押权一并转让，但法律另有规定或者当事人另有约定的除外。"(《民法典》第四百零七条做了同样的规定。)本条系关于抵押权处分从属性的规定，抵押权作为从权利应随债权转让而转让。债权受让人取得的抵押权系基于法律的明确规定，并非基于新的抵押合同重新设定抵押权，故不因受让人未及时办理抵押权变更登记手续而消灭。本案中，乙城市投资公司受让丙银行对甲公司享有的债权，依据法律规定有权受让与案涉债权相关的抵押权，一审、二审法院据此判定抵押权继续有效，并无不当。

四、再审人民法院的裁判结论

判决驳回甲公司、丁某的再审申请。

五、解 析

《物权法》第一百七十九条规定："为担保债务的履行，债务人或者第三人不转移财产的占有，将该财产抵押给债权人的，债务人不履行到期债务或者发生当事人约定的实现抵押权的情形，债权人有权就该财产优先受偿。前款规定的债务人或者第三人为抵押人，债权人为抵押权人，提供担保的财产为抵押财产。"(《民法典》第三百九十四条第一款做了同样的规定)。其中，债权人享有的优先受偿权即抵押权，抵押权属于担保物权的一种。债权人为抵押权人。

《物权法》第十四条规定，不动产物权的设立、变更、转让和消灭，依照法律规定应当登记的，自记载于不动产登记簿时发生效力(《民法典》第二百一十四条做了同样的规定)。据此可知，一般情形下，基于民事法律行为导致的不动产物权的设立、变更、转让和消灭，自记载于登记簿上时起生效。但是,《物权法》第一百九十二条规定,抵押权不得与债权分离而单独转让,债权转让的,担保该债权的抵押权一并转让。《担保法》第五十条规定,抵押权不得与债权分离而单独转让。(《民法典》第四百零七条做了同样的规定。)据此可知,被担保的主债权转让时,作为其从权利的抵押权随之转让是法定的。《合同法》第八十一条规定,债权人转让权利的,受让人取得与债权有关的从权利(《民法典》第五百四十七条规定,债权人转让债权的,受让人取得与债权有关的从权利,但是该从权利专属于债权人自身的除外。受让人取得从权利不因该从权利未办理转移登记手续或者未转移占有而受到影响)。据此可知,从合同法的角度看,债权转让,作为其从权利的抵押权也随之依法转让。概言之,作为担保物权的不动产抵押权随主债权的转让而转让时,不是基于直接的不动产抵押权转让法律行为,而是作为主债权的从权利,自主债权的转让完成时起无须登记,即依法、即时归主债权的受让人,换言之,债权受让人自债权转让完成时起,无须登记即依法、即时享有随债权转让而转让的抵押权不受"自记载于登记簿上时起生效"的规定的约束。在现时的不动产登记实务中,《不动产登记暂行条例实施细则》第六十九条规定,因主债权转让导致抵押权转让的,当事人可以持不动产权属证书、不动产登记证明、被担保主债权的转让协议、债权人已经通知债务人的材料等相关材料,申请抵押权的转移登记。据此可知,抵押权因主债权转让而转让时,当事人"可以"申请抵押权转移登记,不是当事人"应当"申请抵押权转移登记,换言之,当事人是否申请因主债权转让产生的抵押权转移登记,由当事人抉择,体现了不动产抵押权随主债权的转让而转让时,不受"自记载于登记簿上时起生效"的规定的约束的精神。本案中,再审法院认为,《物权法》第一百九十二条规定:"抵押权不得与债权分离而单独转让或者作为其他债权的担保。债权转让的,担保该债权的抵押权一并转让,但法律另有规定或者当事人另有约定的除外。"(《民法典》第四百零七条做了同样的规定。)本条系关于抵押权处分从属性的规定,抵押权作为从权利应随债权的转让而转让。债权受让人取得的抵押权系基于法律的明确规定,并非基于新的抵押合同重新设定抵押权,故不因受让人未及时办理抵押权变更登记手续而消灭。从而认定乙城市投资公司受让丙银行对甲公司享有的债权，依据法律规定有权受让与案涉债权相关的抵押权，据此判决驳回当事人的再审申请，值得赞同。

在现时的不动产登记实务中，《不动产登记暂行条例实施细则》第二十条第一款规定，不动产登记机构应当根据不动产登记簿，填写并核发不动产权属证书或者不动产登记证明。该实施细则第六十八条规定："有下列情形之一的，当事人应当持不动产权属证书、不动产登记证明、抵押权变更等必要材料，申请抵押权变更登记：（一）抵押人、抵押权人的姓名或者名称变更的；（二）被担保的主债权数额变更的；（三）债务履行期限变更的；（四）抵押权顺位变更的；（五）法律、行政法规规定的其他情形。因被担保债权主债权的种类及数额、担保范围、债务履行期限、抵押权顺位发生变更申请抵押权变更登记时，如果该抵押权的变更将对其他抵押权人产生不利影响的，还应当提交其他抵押权人书面同意的材料与身份证或者户口簿等材料。"该实施细则第七十条规定："有下列情形之一的，当事人可以持不动产登记证明、抵押权消灭的材料等必要材料，申请抵押权注销登记：（一）主债权消灭；（二）抵押权已经实现；（三）抵押权人放弃抵押权；（四）法律、行政法规规定抵押权消灭的其他情形。"据此可知，抵押权变更登记，是指记载在登记簿上的不动产抵押权，抵押权主体不变，抵押权内容、抵押权客体和其他有关事项发生变更产生的登记。抵押权注销登记，是指记载在登记簿上的抵押权，在使其消灭的情形（或法定事实）成就时，对其予以涂销使其失去法律效力的登记。换言之，当事人申请抵押权变更登记、抵押权注销登记时，被变更的抵押权、被注销的抵押权须是现时记载在登记簿上的抵押权。因此，基于债权转让取得抵押权的权利人，当事人也应当及时申请抵押权转移登记，将抵押权登记到自己名下，为以后可能申请的抵押权变更登记、抵押权注销登记建立前提，保障自己顺利行使权利或履行相关义务。因此，本案中，乙城市投资公司应当在丙银行的配合下，及时申请抵押权转移登记，将抵押权登记到自己名下，为以后可能申请的抵押权变更登记、抵押权注销登记建立前提。

判例 35　抵押未成年人的房屋须为其利益

一、案件名称

上诉人甲公司因与被上诉人朱A、朱B、朱C，原审被告乙公司、丙公司、丁公司买卖合同纠纷一案。

二、人民法院确认的事实

2009年12月28日，甲公司与乙公司签订2010年度钢材买卖合同及补充协议，确认截至2009年12月末，乙公司欠甲公司采购钢材及其他产品货款共计99 247 067.62元，并约定乙公司应于2010年12月前付清上述货款。

2010年12月10日，甲公司、乙公司、丙公司、丁公司签订货款支付协议，约定：经对账确认，截至2010年11月28日，乙公司欠甲公司钢材货款100 885 536.05元，乙公司应按照付款进度，于2012年8月31日前分期付清上述欠款。丙公司、丁公司为乙公司履行本协议项下各项义务（包括但不限于支付货款、资金占用成本、违约金、赔偿金、纠纷解决费用等）向甲公司提供连带共同保证的担保。保证期间为各期货款支付时间届满之日起两年或本协议解除之日起两年。

2011年7月5日，朱A、朱B、朱C与甲公司签订房地产抵押合同，约定为保证2010年度钢材买卖合同及2010年12月10日货款支付协议的履行，朱A、朱B、朱C以其所有的位于某市某路299弄1号1701室（含6号车库地下1—2层车位82）、某市某路299弄3号2201室、某市某路258号303室的房产为乙公司向甲公司提供抵押担保。担保范围包括但不限于主合同钢材货款中的48 008 820元、资金占用成本、违约金以及甲公司实现抵押权所支出的有关费用。2011年7月8日，朱A、朱B、朱C与甲公司办理了抵押登记，载明债权数额为48 008 820元。

2014年3月21日，甲公司委托某律师事务所向乙公司、丙公司、丁公司、朱A、朱B、朱C发出律师函，催讨案涉货款、资金占用成本。

2014年4月30日、5月31日、6月30日，甲公司与乙公司分别签订对账函，确认截至上述日期，乙公司欠甲公司 67 108 661.89 元，占用资金利润 11 076 663.75 元，合计 78 185 325.64 元。因乙公司及担保人均未按约定支付货款及资金占用成本，甲公司遂提起诉讼，请求人民法院判令：（1）乙公司支付甲公司货款 67 108 661.89 元及资金占用成本 11 076 663.75 元并给付相应逾期付款违约金（以应付货款及资金占用成本为本金，自 2012 年 9 月 1 日起至实际偿还之日止，按年利率 14.4% 计付）。（2）甲公司对朱 A、朱 B、朱 C 所有的位于某市某路 299 弄 1 号 1701 室（含 6 号车库地下 1—2 层车位 82）、某市某路 299 弄 3 号 2201 室、某市某路 258 号 303 室的房产享有优先受偿权。……一审法院认为，朱 A、朱 B 以其与朱 C 共同共有的三套房产为乙公司的案涉债务提供抵押担保时，朱 C 尚未满 16 周岁，系限制民事行为能力人。根据《中华人民共和国民法通则》第十八条第一款"监护人应当履行监护职责，保护被监护人的人身、财产及其他合法权益，除为被监护人的利益外，不得处理被监护人的财产"之规定（《民法典》第三十五条第一款规定，监护人应当按照最有利于被监护人的原则履行监护职责。监护人除为维护被监护人利益外，不得处分被监护人的财产），朱 A、朱 B 作为朱 C 的法定监护人，除为朱某的利益外，不得处分朱某之财产。本案中，朱 A、朱 B 为他人（乙公司）之债务，以与朱 C 共有的房产提供抵押担保，并非为朱 C 利益而处分朱 C 财产，违反了上述法律规定，应属无效。甲公司主张其对朱 A、朱 B、朱 C 共同共有的三套案涉房产享有优先受偿权，缺乏依据，一审法院不予支持。遂在判决中不支持甲公司主张其对朱 A、朱 B、朱 C 共同共有的三套案涉房产享有优先受偿权的主张。甲公司不服，向二审人民法院提起上诉。

三、二审人民法院的认为

朱 C 认为案涉抵押担保合同因签订时其系限制民事行为能力人，朱 A、朱 B 作为监护人并非为被监护人朱 C 利益而签订抵押担保合同，故抵押担保合同无效，该观点不能成立。理由是：

首先，"为被监护人利益"应当根据案件具体情况予以认定。本案中，朱C认为案涉抵押担保合同的签订并非为其利益，但就此未提供充分证据，根据查明事实，尚无法得出案涉抵押担保合同并非为朱某利益而签订。第一，朱A、朱B作为朱C的父母，系朱某的监护人，也是其抚养义务人，朱某作为未成年人，一般而言生活来源主要为父母，朱A的股权投资等各类收入是朱C生活来源的资金保障。第二，主债务人乙公司从2009年即开始结欠甲公司货款未能清偿，乙公司系某控股集团的全资子公司，朱A作为该控股集团的股东及法定代表人，其与朱B共同以与朱C共有的房产为前述欠款提供抵押担保，为乙公司得以持续经营提供了条件，有利于作为某控股集团股东的朱A的利益。第三，案涉房屋系朱A、朱B签署合同购买，并将朱C登记为共同共有人，朱C认为购房资金来源中有一千多万元是其压岁钱，但并未就此提供证据证明。

其次，在缺乏证据证明朱A、朱B并非为监护人利益而以与朱C共有的房产提供抵押担保的情况下，亦难以认定甲公司知道或者应当知道案涉抵押担保合同损害朱C的利益，故案涉抵押担保合同亦不存在其他无效情形，在不动产登记机构依法登记后，甲公司已取得相应抵押权，原审判决关于案涉抵押担保合同无效、甲公司不享有相应优先受偿权的认定错误，甲公司就此提出的上诉理由成立，本院予以支持。

四、二审人民法院的裁判结论

判决：甲公司对朱A、朱B、朱C共同共有的三套案涉房产变现款享有优先受偿权。

五、解析

1. 买卖合同和货款支付协议也可以设立抵押权保障其实现

《担保法》第二条规定，在借贷、买卖、货物运输、加工承揽等经济活动中，债权人需要以担保方式保障其债权实现的，可以依法设定担保（《民法典》第三百八十七条第一款规定，债权人在借贷、买卖等民事活动中，为保障实现其债权，需要担保的，可以依照本法和其他法律的规定设立担保物权）。据此可知，《担保法》将可以设定担保保障实现的主债权限定于经济活动中产生的债权。在司法实务中,《担保法司法解释》第一条规定,当事人对由民事关系产生的债权,在不违反法律、法规强制性规定的情况下,以担保法规定的方式设定担保的,可以认定为有效。质言之,司法解释将可以设定担保保障实现的债权扩大到民事活动中产生的合法债权。《物权法》颁布实施后,该法第一百七十一条规定,债权人在借贷、买卖等民事活动中,为保障实现其债权,需要担保的,可以依照本法和其他法律的规定设立担保物权(《民法典》第三百八十七条做了同样的规定)。据此可知,《物权法》第一百七十一条规定吸收了《担保法司法解释》的经验,即一般情形下,凡是民事主体在民事活动中产生的合法债权,即使不是因借贷、买卖关系建立的债权,也可以以不动产抵押担保其实现。概言之,一般情形下,凡是民事主体在民事活动中产生的合法债权,都可以设立抵押权保障其实现。本案中,甲公司与乙公司通过买卖合同、货款支付协议建立的债权,是其在民事活动中依法经营产生的债权,可以设立房地产抵押权保障其实现。

2. 关于非为未成年人利益不得处分其不动产中的"未成年人的利益"之讨论

《民法通则》第十八条第一款规定,除为被监护人的利益外,不得处理被监护人的财产。本判决书生效后颁布实施的《民法总则》第三十五条第一款规定,监护人除为维护被监护人利益外,不得处分被监护人的财产(《民法典》第三十五条第一款做了同样的规定)。其中"被监护人的利益"是指什么?具体到本案中,"未成年人的利益"是指什么?

《未成年人保护法》第十条规定,父母或者其他监护人应当创造良好、和睦的家庭环境,依法履行对未成年人的监护职责和抚养义务。该法第十二条规定,父母或者其他监护人应当学习家庭教育知识,正确履行监护职责,抚养教育未成年人。质言之,抚养未成年人,为未成年人营造良好的居住、生活等家庭环境,是未成年人父母应当履行的监护职责。本案中,"朱A、朱B作为朱C的父母,系朱C的监护人,也是其抚养义务人,朱C作为未成年人,一般而言生活来源主要为父母,朱A的股权投资等各类收入是朱C生活来源的资金保障。主债务人乙公司从2009年即开始结欠华能公司货款未能清偿，乙公司系某控股集团的全资子公司，朱A作为该控股集团的股东及法定代表人，其与朱B共同以与朱C共有的房产为乙公司欠款提供抵押担保，为乙公司得以持续经营提供了条件，有利于作为某股集团股东的朱A的利益。"其中，二审人民法院认为"用朱A、朱B、朱C共同共有的房产为乙公司欠款提供抵押担保，为乙公司得以持续经营提供了条件，有利于作为某股集团股东的朱A的利益。朱A的股权投资等各类收入是朱C生活来源的资金保障"。笔者认为，二审人民法院将此认定为"为了朱C的利益"，值得商榷。虽然用朱A、朱B、朱C共同共有的房产为乙公司欠款提供抵押担保可能使朱A获利，从而使朱A更好地履行其对未成年人朱C的抚养义务，为朱C创造更好的居住、生活等家庭环境，但这属于朱A履行抚养未成年人朱C的监护职责的行为，这一切虽与朱C的利益相关，但是经过乙公司的经营和朱A从该经营中获益转换而来的，换言之，用朱A、朱B、朱C共同共有的房产为乙公司欠款提供抵押担保是为了乙公司的经营所需，从而为了朱A履行其对朱C的监护职责所需，即被担保债权没有让未成年人朱C直接获益。

《民法总则》第三十四条规定，监护人的职责是代理被监护人实施民事法律行为，保护被监护人的人身权利、财产权利以及其他合法权益等（《民法典》第三十四条做了同样的规定）。在司法实务中，《民法通则司法解释》第十条规定，监护人的监护职责包括：保护被监护人的身体健康，照顾被监护人的生活，管理和保护被监护人的财产，代理被监护人进行民事活动，对被监护人进行管理和教育，在被监护人合法权益受到侵害或者与人发生争议时，代理其进行诉讼。质言之，监护人的监护职责就是维护被监护人的人身、财产及其他合法权益，使其不受非法侵害，更不得使被监护人为此履行义务或风险。本案中，如前所述，用朱A、朱B、朱C共同共有的房产为乙公司欠款提供抵押担保是为了乙公司的经营所需，没有让未成年人朱C直接获益。在乙公司不能履行债务时，甲公司将处分房屋实现抵押权，换言之，用朱A、朱B、朱C共同共有的房产为乙公司欠款提供抵押担保，不但没有让未成年人朱 C 直接获益，反而让朱 C 可能承担代乙公司履行还款义务，或其享有的房屋被处分的风险，与前述《民法总则》第三十四条规定（对应《民法典》第三十四条规定）和《民法通则司法解释》第十条规定相悖。

因此，笔者认为，非为未成年人利益不得处分其不动产中的"未成年人的利益"，是指处分未成年人的不动产，能使未成年人直接从中获取的利益，一般情形下，未成年人从处分其不动产中直接获取的利益主要指为未成年人筹集学费、医疗费等。

3. 在不动产登记实务中，监护人出具的为了未成年人利益的书面保证，是登记机构办理处分未成年人的不动产产生的登记的必收要件

登记机构办理本案的房屋抵押权登记时，适用《房屋登记办法》，该办法第十四条规定，因处分未成年人房屋申请登记的，还应当提供为未成年人利益的书面保证。现时适用的《不动产登记暂行条例实施细则》第十一条第二款规定，监护人代为申请登记的，应当提供监护人与被监护人的身份证或者户口簿、有关监护关系等材料；因处分不动产而申请登记的，还应当提供为被监护人利益的书面保证。据此可知，登记机构办理因处分未成年人的房屋产生的转移登记、抵押权登记时，为被监护人利益的书面保证是必须收取的要件。否则，违反不动产登记规则的规定，登记机构的登记程序违法。以未成年人的房屋作抵押申请的抵押权登记，属于处分未成年人房屋产生的登记，申请人应当提交抵押房屋是为了未成年人利益的书面保证。

按《行政诉讼法》第七十条第（三）项规定，违反法定程序的行政行为，人民法院可以判决撤销或者部分撤销，并可以判决被告重新作出行政行为。据此可知，本案中，如果登记机构办理朱 A、朱 B、朱 C 共同共有的房屋抵押权登记时，若没有收取朱 A、朱 B 出具的抵押房屋是为了朱 C 的利益的书面保证，其他利害关系人以抵押权登记程序违法为由，将登记机构作为被告起诉，请求法院判决撤销抵押权登记的，登记机构可能会承受抵押权登记被撤销的后果。

判例 36　一般情形下，在建建筑物抵押权注销登记应当由抵押当事人共同申请

一、案件名称

上诉人费某因行政答复一案。

二、人民法院确认的事实

费某通过邮寄方式向某市规划和国土资源管理委员会（以下简称市规土委）寄送《撤销在建工程抵押登记申请书》，请求撤销权利证号为某他项（2012）第 00062 号和某他项（2011 抵）第 00231 号的涉案在建工程抵押登记（以下简称在建工程抵押登记），撤销在建工程抵押登记的理由为，在建工程抵押登记转为建筑物抵押登记后，在建工程抵押登记不复存在。2016 年 9 月 22 日，市规土委对费某作出《关于申请注销在建工程抵押登记问题的答复意见》（以下简称被诉答复意见）。被诉答复意见的主要内容为：根据《不动产登记暂行条例》第十四条第一款和第十五条第一款规定，申请注销抵押登记，应由抵押权人和抵押人双方共同申请，到不动产登记机构办公场所申请不动产登记。按照《不动产登记暂行条例实施细则》第七十条和第七十七条规定，注销在建工程抵押登记应当提供下列材料：（一）不动产登记证明；（二）在建建筑物抵押权发生消灭的材料；（三）其他必要材料。另外，至今尚未接到抵押人、抵押权人提出注销在建工程抵押登记的申请。故费某提出的依法注销在建工程抵押登记申请，从程序和材料上均不符合不动产登记相关规定，不予办理。费某对该被诉答复意见不服，以"市规土委应当根据《城市房屋抵押管理办法》第三十四条第二款、《某市国土资源局、某市建设委员会关于房地产开发项目在建工程抵押登记有关问题的通知》第十条和第十一条、《房屋登记办法》第六十二条、《不动产登记暂行条例实施细则》第七十七条第二款、《物权法》第十二条的规定，依职权在进行现房抵押权登记的同时，注销在建工程抵押权登记"为由，诉至一审法院，请求人民法院依法撤销被诉答复意见，责令市规土委依法撤销涉案在建工程抵押登记。一审法院以"市规土委针对费某的申

请作出的被诉答复意见,明显对费某的合法权益不产生实际影响,费某的起诉不符合法定起诉条件,应当裁定驳回其起诉"为由,裁定驳回了费某的起诉。费某不服,上诉至二审人民法院。

三、二审人民法院的认为

《不动产登记暂行条例》第十四条第一款规定,因买卖、设定抵押权等申请不动产登记的,应当由当事人双方共同申请。根据该条规定,不动产登记是依申请的行政行为,没有双方当事人共同申请,行政主体便不能主动作出行政行为。在建工程抵押登记属于上述法规规定的不动产登记范围,对应的双方当事人应当是抵押人和抵押权人。因此,注销在建工程抵押登记应当由抵押人和抵押权人共同申请。本案中,费某并非涉案在建工程抵押登记的抵押人或抵押权人,依法不具备提出注销涉案在建工程抵押登记申请的资格。市规土委针对费某的申请作出的被诉答复意见,系告知费某其不具备申请注销在建工程抵押登记资格的依据,并未对其设定权利义务,被诉答复意见对费某的合法权益明显不产生实际影响。故费某针对被诉答复意见提起的本案之诉不符合《最高人民法院关于适用〈中华人民共和国行政诉讼法〉若干问题的解释》第三条第一款第(八)项规定的起诉条件。一审法院驳回其起诉正确,本院应予维持。费某的上诉理由均缺乏事实及法律依据,本院不予支持。

四、二审人民法院的裁判结论

裁定驳回上诉,维持一审裁定。

五、解 析

1. 撤销登记与注销登记属于两种不同的行政行为

撤销登记,是指行政复议机关以行政复议决定,或人民法院以行政判决书的方式作出的,使登记簿上记载的不正确的不动产登记自始归于无效的行为,如人民法院判决撤销房屋所有权登记等。撤销登记实质上是国家公权力对不动产登记的强制性干涉,对不正确的不动产登记予以纠正,溯及既往地剥夺登记簿上记载的不动产权利的法律效力,即让登记簿上记载的不动产权利自始无效。但撤销登记不是不动产登记类型，只是一种公权力的强制手段。原《房屋登记办法》第八十一条规定："司法机关、行政机关、仲裁委员会发生法律效力的文件证明当事人以隐瞒真实情况、提交虚假材料等非法手段获取房屋登记的，房屋登记机构可以撤销原房屋登记，收回房屋权属证书、登记证明或者公告作废，但房屋权利为他人善意取得的除外。"据此可知，在房屋登记时代，房屋登记机构可以依据司法机关、行政机关、仲裁委员会发生法律效力的文件直接办理撤销房屋登记。不动产统一登记后，《不动产登记暂行条例》《不动产登记暂行条例实施细则》《不动产登记操作规范（试行）》的规定均没有授予登记机构以不动产登记撤销权。据笔者查考，现行的法律、行政法规也没有关于登记机构有权撤销不动产登记的规定，"法无授权不可为"，因此，现时的登记机构不能办理不动产撤销登记。

注销登记，是指记载在登记簿上的不动产物权，在使其消灭的情形（或法定事实）成就时，对其予以涂销使其失去法律效力的登记。据此可知，注销登记消灭的是登记簿上记载正确的，但消灭情形已经出现的不动产权利，它不溯及既往地剥夺登记簿上记载的不动产权利的法律效力，而是自注销登记被记载于登记簿上时起，才消灭登记簿上记载的不动产权利的法律效力。

本案中，原告费某以"在建工程抵押登记转为建筑物抵押登记后，在建工程抵押登记不复存在"为由，申请撤销在建建筑物抵押权登记。既然"在建工程抵押登记转为建筑物抵押登记后，在建工程抵押登记不复存在"，费某应当申请在建建筑物抵押权注销登记，而非撤销登记。作为被告的市规土委对费某作出的《关于申请注销在建工程抵押登记问题的答复意见》中，将费某应当申请的登记定性为在建工程抵押注销登记准确。

2. 一般情形下，在建建筑物抵押权注销登记应当由抵押当事人共同申请

本案中，2016年9月22日，市规土委对费某作出《关于申请注销在建工程抵押登记问题的答复意见》时，《不动产登记操作规范（试行）》已经发布实施。

按《不动产登记暂行条例实施细则》第七十七条规定，在建建筑物抵押权注销登记，由当事人申请。《不动产登记操作规范（试行）》14.4.2条规定："不动产登记簿记载的抵押权人与抵押人可以共同申请抵押权的注销登记。债权消灭或抵押权人放弃抵押权的，抵押权人可以单方申请抵押权的注销登记。人民法院、仲裁委员会生效法律文书确认抵押权消灭的，抵押人等当事人可以单方申请抵押权的注销登记。"据此可知，一般情形下，在建建筑物抵押权注销登记由登记簿上记载的抵押权人和抵押人共同申请；因债权消灭或抵押权人放弃抵押权产生的注销登记可以由抵押权人单方申请；因生效法律文书确认抵押权消灭产生的注销登记，可以由抵押人、抵押权人或诉讼当事人单方申请。本案中，"在建工程抵押登记转为建筑物抵押登记后，在建工程抵押登记不复存在"表明，此情形属于由抵押权人和抵押人共同申请注销登记的情形，费某不是登记簿上记载的抵押权人或抵押人，即费某申请在建建筑物抵押权注销登记，作为申请主体不适格。在不动产登记实务中，《不动产登记暂行条例实施细则》第二条第一款规定，不动产登记应当依照当事人的申请进行，但法律、行政法规以及本实施细则另有规定的除外。据此可知，一般情形下，不动产登记以申请人的申请启动，申请人不申请，登记机构不得启动登记程序，即申请人不申请，登记机构不得为其办理不动产登记。申言之，不适格的申请人申请的不动产登记，不属于申请人申请启动不动产登记的情形，登记机构不得为其办理不动产登记。因此，本案中，"2016年9月22日，市规土委对费某作出《关于申请注销在建工程抵押登记问题的答复意见》（以下简称被诉答复意见）"，被诉答复意见的主要内容为：根据《不动产登记暂行条例》第十四条第一款和第十五条第一款规定，申请注销抵押登记，应由抵押权人和抵押人双方共同申请，到不动产登记机构办公场所申请不动产登记。按照《不动产登记暂行条例实施细则》第七十条、第七十七条的规定，注销在建工程抵押登记应当提供下列材料：（一）不动产登记证明；（二）在建建筑物抵押权发生消灭的材料；（三）其他必要材料。另外，至今尚未接到抵押人、抵押权人提出变更在建工程抵押登记的申请。故费某提出的依法注销在建工程抵押登记申请，从程序和材料上均不符合不动产登记相关规定，不予办理。笔者认为，此答复于法有据，值得赞同。二审人民法院关于"费某并非涉案在建工程抵押登记的抵押人或抵押权人，依法不具备提出注销涉案在建工程抵押登记申请的资格。市规土委针对费某的申请作出的被诉答复意见，系告知费某其不具备申请注销在建工程抵押登记资格的依据，并未对其设定权利义务，被诉答复意见对费某的合法权益明显不产生实际影响。故费某针对被诉答复意见提起的本案之诉不符合《最高人民法院关于适用〈中华人民共和国行政诉讼法〉若干问题的解释》第三条第一款第（八）项规定的起诉条件。一审法院驳回其起诉正确，本院应予维持。费某的上诉理由均缺乏事实及法律依据，本院不予支持"的认为也值得赞同，据此作出的裁定正确。

判例 37　登记机构办理在建建筑物抵押权登记时应当收取规划材料和查看现场

一、案件名称

上诉人某市国土资源局某区分局、丙银行因房屋行政登记一案。

二、人民法院确认的事实

2012年2月14日，因甲化纤有限公司贷款之需，乙公司向某市国土资源局某区分局（以下简称某区国土局）提出房地产他项权利（抵押）登记申请，要求将其位于某市某区滨海商贸中心某大道以北、某路以西地块（地号13-67-0-271-2）的土地使用权［权证号为某县国用（2011）第13-92号］及地上在建工程抵押给丙银行，为甲化纤有限公司的贷款作抵押担保。某区国土局审核认为乙公司的申请符合相关法律规定，于同日为其办理了抵押登记手续，抵押国有土地使用权面积15 031平方米、在建工程建筑面积42 001平方米，抵押总金额5 000万元，抵押期限为2012年2月14日至2013年1月19日。2012年9月20日，乙公司、丙银行向某区国土局提出申请，要求将上述抵押期限延期至2013年9月19日止，某区国土局当日为其办理了抵押延期的相关登记手续。2013年1月23日，乙公司因甲化纤有限公司向丙银行贷款之需，再次向某区国土局提出申请，要求办理上述地块及地上在建工程的抵押登记手续。但因上述抵押登记的期限未满，乙公司于2013年1月24日申请注销了前述抵押登记，并于同日再次申请办理抵押登记手续。某区国土局审核后，于2013年1月24日作出某房地产（2013）字第0981号抵押权证，抵押国有土地使用权面积15 031平方米、在建工程建筑面积42 001平方米，抵押总金额5 000万元，抵押期限为2013年1月22日至2015年1月21日。2013年1月25日，某区国土局函告原某县滨海工业区房地产管理所，要求停止办理上述房地产项目的商品房预售登记。乙公司于2013年1月24日再次申请办理抵押登记手续时，没有向登记机构提交建设工程规划手续。某国土局提交的证据中没有现场查看记录。

2013年1月25日，乙公司向原某县滨海工业区房地产管理所提出房地产项目停止销售申请，要求停止销售上述在建房地产项目，计建筑面积31 152.92平方米，所附抵押物清单（楼盘表）盖有乙公司、丙银行公章，其备注栏载有"在建工程抵押（包括地下室面积6 825.79平方米，已预售4 022.29平方米，要求停止预售31 152.92平方米）"内容。原某县滨海工业区房地产管理所当日审批同意乙公司的停售申请，并在该抵押物清单（楼盘表）上盖章确认。该抵押物清单（楼盘表）一式两份，一份由房管所存档，一份由某区国土局收入某房地产（2013）字第0981号抵押登记档案。

原某县住房和城乡建设局于2011年12月14日向乙公司颁发售许字（2011）第006号滨海商品房预售证，批准乙公司开发建设的位于"滨海工业区某大道以北、某路以西地块"的商品房公开预售。王某、乙公司于2012年8月11日、2013年1月4日就上述地块上的1幢101—108室、2幢101—105室房屋签订了13份商品房买卖合同，合计建筑面积4 022.29平方米，并于此后进行了预售备案。王某认为，某区国土局所作某房地产（2013）字第0981号抵押登记将其购买的4 022.29平方米也列入抵押范围，侵犯其合法权益，遂起诉要求撤销该抵押登记。一审法院以"被告作出的某房地产（2013）字第0981号抵押登记行为，认定事实不清，证据不足，程序亦违法"为由，判决撤销被告某区国土局于2013年1月24日作出的某房地产（2013）字第0981号抵押登记。某区国土局、丙银行不服一审判决，向二审人民法院提起上诉。

三、二审人民法院的认为

城市房地产抵押登记制度的设立是为了规范房屋登记行为，维护房地产交易安全，保护权利人的合法权益。某区国土局作为本行政区域内，履行在建工程抵押登记职责的行政机关，应当严格依照《房屋登记办法》《城市房地产抵押管理办法》等规定履行审查登记职责。

1. 被诉抵押登记行为证据不足，未尽审慎审查职责

第一，《城市房地产抵押管理办法》第二十八条规定，以在建工程抵押的，抵押合同还应当载明以下内容：（一）《国有土地使用权证》、《建设用地规划许可证》和《建设工程规划许可证》编号；（二）已交纳的土地使用权出让金或需交纳的相当于土地使用权出让金的款额；（三）已投入在建工程的工程款；（四）施工进度及工程竣工日期；（五）已完成的工作量和工程量。而本案乙公司申请时提交的最高额抵押合同，并不符合上述关于在建工程抵押合同要件的规定。第二，根据《房屋登记办法》第二十二条第（一）项、第六十条第（六）项规定，申请在建工程抵押权登记的，应当提交在建工程规划许可证作为申请材料之一。本案中，乙公司在申请抵押权登记时，未提交建设工程规划许可证以证明该在建工程符合相关规划要求，其申请登记材料亦不符合形式要求。第三，从某区国土局于2013年1月25日函告原某县滨海工业区房地产管理所，要求停止办理涉案房地产项目的商品房预售登记看，某区国土局在作出被诉抵押登记时，应当明知涉案房地产项目符合商品房公开预售条件、存在已预售的可能，却未依照《房屋登记办法》第十八条规定，就需要进一步明确的相关预售事项询问申请人，亦未要求其补充提交相关材料，致其抵押登记范围与房管部门

预售备案内容矛盾，对抵押标的物情况审查不清。由此，某区国土局未依照《房屋登记办法》第十七条、第十八条规定，对申请登记材料是否符合法定形式、是否具备真实性及合法性等事项尽到审慎查验职责，被诉抵押登记行为证据不足。

2. 被诉抵押登记行为程序违法

根据《房屋登记办法》第十九条第一款第（二）项规定，办理在建工程抵押权登记的，房屋登记机构应当实地查看。然而某区国土局提交的证据，不能体现上述实地查看程序有无进行、是否到位，抵押登记办理程序存在不当。

另，本案审查某区国土局所作某房地产（2013）字第 0981 号抵押登记行为的合法性，涉案商品房买卖合同的效力、商品房预售备案登记行为的合法性等问题不属于本案行政诉讼的审查范围。

综上，被诉抵押登记行为认定事实不清，证据不足，违反法定程序，依法应予撤销。某区国土局、丙银行有关一审判决认定事实错误的上诉理由虽部分成立，但不影响本案的实体判决，其上诉请求应予驳回。

四、二审人民法院的裁判结论

判决驳回上诉，维持原判决。

五、解析

1. 从实体上看，建设工程规划许可手续是在建建筑物系合法建造的凭证

《城乡规划法》第六十四条规定，未取得建设工程规划许可证或者未按照建设工程规划许可证的规定进行建设的，由县级以上地方人民，政府城乡规划主管部门责令停止建设；尚可采取改正措施消除对规划实施的影响的，限期改正，处建设工程造价百分之五以上百分之十以下的罚款；无法采取改正措施消除影响的，限期拆除，不能拆除的，没收实物或者违法收入，可以并处建设工程造价百分之十以下的罚款。据此可知，取得建设工程规划许可手续并按照建设工程规划许可手续的规定进行建设产生的在建建筑物、建筑物，才是合法建造的在建建筑物、建筑物，否则，属于违

法建造的在建建筑物、建筑物。申言之，建设工程规划许可手续是在建建筑物系合法建造的凭证。按在本案发生时适用的《房地产登记技术规程》4.4.3 条之 2 规定，登记机构对在建建筑物抵押权登记申请作合法性审核的要点为：在建工程抵押权登记的，房屋应在规划验收证明或建设工程规划许可证明的范围内。按《不动产登记暂行条例》第二十二条第（一）项规定，登记申请违反法律、行政法规规定的，登记机构应当作不予登记处理。据此可知，如果申请人以未取得建设工程规划许可手续或者未按照建设工程规划许可手续的规定进行建设产生的在建建筑物申请在建建筑物抵押权登记的，无论是在房屋登记时代，还是在不动产统一登记时代，登记机构都不予支持。

2. 本案中，登记机构办理在建建筑物抵押权登记时存在的程序问题

按《物权法》第十二条第一款第（二）项规定，就有关登记事项询问申请人是登记机构的职责（按《民法典》第二百一十二条第一款第（二）项规定可以得出同样的结论）。在本案发生时适用的《房屋登记办法》第十八条第一款规定，房屋登记机构应当查验申请登记材料，并根据不同登记申请就申请登记事项是否是申请人的真实意思表示、申请登记房屋是否为共有房屋、房屋登记簿记载的权利人是否同意更正，以及申请登记材料中需进一步明确的其他有关事项询问申请人。询问结果应当经申请人签字确认，并归档保留。据此可知，询问申请人是登记机构办理在建建筑物抵押权登记时应当履行的程序。本案中，"某区国土局在作出被诉抵押登记时，应当明知涉案房地产项目符合商品房公开预售条件、存在已预售的可能，却未依照《房屋登记办法》第十八条规定，就需要进一步明确的相关预售事项询问申请人，亦未要求其补充提交相关材料，致其抵押登记范围与房管部门预售备案内容矛盾，对抵押标的物情况审查不清"表明，某区国土局在办理被诉抵押登记时，未履行询问申请人程序。

按本案发生时适用的《房屋登记办法》第十九条第一款第（二）项规定，办理在建工程抵押权登记的，房屋登记机构应当实地查看。在现时的不动产登记实务中，按《不动产登记暂行条例实施细则》第十六条第（二）

项规定,办理在建建筑物抵押权登记时,登记机构应当查看抵押的在建建筑物坐落及其建造等情况。据此可知,无论是曾经的房屋登记实务,还是现时的不动产登记实务,查看现场均是登记机构办理在建建筑物抵押权登记时的必需程序。本案中,某区国土局向人民法院提交的证据中没有现场查看记录证明材料。

按本案发生时适用的《房屋登记办法》第二十二条第(一)项、第六十条第(六)项规定,申请人申请在建工程抵押权登记的,应当提交在建工程规划许可证。在现时的不动产登记实务中,按《不动产登记暂行条例实施细则》第七十六条第(三)项规定,建设工程规划许可证是申请人申请在建建筑物抵押权登记时应当提交的材料。据此可知,无论是曾经的房屋登记实务,还是现时的不动产登记实务,建设工程规划许可手续均是登记机构办理在建建筑物抵押权登记时应当收取的材料。本案中,乙公司于2013年1月24日再次申请办理抵押登记手续时,没有向登记机构提交建设工程规划手续。换言之,登记机构办理在建建筑物抵押权登记时,没有收取建设工程规划许可手续。

因此,二审人民法院关于"乙公司在申请抵押权登记时,未提交建设工程规划许可证以证明该在建工程符合相关规划要求,其申请登记材料亦不符合形式要求""某区国土局提交的证据,不能体现上述实地查看程序有无进行、是否到位,抵押登记办理程序存在不当"的认为值得赞同,据此作出的判决正确。

3. 登记机构应当适用更正登记履行人民法院的生效判决

按《行政诉讼法》第七十条第(二)项规定,违反法定程序的行政行为,人民法院可以判决撤销或部分撤销。据此可知,被人民法院撤销的违反法定程序的行政行为,是错误的行政行为。《物权法》第十九条第一款规定,权利人、利害关系人认为不动产登记簿记载的事项错误的,可以申请更正登记。不动产登记簿记载的权利人书面同意更正或者有证据证明登记确有错误的,登记机构应当予以更正(《民法典》第二百二十条第一款做了同样的规定)。据此可知,更正登记是纠正登记簿记载错误的不动产登记类型。本案中,"人民法院判决撤销某区国土局于 2013 年 1 月 24 日作出的某县房地产(2013)字第 0981 号抵押登记"表明,记载在登记簿上的该在建建筑物抵押权登记错误,登记机构应当适用更正登记纠正此错误,将在建建筑物恢复到没有抵押权负担的状态,即自更正登记记载于登记簿上时起,在建建筑物上的抵押权消灭。

判例 38 预购商品房抵押预告登记不具有抵押权效力

一、案件名称

原告甲银行因与被告乙房地产公司、陈某发生保证合同纠纷案。

二、人民法院确认的事实

2007 年 8 月 29 日,原告甲银行与被告陈某、乙房地产公司签订《个人贷款合同(抵押、保证)》一份,约定陈某向甲银行借款 37 万元,用于购房。陈某以坐落于某市某路 185 弄 20 号 102 房屋作为抵押物提供担保,担保范围包括利息、律师费等;贷款期限自 2007 年 9 月 12 日至 2037 年 9 月 12 日,还款方式采用等额还本付息法。乙房地产公司作为保证人在合同上盖章。合同签订后,甲银行和陈某于 2007 年 9 月 12 日办理了预告登记(预购商品房抵押)。甲银行于同日发放贷款。

2010 年 12 月 28 日,陈某与乙房地产公司就商品房预售合同发生纠纷诉到一审法院。审理中,甲银行作为第三人参加诉讼。

一审法院以"……由于贷款合同被判令解除后,陈某未履行生效判决规定的还款义务,根据合同约定,甲银行有权行使抵押权。……"为由,判决:(1)……(2)……甲银行可以与抵押人陈某协议,以坐落于某市某路 185 弄 20 号 102 室房屋折价,或者申请以拍卖、变卖该抵押物所得价款优先受偿。……甲银行、乙房地产公司均不服一审判决,向二审人民法院提起上诉。

三、二审人民法院的认为

系争房产上设定的抵押预告登记,与抵押权设立登记具有不同的法律性质和法律效力。根据《中华人民共和国物权法》等相关法律法规的规定,预告登记后，未经预告登记的权利人同意，处分该不动产的，不发生物权效力。预告登记后，债权消灭或者自能够进行不动产登记之日起三个月内未申请登记的，预告登记失效。即抵押权预告登记所登记的并非现实的抵押权，而是将来发生抵押权变动的请求权，该请求权具有排他效力。因此，上诉人甲银行作为系争房屋抵押权预告登记的权利人，在未办理房屋抵押权设立登记之前，其享有的是当抵押登记条件成就或约定期限届满对系争房屋办理抵押权登记的请求权，并可排他性地对抗他人针对系争房屋的处分，但并非对系争房屋享有现实抵押权，一审判决对甲银行有权行使抵押权的认定有误，应予纠正。

四、二审人民法院的裁判结论

判决：……撤销一审人民法院民事判决第（2）项……。

五、解　析

1. 预购商品房抵押预告登记不具有抵押权的效力

《物权法》第二十条第一款规定，当事人签订买卖房屋或者其他不动产物权的协议，为保障将来实现物权，按照约定可以向登记机构申请预告登记。预告登记后，未经预告登记的权利人同意，处分该不动产的，不发生物权效力（《民法典》第二百二十一条第一款规定，当事人签订买卖房屋的协议或者签订其他不动产物权的协议，为保障将来实现物权，按照约定可以向登记机构申请预告登记。预告登记后，未经预告登记的权利人同意，处分该不动产的，不发生物权效力）。此规定表明：

（1）所谓预告登记，即为保全一项以将来发生不动产物权为目的的请求权的不动产登记。而且预告登记的本质特征是使被登记的请求权具有物权效力，纳入预告登记的请求权，对后来发生的与该项请求权内容相同的不动产物权的处分行为，具有排他的效力，以确保将来只发生该请求权所期待的法律效果[①]。换言之，当事人申请预告登记，旨在确保预告登记权

[①] 梁慧星：《中国民法典草案建议稿附理由：物权编》，法律出版社2004年版，第38页。

利人实现请求权的目的而最终取得不动产物权,申言之,经过预告登记的请求权具有准物权的效力。

(2)是否申请预告登记,由谁申请,均由当事人在以取得不动产物权为目的的协议中约定,或另行书面约定。

(3)预告登记自记载在登记簿上时起产生保全效力,即预告登记自记载于登记簿上时起,具有限制义务人(不动产处分人)再处分已经预告登记的不动产的效力。

概言之,预告登记只是一种确保以取得不动产物权为目的的债权实现的保全措施,不发生物权效果。本案中,甲银行和陈某于2007年9月12日办理了预告登记(预购商品房抵押),此预告登记,只是确保陈某预购的商品房竣工交付后,甲银行能够确定地取得此房屋的抵押权,此预告登记不是设立房屋抵押权产生的登记,不产生使甲银行享有房屋抵押权的法律效果。因此,二审法院关于"系争房产上设定的抵押预告登记,与抵押权设立登记具有不同的法律性质和法律效力。根据《中华人民共和国物权法》等相关法律法规的规定,预告登记后,未经预告登记的权利人同意,处分该不动产的,不发生物权效力。预告登记后,债权消灭或者自能够进行不动产登记之日起三个月内未申请登记的,预告登记失效。即抵押权预告登记所登记的并非现实的抵押权,而是将来发生抵押权变动的请求权,该请求权具有排他效力。因此,上诉人甲银行作为系争房屋抵押权预告登记的权利人,在未办理房屋抵押权设立登记之前,其享有的是当抵押登记条件成就或约定期限届满对系争房屋办理抵押权登记的请求权,并可排他性地对抗他人针对系争房屋的处分,但并非对系争房屋享有现实抵押权,一审判决对甲银行有权行使抵押权的认定有误,应予纠正"的认为值得赞同,据此作出的判决正确。

2. 关于预购商品房抵押预告登记失效的判定

《物权法》第二十条第二款规定,预告登记后,债权消灭或者自能够进行不动产登记之日起三个月内未申请登记的,预告登记失效(《民法典》第二百二十一条第二款规定,预告登记后,债权消灭或者自能够进行不动产登记之日起九十日内未申请登记的,预告登记失效)。据此可知,导致预告登记失效的原因有:一是被预告登记保全的债权消灭;二是自能够进行不动产登记之日起三个月内未申请登记。

(1)被预告登记保全的预购商品房抵押合同债权消灭的情形。

债权债务的消灭,指债权债务关系依某种原因,客观的丧失其存在①。在不动产登记实务中,预购商品房抵押预告登记,是指基于预购商品房抵押合同建立的请求权申请的预告登记,旨在保障抵押权人实现合同目的,将来确定地取得该预购商品房的房屋抵押权。被预告登记保全的预购商品房抵押合同债权消灭,一是基于合同当事人的意思表示,二是基于判决、仲裁。

① 基于合同当事人的意思表示消灭债权。

基于合同当事人的意思表示消灭债权,主要指预购商品房抵押合同的当事人,即抵押权人与抵押人协商解除抵押合同或终止抵押合同的履行而使预购商品房抵押合同债权消灭的情形,一般以抵押合同解除协议或合同、抵押合同终止协议或合同的方式体现。如果抵押权人与抵押人产生诉讼后,在人民法院、仲裁机构的调解下解除抵押合同或终止抵押合同的履行的,则以民事调解书、仲裁调解书的方式体现。此外,抵押权人放弃抵押合同载明的权利,也属于依当事人的意思表示消灭债权的情形,一般以抵押权人出具的放弃债权的声明、承诺等方式来体现。当然,一般情形下,当事人协商解除或终止贷款合同而使主债权消灭的,也属于使抵押合同债权消灭的情形。

② 基于判决、仲裁消灭债权。

在司法实务中,《物权法司法解释(一)》第五条规定,买卖不动产物权的协议被认定无效、被撤销、被解除,或者预告登记的权利人放弃债权的,应当认定为物权法第二十条第二款所称的"债权消灭"。据此可知,买卖不动产物权的协议被人民法院或仲裁机构认定无效,或被人民法院、仲

---

① 梁慧星:《中国民法典草案建议稿附理由:债权总则编》,法律出版社2006年版,第176页。

裁机构撤销、解除的，也属于预告登记消灭的原因。此情形下，债权消灭的方式一般以生效的民事判决书、民事裁定书、仲裁裁决书的方式体现。此情形下，因买卖不动产物权的协议产生的抵押合同标的消灭。标的是一切合同的主要条款，缺少该条款，合同将不能成立①。因此，买卖不动产物权的协议基于判决、仲裁消灭或终止的，也属于预告登记消灭的情形。

按《物权法》第一百七十二条规定，担保合同是主债权债务合同的从合同。主债权债务合同无效，担保合同无效（按《民法典》第三百八十八条规定可以得出同样的结论）。因此，一般情形下，作为主债权合同的贷款合同被人民法院或仲裁机构撤销、解除的，抵押合同随之被撤销、解除，即作为主债权合同的贷款合同被人民法院或仲裁机构撤销、解除属于债权消灭的情形。

抵押合同被仲裁机构、人民法院撤销、解除的，自无可言。

（2）自能够进行房屋抵押权首次登记之日起三个月内未申请登记的情形。

自能够进行房屋抵押权首次登记之日起三个月内未申请登记的，预告商品房抵押预告登记失效。那么，"自能够进行房屋抵押权首次登记"中，什么是能够进行房屋抵押首次登记？笔者认为，一是预购商品房所有权及分摊（或占用范围内）的土地使用权已经登记到预购人名下；二是申请房屋抵押权首次登记的材料已经齐全、充分；三是双方当事人或其代理人能够申请房屋抵押权首次登记。

在不动产登记实务中，失效的预告登记，对登记簿上记载的权利人处分该不动产不再有排他的效力，对权利人处分该不动产产生的登记，不再有限制的功用，登记机构可以应当事人的申请，按程序办理相关登记。

3. 预购商品房抵押预告登记转房屋抵押权首次登记

预购商品房抵押预告登记与房屋抵押权首次登记，属于两种不同的但又相关联的不动产登记类型。前者不产生抵押权的效力，只起限制抵押人

---

① 王利明：《民法学》，复旦大学出版社2004年版，第613页。

将此房屋再处分给他人，保障抵押权人在将来确定地取得房屋的抵押权的效力。后者产生使房屋抵押权设立的效力。此处的房屋抵押权，包括房屋一般抵押权和房屋最高额抵押权。因此，预购商品房抵押预告登记与房屋抵押权首次登记适用不同的登记程序，预购商品房抵押预告登记转房屋抵押权首次登记适用国有建设用地及地上房屋抵押权首次登记程序。

但是，在不动产登记实务中，《不动产登记暂行条例实施细则》第八十五条第三款规定，预告登记后，债权未消灭且自能够进行相应的不动产登记之日起3个月内，当事人申请不动产登记的，不动产登记机构应当按照预告登记事项办理相应的登记。据此可知，基于预购商品房预告登记申请的房屋抵押权首次登记，登记簿记载的内容，应当以预告登记的内容为准。换言之，基于预购商品房抵押预告登记申请房屋抵押权首次登记时，欲在登记簿上记载的抵押权的内容，与预购商品房抵押预告登记的内容不一致的，抵押当事人应当先行申请预购商品房抵押预告登记变更登记后，再基于预购商品房抵押预告登记变更登记申请房屋抵押权首次登记。

如前所述，预购商品房抵押预告登记与房屋抵押权首次登记，属于两种不同的但又相关联的不动产登记类型，因此，当事人申请房屋抵押权首次登记提交申请材料时，应当遵循不重不漏的原则，即按申请房屋抵押权首次登记的要求提交登记申请材料，但在申请预购商品房抵押预告登记时已经提交过的材料则不再提交。

判例 39 抵押人须凭确认抵押权消灭的生效的法律文书才可以单方申请抵押权注销登记

一、案件名称

原告胡某、张某因不服被告某县国土资源局作出的《不动产登记不予受理告知书》案。

二、人民法院确认的事实

2003年5月12日，原告胡某、张某与第三人甲银行签订《个人生产经营担保借款合同》与《最高额抵押合同》，第三人甲银行同意向原告胡某发放贷款人民币14万元，借款期限自2003年5月12日起至2006年4月20日止，原告胡某、张某以坐落于某县某街道东大街××室的房产作为合同项下借款的抵押担保物。双方于2003年5月13日办理了不动产抵押权登记，登记证明号为200314819。2018年1月5日，原告胡某、张某向被告某县国土资源局申请办理坐落于某县某街道东大街××室房产抵押权注销登记，并提交了房屋所有权证、房屋共有权证、抵押人身份证，被告经审查于当日作出《不动产登记不予受理告知书》，告知原告根据《国土资源部关于印发〈不动产登记操作规范（试行）〉的通知》，抵押人等当事人单方申请抵押权注销登记的，需提交不动产登记申请书及证实抵押权已消灭的人民法院、仲裁委员会作出的生效法律文书，因原告申请登记材料不齐全，依据《不动产登记暂行条例》第十七条的规定，决定不予受理。原告对被告作出的《不动产登记不予受理告知书》不服，起诉至人民法院。

另外，原告庭审中承认尚未清偿合同项下的全部借款。

三、人民法院的认为

《不动产登记暂行条例》第十六条第一款规定："申请人应当提交下列材料，并对申请材料的真实性负责：（一）登记申请书；（二）申请人、代理人身份证明、授权委托书；（三）相关的不动产权属来源证明材料、登记原因证明文件、不动产权属证书；（四）不动产界址、空间界限、面积等材料；（五）与他人利害关系的说明材料；（六）法律、行政法规以及本条例实施细则规定的其他材料。"《不动产登记暂行条例实施细则》第七十条规定："有下列情形之一的，当事人可以持不动产登记证明、抵押权消灭的材料等必要材料，申请抵押权注销登记：（一）主债权消灭；（二）抵押权已经实现；（三）抵押权人放弃抵押权；（四）法律、行政法规规定抵押权消灭的其他情形。"《不动产登记操作规范（试行）》（以下简称《规范》）进一步细化明确了各类不动产登记的适用条件、申请主体、申请材料、审查要点等内容。《规范》14.4.2条规定，人民法院、仲裁委员会生效法律文书确认抵押权消灭的，抵押人等当事人可以单方申请抵押权的注销登记。《规范》14.4.3条规定，申请抵押权注销登记，提交的材料包括不动产登记申请书、申请人身份证明、抵押权消灭的材料、法律、行政法规以及《不动产登记暂行条例实施细则》规定的其他材料，抵押人等当事人单方申请注销登记的，还需提交证实抵押权已消灭的人民法院、仲裁委员会作出的生效法律文书。本案中，原告胡某、张某于2018年1月5日单方向被告申请抵押权注销登记时，既未提交书面登记申请书，又未提交证实抵押权已消灭的人民法院、仲裁委员会作出的生效法律文书，被告以申请登记材料不齐全为由书面告知原告不予受理并告知需要补正内容并无不当，原告的诉请缺乏事实和法律依据，本院不予支持。

四、人民法院的裁判结论

判决驳回原告胡某、张某要求撤销被告某县国土资源局于2018年1月5日作出的《不动产登记不予受理告知书》，并判令被告某县国土资源局限期注销原告所有的坐落于某县某街道东大街××室房产的抵押权登记（登记证明号为200314819）的诉讼请求。

本判决已经发生法律效力①。

五、解　析

1. 抵押权注销登记的定义及抵押权消灭的情形

《不动产登记暂行条例实施细则》第七十条规定："有下列情形之一的，当事人可以持不动产登记证明、抵押权消灭的材料等必要材料，申请抵押权注销登记：（一）主债权消灭；（二）抵押权已经实现；（三）抵押权人放弃抵押权；（四）法律、行政法规规定抵押权消灭的其他情形。"据此可知，抵押权注销登记，是指记载在登记簿上的抵押权，在使其消灭的情形（或法定事实）成就时，对其予以涂销使其失去法律效力的登记。

《物权法》第一百七十七条规定："担保物权消灭的情形有：（一）主

---

① 本书编著者注。

债权消灭；（二）担保物权已经实现；（三）债权人放弃担保物权；（四）法律、法规规定担保物权消灭的其他情形。"《民法典》第三百九十三条规定："有下列情形之一的，担保物权消灭：（一）主债权消灭；（二）担保物权实现；（三）债权人放弃担保物权；（四）法律规定担保物权消灭的其他情形。"）按《担保法》第五十八条规定，抵押权因抵押物灭失而消灭（《民法典》第二百三十一条规定，因合法建造、拆除房屋等事实行为设立或者消灭物权的，自事实行为成就时发生效力。据此可知，自房屋实体灭失时，房屋的所有权无须注销登记即依法、即时消灭，申言之，自不动产实体灭失时起，不动产物权无须注销登记即依法、即时消灭，依附该不动产物权设立的抵押权亦随之消灭，因此，抵押权因抵押物灭失而消灭）。除此之外，在不动产登记实务中，按《不动产登记操作规范（试行）》14.4.1条之4规定，因人民法院、仲裁委员会的生效法律文书致使抵押权消灭属于申请人申请抵押权注销登记的情形。概言之，申请人申请抵押权注销登记的情形主要有：（1）被担保的主债权消灭；（2）抵押权已经实现；（3）抵押权人放弃抵押权；（4）抵押物灭失；（5）人民法院、仲裁委员会的生效法律文书确认抵押权消灭。本案中，"原告庭审中承认尚未清偿合同项下的全部借款"表明，胡某、张某是在主债权没有消灭的前提下申请抵押权注销登记，该申请中的抵押权注销登记事由不属于前述抵押权消灭的情形。

2. 本案中，胡某、张某申请抵押权注销登记时主体不适格

在不动产登记实务中，《不动产登记操作规范（试行）》14.4.2条规定："不动产登记簿记载的抵押权人与抵押人可以共同申请抵押权的注销登记。债权消灭或抵押权人放弃抵押权的，抵押权人可以单方申请抵押权的注销登记。人民法院、仲裁委员会生效法律文书确认抵押权消灭的，抵押人等当事人可以单方申请抵押权的注销登记。"据此可知，一般情形下，抵押权注销登记由登记簿上记载的抵押权人与抵押人共同申请；因债权消灭或放弃抵押权产生的抵押权注销登记可以由登记簿上记载的抵押权人单方申请；因人民法院、仲裁委员会生效的法律文书确认抵押权消灭产生的抵押权注销登记，可以由法律文书上的诉讼当事人单方申请。本案中，抵押人

胡某、张某是在主债权没有消灭的前提下单方申请抵押权注销登记，不属于可以由抵押人单方申请抵押权注销登记的情形，因此，抵押人胡某、张某单方申请抵押权注销登记时，申请主体不适格。

3. 本案中，登记机构对胡某、张某单方申请抵押权注销登记的处置并无过错

按《不动产登记暂行条例》第十七条第（三）项规定，不动产登记机构收到不动产登记申请材料时，申请材料不齐全或者不符合法定形式的，登记机构应当当场书面告知申请人不予受理并一次性告知需要补正的全部内容。按《不动产登记暂行条例实施细则》第七十条规定，当事人申请抵押权注销登记时，应当提交不动产登记证明、抵押权消灭的材料等必要材料。《不动产登记操作规范（试行）》14.4.3条规定："申请抵押权注销登记，提交的材料包括：（1）不动产登记申请书。（2）申请人身份证明。（3）抵押权消灭的材料。（4）抵押权人与抵押人共同申请注销登记的，提交不动产权证书和不动产登记证明；抵押权人单方申请注销登记的，提交不动产登记证明；抵押人等当事人单方申请注销登记的，提交证实抵押权已消灭的人民法院、仲裁委员会作出的生效法律文书。（5）法律、行政法规以及《实施细则》规定的其他材料。"据此可知，凡申请抵押权注销登记，均须提交抵押权消灭的材料，抵押人单方申请抵押权注销登记时，提交的抵押权消灭的材料为人民法院、仲裁委员会确认抵押权消灭的生效法律文书。否则，登记机构将书面告知申请人不予受理及需要补正的全部内容。本案中，"原告胡某、张某向被告某县国土资源局申请办理坐落于某县某街道东大街××室房产抵押权注销登记，并提交了房屋所有权证、房屋共有权证、抵押人身份证"表明，抵押人胡某、张某单方申请抵押权注销登记时，没有提交人民法院、仲裁委员会确认抵押权消灭的生效法律文书作为抵押权消灭的材料，属于提交的登记申请材料不齐全、不充分的情形。被告经审查于当日作出《不动产登记不予受理告知书》，决定不予受理的处置有行政法规依据。本案中，人民法院的认为值得赞同，据此作出的判决正确。

判例 40　生效的确认房屋归第三人的判决书导致登记簿上的原房屋所有权及其上的抵押权消灭

一、案件名称

原告李甲诉被告某不动产登记中心、第三人某村镇银行股份有限公司、第三人王某、第三人李乙房屋行政登记一案。

二、人民法院确认的事实

2012年9月7日某房屋产权监理处将坐落于某市甲区某街96—102号房屋登记在第三人李乙、王某名下，并为其颁发了某房权证某字第××号房屋所有权证。2015年2月13日，第三人李乙、王某使用该房屋在某村镇银行股份有限公司处签订了最高额房屋抵押合同，某房屋产权监理处为其办理了房屋他项权登记。后原告李甲起诉至某市甲区人民法院，要求确认坐落于某市甲区某街96—102号房屋归其所有。某市甲区人民法院于2016年11月29日作出（2016）某0792民初62×号民事判决，确认诉争房屋归原告李甲所有。某村镇银行股份有限公司亦向某市甲区人民法院提起诉讼，要求对包括该房屋在内的抵押物享有优先受偿权。某市甲区人民法院于2017年3月2日作出（2016）某0792民初77×号民事判决，认定"坐落于某市甲区某街96—102号房屋即某房权证01字第004532××号，由不可归责于原告以及被告王某、李乙的原因，其所有权权属已被本院生效判决确认给案外人。由于该房屋所有权被依法变更，被告王某、李乙不享有该不动产所有权，改变了双方设定的担保物权的基础，直接导致其设定的抵押权自始无效。因此，原告对该房屋不能行使抵押权"，判决某村镇银行股份有限公司对最高额抵押合同项下除坐落于某市甲区某街96—102号房屋外抵押物优先受偿。现以上两份民事判决均已发生法律效力。原告要求被告撤销诉争房屋的他项权登记及房屋所有权证，被告未予办理，故原告诉至一审人民法院。

另，根据2016年6月15日某人民政府某政纪〔2016〕56号《关于起草某人民政府关于全面建立困难残疾人生活补贴和重度残废人护理补贴制度的实施意见等问题的市长办公会议纪要》决定，撤销某房屋产权监理处，将原房屋产权监理处人员、资产、职能整建制划入某国土资源局，成立某不动产登记中心并开展工作。

三、一审人民法院的认为

被告某不动产登记中心作为房屋登记机构，有权依法行使对本辖区内房屋权属进行登记的管理职能。本案中，某市甲区人民法院作出的判决已经生效，认定坐落于某市甲区某街96—102号房屋所有权归原告所有，且以此房屋设定的抵押权自始无效。根据《最高人民法院关于行政诉讼证据若干问题的规定》第七十条规定："生效的人民法院裁判文书或仲裁机构裁决文书确认的事实，可以作为定案依据。……"现被告仍将该房屋登记在第三人李乙、王某名下明显不当，应予撤销，同时该房屋的他项权登记亦应撤销。

四、一审人民法院的裁判结论

判决：

（1）撤销被告某不动产登记中心为第三人王某、李乙办理的坐落于某市甲区某街96—102号房屋他项权登记；

（2）撤销被告某不动产登记中心为第三人王某、李乙颁发的坐落于某市甲区某街96—102号房屋所有权证。

本判决已经发生法律效力①。

五、解析

1. 撤销登记不属于不动产登记类型

《不动产登记暂行条例》第三条规定，不动产首次登记、变更登记、转移登记、注销登记、更正登记、异议登记、预告登记、查封登记等，适用本条例。据此可知，撤销登记不是行政法规《不动产登记暂行条例》规定的不动产登记类型。撤销登记，是指行政复议机关以行政复议决定，或

---

① 本书编著者注。

人民法院以行政判决书的方式作出的，使登记簿上记载的不正确的不动产登记自始归于无效的行为，如某市人民政府行政复议决定：撤销房屋所有权登记等。撤销登记实质上是国家公权力对不动产登记的强制性干涉，对不正确的登记予以纠正，溯及既往地剥夺登记簿上记载的不动产权利的法律效力，即让登记簿上记载的不动产权利自始无效。撤销登记只是一种公权力的强制手段。因此，原《房屋登记办法》第八十一条规定："司法机关、行政机关、仲裁委员会发生法律效力的文件证明当事人以隐瞒真实情况、提交虚假材料等非法手段获取房屋登记的，房屋登记机构可以撤销原房屋登记，收回房屋权属证书、登记证明或者公告作废，但房屋权利为他人善意取得的除外。"据此可知，在曾经的房屋登记时代，房屋登记机构可以依据司法机关、行政机关、仲裁委员会发生法律效力的文件直接办理撤销房屋登记。不动产统一登记后，《不动产登记暂行条例》《不动产登记暂行条例实施细则》《不动产登记操作规范（试行）》的规定均没有授予登记机构以不动产登记撤销权，据笔者查考，法律、行政法规也没有授予登记机构有权撤销不动产登记的规定，"法无授权不可为"，因此，现时的登记机构不能办理不动产撤销登记。本案中，"原告要求被告撤销诉争房屋的他项权登记及房屋所有权证"表明，原告李甲要求登记机构撤销其为李乙、王某办理的房屋所有权登记及房屋上的抵押权登记，此要求超出了登记机构的职责范围，不值得倡导。

2. 生效的确认房屋归第三人的判决书导致登记簿上的原房屋所有权及其上的抵押权消灭

《物权法》第二十八条规定，因人民法院、仲裁委员会的法律文书或者人民政府的征收决定等，导致物权设立、变更、转让或者消灭的，自法律文书或者人民政府的征收决定等生效时发生效力（《民法典》第二百二十九条规定，因人民法院、仲裁机构的法律文书或者人民政府的征收决定等，导致物权设立、变更、转让或者消灭的，自法律文书或者征收决定等生效时发生效力）。据此可知，因人民法院的法律文书设立（取得）不动产物权的，自法律文书生效时起，权利人无须登记即依法、即时取得该不动产物权，原权利人对该不动产享有的物权也依法、即时消灭。本案中，某市甲区人民法院于 2016 年 11 月 29 日作出（2016）某 0792 民初 62×号民事判决，确认登记在第三人李乙、王某名下的房屋归原告李甲所有，表明：自该民事判决书生效时起，李甲无须登记即已经依法对此房屋享有所有权，而李乙、王某随之丧失对该房屋享有的所有权，即李乙、王某对该房屋享有的所有权相对消灭了。

《担保法》第五十八条规定，抵押权因抵押物灭失而消灭（《民法典》第二百三十一条规定，因合法建造、拆除房屋等事实行为设立或者消灭物权的，自事实行为成就时发生效力。）据此可知，自房屋实体灭失时，房屋的所有权无须注销登记即依法、即时消灭，申言之，自不动产实体灭失时起，不动产物权无须注销登记即依法、即时消灭，依附该不动产物权设立的抵押权亦随之消灭，因此，抵押权因抵押物灭失而消灭。其中的抵押物灭失，笔者认为，应当包括抵押物的绝对灭失与相对灭失。抵押物的绝对灭失，是指抵押物实体消灭，与之对应的是抵押物实体不灭失但抵押物的权利相对灭失：一是抵押物的权利因转移给他人而使原权利人的权利灭失，他人在此灭失的基础上设立属于自己的权利；二是抵押物的权利因抵押物实体灭失外的申请注销登记的事由成就完成注销登记而灭失（如取得抵押权人同意的情形下，权利人抛弃抵押物的权利申请注销登记后，该权利人享有的抵押物的权利灭失，但该抵押物的权利本身并不消灭，而其归属处于待定状态，故此情形属于抵押物的相对灭失）；三是抵押物的权利内容发生变更，变更前的抵押物的权利内容因变更的完成而消灭，抵押物的权利的新内容因变更的完成而产生。本案中，某市甲区人民法院于 2016 年 11 月 29 日作出（2016）某 0792 民初 62×号民事判决，确认登记在第三人李乙、王某名下的房屋归原告李甲所有，表明：李乙、王某对该房屋享有的所有权相对消灭了，附于该灭失的房屋所有权上设立的抵押权亦随之灭失。

按《行政诉讼法》第七十条第（六）项规定，明显不当的行政行为，人民法院可以判决撤销。本案中，某市甲区人民法院于 2016 年 11 月 29

日作出（2016）某 0792 民初 62×号民事判决，确认登记在第三人李乙、王某名下的房屋归原告李甲所有，即李乙、王某对该房屋享有的所有权相对消灭了，附于该灭失的房屋所有权设立的抵押权随之灭失。一审人民法院判决"（1）撤销被告某不动产登记中心为第三人王某、李乙办理的坐落于某市甲区某街 96—102 号房屋他项权登记；（2）撤销被告某不动产登记中心为第三人王某、李乙颁发的坐落于某市甲区某街 96—102 号房屋所有权证"实质上是判决撤销登记机构为李乙、王某办理的房屋所有权登记和为某村镇银行办理的抵押权登记。

综上所述，一审人民法院关于"某市甲区人民法院作出的判决已经生效，认定坐落于某市甲区某街 96—102 号房屋所有权归原告所有，且以此房屋设定的抵押权自始无效"的认为值得赞同，据此作出的判决正确。

3. 本案的实务处理

《物权法》第十九条第一款规定，权利人、利害关系人认为不动产登记簿记载的事项错误的，可以申请更正登记。不动产登记簿记载的权利人书面同意更正或者有证据证明登记确有错误的，登记机构应当予以更正（《民法典》第二百二十条第一款做了同样的规定）。质言之，登记簿上记载的事项有错误时才产生更正登记，没有错误则不产生更正登记。本案中，如前所述，登记机构为李乙、王某办理的房屋所有权登记和为某村镇银行办理的抵押权登记被人民法院生效的判决撤销，表明：此两种登记均是违法的登记，更是错误的登记，登记机构应当通过更正登记予以纠正，将之更正回错误登记前的状态，即更正登记完成后，登记机构为李乙、王某办理的房屋所有权登记和为某村镇银行办理的抵押权登记失效，房屋所有权恢复登记到李乙、王某之前的原权利人名下。若如此，登记机构可以凭本行政判决书和（2016）某 0792 民初 62×号民事判决书将房屋所有权直接更正登记到李甲名下。

另外，李甲要求登记机构办理撤销诉争房屋的他项权登记及房屋所有权证时，若登记机构告知李甲，凭（2016）某 0792 民初 62×号民事判决申请更正登记，将房屋从李乙、王某名下更正登记至李甲名下，自更正登记完成时起诉争房屋的原所有权及其上的抵押权消灭，可能会省却本诉讼。

判例 41　抵押权不因抵押权人同意抵押人转让抵押物而消灭

一、案件名称

甲银行与乙房地产开发公司金融借款合同纠纷再审案。

二、人民法院确认的事实

2003 年 7 月 29 日，甲银行与乙房地产开发公司签订《借款合同》，约定：乙房地产开发公司向甲银行借款 1 600 万元，用于某工程，担保方式为抵押。同日，双方签订《抵押合同》，约定：乙房地产开发公司以其开发的总建筑面积为 9 161.55 平方米的在建房屋提供抵押担保，并办理房屋在建工程抵押权登记，甲银行领取了他项权证。合同签订后，甲银行依约向乙房地产开发公司发放 1 600 万元借款。借款到期后，乙房地产开发公司没有还款。后甲银行向某市房产交易中心出具了一份《关于允许抵押人继续售房的函》，内容为："我行与乙房地产开发公司签订的抵押合同，抵押人乙房地产开发公司所提供的抵押房产在抵押期间可以出售，可以办理产权手续，售房时乙房地产开发公司另行与我行签署他项权注销证明与售房资金专储证明，明确资金流向，如不签署，出现问题由乙房地产开发公司负责。"乙房地产开发公司据此函陆续将抵押合同所涉的 35 套房产出卖，其中 10 套已办理产权手续，其他 25 套房产没有办理产权手续。截至 2012 年 10 月 20 日，乙房地产开发公司尚欠甲银行借款本金 1 600 万元，借款利息 7 098 476.49 元。

2013 年 11 月 18 日，甲银行向一审人民法院提起诉讼，请求判令：乙房地产开发公司立即偿还借款本金 1 600 万元，借款利息 7 098 476.49 元；如不能偿还贷款本息，甲银行用拍卖、变卖案涉 35 套抵押房产所得价款优先受偿。一审人民法院以乙房地产开发公司根据甲银行出具的函，已将抵押的房产全部销售，甲银行抵押权已经消灭为由，判决：（1）乙房地产开发公司于判决生效后十日内给付甲银行借款本金1 600万元;(2)乙房地产开发公司于判决生效后十日内给付甲银行 1 600 万元借款的利息 7 098 476.49元(计算至2012年10月20日);(3)乙房地产开发公司于判决生效后十日内给付甲银行1 600万元借款的利息(自2012年10月21日至生效判决确定的自动履行期内的实际给付日止,按日万分之二点一计算);(4)驳回甲银行的其他诉讼请求。甲银行不服一审判决,向二审法院提起上诉。二审人民法院判决驳回上诉,维持原判。甲银行遂向再审人民法院申请再审。

三、再审人民法院的认为

双方争议的焦点是:抵押权人同意抵押人销售抵押房产的情况下,能否认定抵押权消灭。

首先,《物权法》第一百七十七条规定,债权人放弃担保物权的,担保物权消灭(按《民法典》第三百九十三条第(三)项规定,债权人放弃担保物权属于担保物权消灭的情形)。对于债权人同意抵押人转让抵押物的情况下,能否认定抵押权已经消灭,结合《物权法》第一百九十一条"抵押期间,抵押人经抵押权人同意转让抵押财产的,应当将转让所得的价款向抵押权人提前清偿债务或者提存"(《民法典》第四百零六条规定,抵押期间,抵押人可以转让抵押财产。当事人另有约定的,按照其约定。抵押财产转让的,抵押权不受影响。抵押人转让抵押财产的,应当及时通知抵押权人。抵押权人能够证明抵押财产转让可能损害抵押权的,可以请求抵押人将转让所得的价款向抵押权人提前清偿债务或者提存。转让的价款超过债权数额的部分归抵押人所有,不足部分由债务人清偿)之规定,可以作出这样的理解,本条确立了"抵押权人同意方可转让"的基本原则,如果抵押权人同意转让抵押物的情况下,则不应由受让人代为清偿债务,在抵押物的交换价值实现之日即丧失了物上追及力,抵押权的效力仅及于转让价金。本案中,甲银行向某市房地产交易中心出具了《关于允许抵押人继续售房的函》,同意转让抵押物,应视为放弃抵押权,此时甲银行对于在建房屋已不再享有抵押权,其只能对买受人支付的购房款行使价金代位权,而不能再追及于物上抵押权。至于甲银行因无法行使价金代位权而造成的损失,系甲银行与乙房地产开发公司的债权债务关系,当事人应当另行主张。

其次,《物权法》第一百七十条规定:"担保物权人在债务人不履行到期债务或者发生当事人约定的实现担保物权的情形,依法享有就担保财产优先受偿的权利,但法律另有规定的除外。"(《民法典》第三百八十六条做了同样的规定)从该条规定来看,担保物权的法律效力主要体现在享有优先受偿权。抵押权作为担保物权,其优先的内容在于抵押物的价值,而非取得抵押物的所有权,在抵押物已经转让的情况下,作为购买人取得的是抵押物的所有权,特别是在购房人已经支付对价,并且是善意的情况下,如果再将抵押权的负担转移给购房人,显然不利于保护购房者的所有权。基于上述分析,原判决对于甲银行要求实现抵押权的诉讼请求未予支持,认定事实清楚,适用法律正确。

四、再审人民法院的裁判结论

裁定驳回甲银行的再审申请。

五、解析

笔者的认为与再审人民法院的认为恰恰相反。

1. 抵押权人同意转让抵押房屋,不等于抵押权人放弃抵押权

《房地产管理法》第三十七条规定,房地产转让,是指房地产权利人通过买卖、赠与或者其他合法方式将其房地产转移给他人的行为。该法第四十一条规定,房地产转让,应当签订书面转让合同。据此可知,房地产转让,系由出让方与受让方有意为之的民事法律行为,所谓民事法律行为,是指民事主体设立、变更、终止民事权利和民事义务的合法行为。房地产转让民事法律行为的主要目的是使出让方消灭属于自己的房地产权利,以便于受让方在此基础上设立属于自己的房地产权利。该民事法律行为的实施,以出让方和受让方签订书面的房地产转让合同为具体体现形式。但房

地产转让合同只是把与房地产转让相关的法律关系固定下来，并不表明出让方据此消灭了房地产权利和受让方据此取得了房地产权利。《物权法》第十四条规定，不动产物权的设立、变更、转让和消灭，依照法律规定应当登记的，自记载于不动产登记簿时发生效力（《民法典》第二百一十四条做了同样的规定）。该法第十五条规定，当事人之间订立有关设立、变更、转让和消灭不动产物权的合同，除法律另有规定或者合同另有约定外，自合同成立时生效；未办理物权登记的，不影响合同效力（《民法典》第二百一十五条规定，当事人之间订立有关设立、变更、转让和消灭不动产物权的合同，除法律另有规定或者当事人另有约定外，自合同成立时生效；未办理物权登记的，不影响合同效力）。据此可知，《物权法》（现《民法典》）的规定建立了物权和债权相区分的制度，出让方和受让方欲通过房地产转让消灭、设立房地产权利，在签订房地产转让合同后，须向登记机构申请转移登记，自申请消灭、设立的房地产权利记载于登记簿上时起生效。没有申请登记的，房地产转让合同有效，但消灭、设立的房地产权利不生效。《不动产登记暂行条例》第十四条第一款规定，因买卖、设定抵押权等申请不动产登记的，应当由当事人双方共同申请。在不动产登记实务中，按《不动产登记暂行条例实施细则》第二十七条第（一）项规定，不动产买卖、赠与等不动产转让行为属于申请人申请不动产转移登记的情形之一。概言之，不动产转让是不动产权利转移登记的原因之一，即房地产转让是买卖当事人的房地产权利因转让而消灭、设立的原因之一，而非房地产权利消灭、设立的结果。

本案中，抵押权人甲银行向某市房产交易中心出具的《关于允许抵押人继续售房的函》的内容显示，抵押权人同意抵押人乙房地产开发公司所提供的抵押房产在抵押期间可以出售，可以办理产权手续，但只是同意抵押人乙房地产开发公司实施转让，此系为购房人设立房地产权利的原因行为，与自己放弃作为债务履行担保的在建建筑物抵押权无直接的因果关系，换言之，抵押权人同意转让抵押房屋的证明中，没有抵押权人明确放弃抵押权的意思表示，不是抵押权人放弃抵押权的直接证明。相反，抵押权人只同意抵押人转让抵押房屋，而不放弃抵押权，且明确"售房时乙房地产开发公司另行与我行签署他项权注销证明与售房资金专储证明，明确资金流向"，表明：抵押权人甲银行要掌控售房资金，对确保抵押人以转让抵押房屋价款履行债务有积极作用。故抵押权人同意转让抵押房屋，不等于抵押权人放弃抵押权。

2. 抵押权人放弃抵押权须经注销登记方才生效

《物权法》第十四条规定，不动产物权的设立、变更、转让和消灭，依照法律规定应当登记的，自记载于不动产登记簿时发生效力（《民法典》第二百一十四条做了同样的规定）。按该法第一百七十七条第（三）项规定，债权人放弃担保物权是担保物权消灭的情形（按《民法典》第三百九十三条第（三）项规定可以得出同样的结论）。据此可知，权利人放弃担保物权的，自记载于登记簿上时起产生法律上的效力。在建建筑物抵押权属于担保物权，抵押权人放弃在建建筑物抵押权是在建建筑物抵押权消灭的情形，也应当自放弃事项记载于登记簿上时起生效，即自放弃事项记载于登记簿上时起，原本记载于登记簿上的在建建筑物抵押权才因权利人的放弃而产生消灭的效力。

在曾经的房屋登记实务中，按《房屋登记办法》第六十一条规定，在建工程抵押权发生消灭的事由时，当事人应当申请在建工程抵押权注销登记，且证明在建工程抵押权消灭的证明是应当提交的材料。在现时的不动产登记实务中，《不动产登记暂行条例实施细则》第七十七条规定，在建建筑物抵押权发生消灭的情形时，当事人应当申请在建建筑物抵押权注销登记，且证明在建建筑物抵押权消灭的材料是应当提交的材料。据此可知，无论是房屋登记时代，还是不动产统一登记时代，抵押权人放弃在建建筑物抵押权而申请注销登记时，作为证明在建建筑物抵押权消灭证明的抵押权人明确放弃抵押权意思表示的书面凭证是申请人必须向登记机构提交的材料，如放弃在建建筑物抵押权的承诺、声明等。申言之，如前所述，抵押权人同意转让抵押房屋的书面文件中，没有其明确的放弃在建建筑物抵押权的意思表示，不是抵押权人放弃在建建筑物抵押权的证明，不能用作申请人申请在建建筑物抵押权注销登记时证明抵押权消灭的材料。

概言之，从法律规范和不动产登记实务上看，抵押权人放弃在建建筑物抵押权是在建建筑物抵押权消灭的情形，抵押权人应当向登记机构申请抵押权注销登记，并提交抵押权人放弃抵押权的书面材料，且自注销登记记载于登记簿上时起生效，抵押权人同意抵押人转让抵押房屋的证明，不是抵押权人放弃抵押权的合法、有效的证明。

3. 转让有抵押权存在的房屋申请的转移登记，登记机构可以办理

《物权法》第十五条规定，当事人之间订立有关设立、变更、转让和消灭不动产物权的合同，自合同成立时生效；未办理物权登记的，不影响合同效力（《民法典》第二百一十五条规定，当事人之间订立有关设立、变更、转让和消灭不动产物权的合同，除法律另有规定或者当事人另有约定外，自合同成立时生效；未办理物权登记的，不影响合同效力）。按该法第一百九十一条规定，抵押期间，经抵押权人同意，抵押人可以转让抵押财产，否则，不得转让（《民法典》第四百零六条规定，抵押期间，抵押人可以转让抵押财产。当事人另有约定的，按照其约定。抵押财产转让的，抵押权不受影响。抵押人转让抵押财产的，应当及时通知抵押权人。抵押权人能够证明抵押财产转让可能损害抵押权的，可以请求抵押人将转让所得的价款向抵押权人提前清偿债务或者提存。转让的价款超过债权数额的部分归抵押人所有，不足部分由债务人清偿）。概言之，抵押权是在本权之上设立的，限制权利人行使本权中的处分权能的担保物权，旨在促使债务人履行债务，保证债权人的债权实现。抵押权人同意抵押人转让抵押房屋并签订房屋转让合同，只是同意抵押人实施消灭、设立房屋所有权的行为，因该行为产生的房屋转让合同有效，但没有申请转移登记并被记载于登记簿上前，因转让产生的房屋所有权消灭、设立无效。欲使因转让产生的房屋所有权消灭、设立有效，须向登记机构申请房屋所有权转移登记。

在不动产登记实务中，按《不动产登记暂行条例实施细则》第二十七条第（一）项规定，买卖、互换、赠与不动产的，当事人可以向不动产登记机构申请转移登记。那么，转让有抵押权存在的房屋申请的转移登记，登记机构能否直接办理呢？

在曾经的房屋登记实务中，按《房地产登记技术规程》4.3.5条之3规定，申请登记事项与登记簿记载事项不得冲突。在现时的不动产登记实务中，按《不动产登记操作规范（试行）》4.8.2条之5规定，申请登记的事项与不动产登记簿的记载相冲突的，不动产登记机构应当不予登记并书面通知申请人。据此可知，无论是在房屋登记时代，还是在现时的不动产统一登记时代，申请有抵押权存在的房屋转让产生的转移登记中，所有权人行使所有权中的处分权能而处分房屋，但存在于该房屋所有权之上的抵押权，则有限制所有权人处分该房屋的法律效力，即处分与限制处分之间形成冲突，故转让有抵押权存在的房屋申请的转移登记，登记机构不能直接办理，须处分与限制处分的冲突因抵押权注销而消失后才能办理。

但是，《民法典》第四百零六条第一款规定，抵押期间，抵押人可以转让抵押财产。当事人另有约定的，按照其约定。抵押财产转让的，抵押权不受影响。据此可知，在抵押期间，抵押人可以转让抵押财产，但该财产上的抵押权不受影响，该抵押权负担由受让人承接。申言之，在抵押期间，抵押人转让抵押不动产有法律上的依据，那么，抵押人、受让人申请的转让抵押不动产产生的转移登记，登记机构也应当办理，转移登记的完成，不得影响既有的抵押权在登记簿上的存在。申言之，申请人申请处分有抵押权负担的不动产产生的转移登记，登记机构也可以办理，该不动产上的抵押权负担由受让人承受。因此，关于有抵押权负担的房屋可否办理转让转移登记，现时的《不动产登记操作规范（试行）》的有关规定与《民法典》的规定不一致，基于下位法服从上位法的法律适用原则，应当以《民法典》的规定为准。

判例 42　抵押合同被人民法院确认无效的，导致抵押权的登记程序违法

一、案件名称

原告田某不服被告某市不动产登记局不动产登记一案。

二、人民法院确认的事实

2013年2月18日，李某与田某签订《借款合同》一份，田某向李某借款 40 万元，同时签订《抵押担保合同》一份，以田某位于某市某路河滨小区 D3 号楼 304 室及储藏室，房地产权证号为 346211 号的房屋作抵押。某房地产管理局于 2013 年 2 月 18 日办理了该房产抵押登记，他项权证号为"某市字第 31405 号"，他项权利人为李某。2014 年 7 月 23 日，田某向某人民法院提起民事诉讼，要求确认上述合同抵押担保部分无效。法院依法支持了田某的诉讼请求，确认以田某房产抵押担保无效。

原告申请撤销某市房地产管理局办理的房屋他项权证，被告不予办理，田某遂起诉至一审人民法院，请求判决撤销某市字第 31405 号《房地产他项权证》。

另，根据《物权法》《不动产登记暂行条例》的规定，某市人民政府对不动产登记职能部门进行调整，某市中心城区不动产登记工作从 2016 年 3 月 14 日起由某市不动产登记局负责。

三、一审人民法院的认为

房产抵押登记的基础是抵押合同，民事判决认定抵押担保无效。某房地产管理局于 2013 年 2 月 18 日为李某发放的某市字第 31405 号《房地产他项权证》的基础行为已被生效判决确认错误，故依据抵押担保合同办理的登记基本事实错误。

四、一审人民法院的裁判结论

一审人民法院审判委员会讨论，判决撤销被告颁发的某市字第 31405 号《房地产他项权证》。

本判决已经发生法律效力①。

五、解 析

1. 本案中，当事人应当向登记机构申请的登记

《合同法》第五十六条规定，无效的合同或者被撤销的合同自始没有法律约束力（合同属于民事法律行为。《民法典》第一百五十五条规定，无

---

① 本书编著者注。

效的或者被撤销的民事法律行为自始没有法律约束力）。据此可知，合同被国家有权机关确认无效后，将溯及既往，从合同成立之时起就无效。本案中，"法院依法支持了田某的诉讼请求，确认以田某房产抵押担保无效"表明，人民法院生效的民事判决书确认田某与李某签订的《抵押担保合同》中的房屋抵押担保部分无效，即某市字第31405号《房地产他项权证》表征的房屋抵押权设立原因的抵押担保无效。《物权法》第十五条规定，当事人之间订立有关设立、变更、转让和消灭不动产物权的合同，除法律另有规定或者合同另有约定外，自合同成立时起生效；未办理物权登记的，不影响合同效力(《民法典》第二百一十五条规定，当事人之间订立有关设立、变更、转让和消灭不动产物权的合同，除法律另有规定或者当事人另有约定外，自合同成立时生效；未办理物权登记的，不影响合同效力）。据此可知，《物权法》(现《民法典》)的规定明确体现了债权和物权相区分的原则。本案中，人民法院生效的民事判决书虽然确认了以取得房屋抵押权为目的的抵押担保债权无效，但没有同时确认记载于登记簿上的基于该债权产生的房屋抵押权无效，即登记簿上记载的李某的房屋抵押权仍然有效。抵押人田某怎样才能除去房屋上的抵押权，使房屋恢复到没有抵押权负担的状态呢？

　　《物权法》第十六条规定，不动产登记簿是物权归属和内容的根据(《民法典》第二百一十六条做了同样的规定）。质言之，不动产登记簿记载的内容是有公信力的。所谓公信力，即法律对第三人依据不动产登记簿的记载所表述的不动产物权的内容而取得的该项权利予以强制保护，使其免受任何人追夺的强制力[①]。笔者认为，登记簿的公信力的支撑是登记簿记载的内容必须合法、真实、有效。而登记簿记载的内容来源于登记申请材料，因此，登记申请材料应当合法、真实、有效。本案中，因用作抵押权登记申请材料的《抵押担保合同》中的房屋抵押担保部分自始无效，致使登记机构为李某办理抵押权登记的程序违法，登记簿上记载在李某名下的抵押

[①] 梁慧星：《中国物权法草案建议稿附理由：物权编》，法律出版社2004年版，第239页。

权错误。《物权法》第十九条第一款规定，权利人、利害关系人认为不动产登记簿记载的事项错误的，可以申请更正登记。不动产登记簿记载的权利人书面同意更正或者有证据证明登记确有错误的，登记机构应当予以更正（《民法典》第二百二十条做了同样的规定）。据此可知，更正登记是纠正登记簿上记载的内容错误的一种不动产登记类型，可以由登记簿上记载的权利人、与登记簿上记载的内容有利害关系的人申请。本案中，李某是登记簿上错误记载的抵押权的权利人，作为更正登记申请人适格，田某可以直接请求李某或诉请人民法院判决李某凭人民法院生效的确认房屋抵押担保无效的民事判决书向登记机构申请更正登记，更正登记记载于登记簿上后，李某的抵押权失去效力，使田某的房屋恢复到没有抵押权负担的状态。如前所述，李某抵押权的存在，使田某利益受到损害，故田某与登记簿上记载的李某的抵押权有利害关系，田某也可以凭人民法院生效的确认房屋抵押担保无效的民事判决书直接向登记机构申请更正登记，将其房屋更正登记为无抵押权负担的状态。

2. 本案中，登记机构对田某的申请应当作出的处置

本案中，"原告申请撤销某市房地产管理局办理的房屋他项权证被告不予以办理"表明，田某向登记机构申请的是撤销登记。不动产统一登记后，《不动产登记暂行条例》《不动产登记暂行条例实施细则》《不动产登记操作规范（试行）》的规定均没有授予登记机构以不动产登记撤销权，法律、行政法规也没有授予登记机构有权撤销不动产登记的规定，"法无授权不可为"，因此，现时的登记机构不能办理不动产撤销登记。按《不动产登记暂行条例》第十七条第（四）项规定，不动产登记机构收到不动产登记申请材料时，申请登记的不动产不属于本机构登记范围的，应当当场书面告知申请人不予受理并告知申请人向有权的机构申请。因此，本案中，某市不动产登记局对田某申请的撤销登记，应当作不受理处理，并将不予受理的决定、理由或依据书面告知田某。同时告知田某可以通过申请行政复议或通过行政诉讼撤销登记。登记机构也可以告知田某申请更正登记。两种处置方式中，笔者倾向于后者。

3. 本案中，人民法院的认为、判决正确

按《行政诉讼法》第七十条第（三）项规定，违反法定程序的行政行为，人民法院可以判决撤销或者部分撤销，并可以判决被告重新作出行政行为。本案中，因用作抵押权登记申请材料的《抵押担保合同》中的房屋抵押担保部分自始无效，登记机构为李某办理的抵押权登记程序违法，属于人民法院可以判决撤销的情形。人民法院关于"某房地产管理局于2013年2月18日为李某发放的某市字第31405号《房地产他项权证》的基础行为已被生效判决确认错误，故依据抵押担保合同办理的登记基本事实错误"的认为值得赞同，据此作出的判决正确。

判例43　基于被撤销的公证委托书办理的抵押权登记也违法

一、案件名称

上诉人张某因与被上诉人葛某、原审被告某市国土资源局不动产权登记一案。

二、人民法院确认的事实

涉案房屋系葛某与其前夫蒋某于2015年2月10日买受取得，2015年2月12日葛某与蒋某被登记为涉案房屋的所有权人。2016年12月6日，登记机关收到抵押人"葛某"和蒋某、抵押权人张某的一般抵押权登记申请，其中抵押人"葛某"的签名系蒋某持葛某的委托书以代理人身份代签。登记机关向抵押人蒋某收取了《房屋所有权证》、《国有土地使用权证》，身份证件，房地产他项权登记申请书，蒋某、葛某与张某的《借款合同》，抵押权人为张某的《房地产抵押合同》，（2016）某证民内字第885号公证书，价值协议书等申请材料。其中，（2016）某证民内字第885号公证书系甲公证处于2016年8月16日作出，对蒋某办理抵押登记手续时所持有的"葛某"出具的《委托书》进行了公证，公证书证明"葛某"于2016年8月16日在公证处公证员面前在《委托书》上签名。2016年12月13日，某市国土资源局根据蒋某和张某提供的申请材料作出案涉抵押登记，登记的他项权利人为张某,被担保主债权数额为45万元。

2017年2月17日,葛某向甲公证处提出申请,以前夫蒋某带人假冒其身份办理公证为由,要求甲公证处复查并撤销相关的公证书。甲公证处于2017年2月20日作出(2017)某证复字第1号《复查处理决定书》,决定撤销(2016)某证民内字第885号公证书,该公证书自始无效。葛某持甲公证处的《复查处理决定书》向一审法院提起行政诉讼,请求判决撤销某市国土资源局为蒋某和张某办理的抵押登记。一审法院以"因作为案涉抵押登记行为重要事实依据的(2016)某证民内字第885号公证书已被甲公证处于2017年2月20日撤销,且甲公证处的《复查处理决定书》中载明该公证书自始无效,致某市国土资源局作出案涉抵押登记行为的主要证据缺失,案涉抵押登记行为的合法性基础已不存在"为由,判决撤销某市国土资源局于2016年12月13日为蒋某和张某办理的一般抵押权登记。张某不服一审判决,向二审人民法院上诉。

三、二审人民法院的认为

根据《不动产登记暂行条例实施细则》第十二条规定,当事人可以委托他人代为申请不动产登记。代理申请不动产登记的,代理人应当向不动产登记机构提供被代理人签字或者盖章的授权委托书。自然人处分不动产,委托代理人申请登记的,应当与代理人共同到不动产登记机构现场签订授权委托书,但授权委托书经公证的除外。本案中,蒋某与葛某婚姻关系存续期间于2016年12月6日向原审被告某市国土资源局提交了"葛某"的授权委托书及甲公证处的(2016)某证民内字第885号公证书,原审被告某市国土资源局据此有理由相信蒋某已取得葛某的授权委托,有权代理葛某办理房屋抵押登记手续,故在上述委托书、公证书完备的情况下,可以认为系葛某委托蒋某申请登记。根据《不动产登记暂行条例实施细则》第六十六条第一款规定,自然人、法人或者其他组织为保障其债权的实现,依法以不动产设定抵押的,可以由当事人持不动产权属证书、抵押合同与主债权合同等必要材料,共同申请办理抵押登记。本案中,蒋某作为涉案房屋共有人持经甲公证处公证的"葛某"的委托书,与抵押权人张某共同向原审被告某市国土资源局提出抵押登记申请,双方均按照规定提供了必要的申请材料后,原审被告某市国土资源局经审查,作出涉案抵押登记行为并无不当,原审被告某市国土资源局已经尽到了房屋抵押登记的审查义务,办理房屋抵押登记的程序亦无不当。因作为涉案抵押登记行为重要事实依据的(2016)某证民内字第885号公证书已被甲公证处于2017年2月20日撤销,致原审被告某市国土资源局作出涉案抵押登记行为客观上违法。《最高人民法院关于审理房屋登记案件若干问题的规定》第十一条第三款规定:"被诉房屋登记行为违法,但判决撤销将给公共利益造成重大损失或者房屋已为第三人善意取得的,判决确认被诉行为违法,不撤销登记行为。"本案中,上诉人张某已经取得涉案房屋的抵押权,被上诉人葛某也未提供充分证据证明上诉人张某取得涉案房屋的抵押权属非善意取得。故原审法院判决撤销原审被告某市国土资源局对涉案房屋的抵押登记不当,不利于维护社会交易安全稳定,本院依法予以纠正。

四、二审人民法院的裁判结论

判决撤销一审人民法院的行政判决,驳回被上诉人葛某的诉讼请求。

五、解 析

1. 登记机构为蒋某、张某办理抵押权登记时收件充分、齐全

在不动产登记实务中,《不动产登记暂行条例实施细则》第十二条规定,当事人可以委托他人代为申请不动产登记。代理申请不动产登记的,代理人应当向不动产登记机构提供被代理人签字或者盖章的授权委托书。自然人处分不动产,委托代理人申请登记的,应当与代理人共同到不动产登记机构现场签订授权委托书,但授权委托书经公证的除外。据此可知,当事人可以委托他人代为申请不动产登记,但自然人委托受托人代为申请买卖、抵押等处分不动产产生的转移登记、抵押权登记时,应当提交在登记机构现场办理的委托手续或经过公证的委托手续。该实施细则第六十六条第一款规定,自然人、法人或者其他组织为保障其债权的实现,依法以不动产设定抵押的,可

以由当事人持不动产权属证书、抵押合同与主债权合同等必要材料,共同申请办理抵押登记。因此,本案中,当事人蒋某与张某申请的是房屋抵押权登记,属于处分不动产产生的登记。由于案涉房屋登记为蒋某与葛某夫妻共有,登记机构为蒋某、张某办理抵押权登记时,收取了《房屋所有权证》《国有土地使用权证》,身份证件,房地产他项权登记申请书,蒋某、葛某与张某的《借款合同》,抵押权人为张某的《房地产抵押合同》,(2016)某证民内字第 885 号公证书,价值协议书等申请材料。其中,(2016)某证民内字第 885 号公证书系甲公证处于 2016 年 8 月 16 日作出,对蒋某办理抵押登记手续时所持有的"葛某"出具的《委托书》进行了公证,公证书显示"葛某"于 2016 年 8 月 16 日在公证处公证员面前在《委托书》上签名。据此可知,登记机构为蒋某、张某办理抵押权登记时,收取的登记申请材料充分、齐全,二审人民法院关于"原审被告某市国土资源局已经尽到了房屋抵押登记的审查义务"的认为值得赞同。

2. 登记机构为蒋某、张某办理抵押权登记的程序违法

《物权法》第十六条规定,不动产登记簿是物权归属和内容的根据(《民法典》第二百一十六条做了同样的规定)。质言之,不动产登记簿记载的内容是有公信力的。所谓公信力,即法律对第三人依据不动产登记簿的记载所表述的不动产物权的内容而取得的该项权利予以强制保护,使其免受任何人追夺的强制力[①]。笔者认为,登记簿的公信力的支撑是登记簿记载的内容必须合法、真实、有效。而登记簿记载的内容来源于登记申请材料,因此,登记申请材料应当合法、真实、有效。据此可知,申请人申请不动产抵押权登记时,登记机构应当收取其提交的合法、真实、有效的登记申请材料。在不动产登记实务中,《不动产登记暂行条例实施细则》第二条规定,不动产登记应当依照当事人的申请进行,但法律、行政法规以及本实施细则另有规定的除外。据此可知,一般情形下,申请是不动产登记程序启动的前置条件,登记机构受理申请后,不动产登记程序正式启动,

---

① 梁慧星:《中国物权法草案建议稿附理由:物权编》,法律出版社 2004 年版,第 239 页。

未经申请人申请,不动产登记程序不得启动。换言之,未经申请人申请,登记机构原则上不得办理不动产登记。本案中,"甲公证处于2017年2月20日作出(2017)某证复字第1号《复查处理决定书》,决定撤销(2016)某证民内字第885号公证书,该公证书自始无效"表明:一是蒋某系在未取得葛某的委托的前提下代其申请抵押权登记,登记机构基于此办理的抵押权登记,系在部分申请人未申请的情形下办理的,不符合前述《不动产登记暂行条例实施细则》第二条规定;二是登记机构用作登记材料的(2016)某证民内字第885号公证书,系无效材料,与前述《物权法》第十六条规(对应《民法典》第二百一十六条规定)定的精神相悖。此皆属于违反不动产登记程序的情形。概言之,登记机构为蒋某、张某办理抵押权登记的程序违法。二审人民法院关于"因作为涉案抵押登记行为重要事实依据的(2016)某证民内字第885号公证书已被甲公证处于2017年2月20日撤销,致原审被告某市国土资源局作出涉案抵押登记行为客观上违法"的认为值得赞同,但其作出的撤销一审人民法院的行政判决、驳回被上诉人葛某的诉讼请求的判决值得商榷。笔者认为,二审人民法院应当判决撤销一审人民法院的行政判决,确认某市国土资源局的抵押权登记行为违法。

3. 登记机构程序虽然违法但不因此承担责任

《最高人民法院关于审理房屋登记案件若干问题的规定》第十二条规定,申请人提供虚假材料办理房屋登记,给原告造成损害,房屋登记机构未尽合理审慎职责的,应当根据其过错程度及其在损害发生中所起作用承担相应的赔偿责任。据此可知,因虚假的申请材料造成房屋登记错误而给他人造成损害,登记机构对该申请材料的真假判断尽到了合理审慎的职责的,就不承担赔偿责任。申言之,当事人申请登记时,登记机构收取的是合法、真实、有效的登记申请材料,之后,该申请材料失效而导致登记错误的,登记机构不因此而承担责任。本案中,蒋某、张某申请抵押权登记时提交的(2016)某证民内字第885号公证书合法、真实、有效,抵押权登记完成后,"因作为涉案抵押登记行为重要事实依据的(2016)某证民内字第885号公证书已被甲公证处于2017年2月20日撤销,致原审被告某市国土资源局作出涉案抵押登记行为客观上违法",从而导致抵押权登记错误,该错误非登记机构所致,故登记机构不因此而承担责任。

判例44　登记机构在不动产权证书上作附记也应当依法有据

一、案件名称

原告黄某不服被告某市国土资源和规划委员会房地产产权证附注登记纠纷一案。

二、人民法院确认的事实

涉案房产位于某市某区某号。黄某于2013年向某市国土资源和规划委员会申请涉案房产登记,某市国土资源和规划委员会未予登记,并向黄某出具《某市非税收入缴款通知书》,告知黄某需由卖方某集团有限公司缴纳国土出让交易补地价收入94 092元才可进行产权登记。

黄某不服某市国土资源和规划委员会不予登记行为,向人民法院起诉,2015年4月22日,某市某区人民法院作出一审行政判决,判决被告于本判决发生法律效力之日起三十日内为原告办理涉案房屋的转移登记手续。该判决于2015年5月13日发生法律效力。

2015年7月13日,某市国土资源和规划委员会进行涉案房屋产权登记,该房产不动产登记查册表显示:房产地址某区某号房,产权人为黄某,房产登记号2013登记字100号,权证号码1055756,建筑面积43.782 8平方米,登记附注:……土地未办有偿使用手续,依据(2013)×号《协助执行通知书》予以登记;历史变动情况载明"统4903",等等。某市国土资源和规划委员会向黄某核发了涉案房产的房地产权证,其中附记:……土地未办有偿使用手续……。

黄某认为登记附记有误,向某市国土资源和规划委员会反映情况,某市国土资源和规划委员会于2015年10月10日作出《信访告知函》,并未采纳黄某意见。黄某遂以"'土地未办有偿使用手续'附记在其房产登记信息中,影响了其对涉案房产的使用、收益、处分的权利"为由,向人民法院起诉某市国土资源和规划委员会,请求判决撤销该附记并赔偿损失。

三、人民法院的认为

关于涉案房产登记信息中附记"土地未办有偿使用手续"是否属于登记簿记载事项错误,《物权法》第十九条规定:"权利人、利害关系人认为不动产登记簿记载的事项错误的,可以申请更正登记。不动产登记簿记载的权利人书面同意更正或者有证据证明登记确有错误的,登记机构应当予以更正。"(《民法典》第二百二十条做了同样的规定)《不动产登记暂行条例》第八条第三款规定:"不动产登记簿应当记载以下事项:(一)不动产的坐落、界址、空间界限、面积、用途等自然状况;(二)不动产权利的主体、类型、内容、来源、期限、权利变化等权属状况;(三)涉及不动产权利限制、提示的事项;(四)其他相关事项。"本案中,"土地未办有偿使用手续"的附记属于涉案房产登记的相关事项,而该附记是根据所在楼房的相关登记信息进行登记的,并无证据证明属于登记错误的情形。原告亦未对涉案土地未办理有偿使用手续的事实提出异议,只是认为该附记影响了原告对涉案房产的权益,对此,该附记是对客观事实的描述,并未载明限制产权人的相关权益,同时办理土地有偿使用手续亦非原告的义务,被告认为该房产需补缴土地出让金原告才能办理转移登记没有法律依据,应予纠正。因此,该附记登记不属于登记簿记载事项错误的情形。黄某请求撤销涉案房产登记信息中"土地未办有偿使用手续"的附记并要求赔偿损失,依据不足,人民法院不予支持。

四、人民法院的裁判结论

判决驳回原告黄某的诉讼请求。

本判决已经发生法律效力[1]。

---

[1] 本书编著者注。

五、解 析

1. 本案中,登记机构在不动产权属证书上作的附记于法有据

《物权法》第十七条规定,不动产权属证书是权利人享有该不动产物权的证明。不动产权属证书记载的事项,应当与不动产登记簿一致(《民法典》第二百一十七条做了同样的规定)。在不动产登记实务中,《不动产登记暂行条例实施细则》第二十条第一款规定,不动产登记机构应当根据不动产登记簿,填写并核发不动产权属证书或者不动产登记证明。据此可知,不动产权属证书是登记机构基于登记簿上的记载,向权利人核发的表征其享有不动产权利的权利证明,不动产权属证书记载的事项应当与不动产登记簿一致。因此,不动产权属证书附记的事项与不动产登记簿附记的事项应当一致。

《不动产登记暂行条例》第八条第三款规定:"不动产登记簿应当记载以下事项:(一)不动产的坐落、界址、空间界限、面积、用途等自然状况;(二)不动产权利的主体、类型、内容、来源、期限、权利变化等权属状况;(三)涉及不动产权利限制、提示的事项;(四)其他相关事项。"据此可知,登记簿基本上分为两大部分:主登记部分与附记部分。主登记部分记载的是那些独立存在的登记事项。而附记部分记载的事项并不是独立存在的,它们是就主登记事项的部分内容进行变更、更正或限制其处分的事项,依存于主登记部分[①]。在不动产登记实务中,按《国土资源部关于启用不动产登记簿证样式(试行)的通知》(国土资发〔2015〕25号)附《不动产登记簿样式及使用填写说明》规定,不动产权利及其他事项登记信息中的附记填写需要对不动产权利及其他事项登记情况进一步说明的信息。如土地出让合同或者土地承包合同等编号,共有不动产权发一本证书时的持证人以及必要的历史登记信息等登记机构需要记载的情况。按《国土资源部关于启用不动产登记簿证样式(试行)的通知》(国土资发〔2015〕25号)附《不动产权属证书填写说明》规定,附记填写记载设定抵押权、地役权、

---

① 程啸:《不动产登记法研究》,法律出版社2011年版,第155页。

查封等权利限制或提示事项以及其他需要登记的事项。本案中，登记机构在登记簿的房产登记信息中附记"土地未办有偿使用手续"，该"土地未办有偿使用手续"是依附于主登记房地产权利的附记部分，是登记机构对该房地产提示事项的注记，是基于登记簿的记载核发的不动产权属证书在附记栏记载的提示事项。即登记机构在涉案房屋权属证书上附记"土地未办有偿使用手续"，与登记簿上的记载相对应，且于法有据。人民法院以"该附记登记不属于登记簿记载事项错误的情形。黄某请求撤销涉案房产登记信息中'土地未办有偿使用手续'的附记并要求赔偿损失，依据不足"为由，作出驳回其诉讼请求的判决，值得赞同。

2. 登记机构在不动产权证书上作附记也应当依法、有据

在不动产登记实务中，登记机构将权利人身份证明号码、法人的法定代表人姓名、非法人组织的负责人姓名、离婚分割房屋的取得人不得转让房屋等内容在不动产权证书附记中注明的情形时有出现，这些附记事项属于应当记载的事项吗？

《物权法》第十二条规定："登记机构应当履行下列职责：（一）查验申请人提供的权属证明和其他必要材料；（二）就有关登记事项询问申请人；（三）如实、及时登记有关事项；（四）法律、行政法规规定的其他职责。申请登记的不动产的有关情况需要进一步证明的，登记机构可以要求申请人补充材料，必要时可以实地查看。"（《民法典》第二百一十二条做了同样的规定）据此可知，登记机构应当根据登记申请材料、登记机构询问申请人和查看现场形成的材料，如实、及时在登记簿上作记载。换言之，不动产登记的内容应当有合法、有效的证据作支撑，如前所述，不动产登记簿上的附记属于不动产登记的内容，也应当有合法、有效的证据作支撑。按《不动产登记暂行条例》第八条规定和《不动产登记簿样式及使用填写说明》的规定，附记填写的是需要对不动产权利及其他事项登记情况进一步说明的信息，以及必要的历史登记信息等情况。《不动产权属证书填写说明》规定，附记填写记载设定抵押权、地役权、查封等权利限制或提示事项以及其他需要登记的事项。概言之，不动产权证书附记栏可以记载的内容，行政

法规和登记政策以具体例举加概括的方式做了规定，即不动产权证书附记记载的内容：一是登记簿的主登记部分或证书载明的主要内容部分的不动产权利及其他事项的登记情况需要进一步说明的信息；二是记载在登记簿上的不动产的历史登记信息；三是对记载在登记簿上的不动产的限制处分的信息；四是对欲与登记簿上的不动产产生交易的人有提示、警示作用的信息。据此可知，权利人身份证明号码、法人的法定代表人姓名、非法人组织的负责人姓名、离婚分割房屋的取得人不得转让房屋等内容不属于登记簿和不动产权证书附记的内容，不得在登记簿和不动产权证书上附记，即登记机构在不动产权证书上作附记也应当依法、有据。

判例45 不动产补证行为不具有可诉性

一、案件名称

上诉人孙乙因某市规划和国土资源管理委员会（以下简称市规土委）房屋登记一案

二、人民法院确认的事实

张甲、孙乙为一房屋的共有人。2012年3月13日，张甲在未与孙乙协商的情况下，独自办理了A房屋所有权证，共有情况登记为归张甲单独所有，而市规土委未按照法定程序向孙乙询问核实房屋财产所述情况，侵害了孙乙的合法权益。2013年7月3日，张甲以A房屋所有权证丢失为由向登记机构申请补办了B房屋所有权证，补办后擅自对共同财产进行抵押，侵害了孙乙的权益。孙乙将市规土委为被告向一审人民法院起诉，请求人民法院：（1）确认A房屋所有权证登记内容无效；（2）撤销B房屋所有权证。一审法院认为，根据《最高人民法院关于审理房屋登记案件若干问题的规定》第二条第二款之规定，房屋登记机构作出未改变登记内容的换发、补发权属证书、登记证明或者更新登记簿的行为，公民、法人或者其他组织不服提起行政诉讼的，人民法院不予受理。本案中，B房屋所有权证系房屋登记机构对A房屋所有权证作出的补发权属证书行为，未改变原房屋权属证书中记载的登记内容，未对当事人设定新的权利义务关系，故上述补发权属证书行为不属于行政诉讼的受案范围。因此，对于孙乙针对B房屋所有权证提起的行政诉讼，一审法院依法应予驳回。遂依据《最高人民法院关于适用〈中华人民共和国行政诉讼法〉若干问题的解释》第三条第一款第（一）项之规定，裁定驳回孙乙的起诉。孙乙不服，上诉至二审人民法院。

三、二审人民法院的认为

《最高人民法院关于审理房屋登记案件若干问题的规定》第二条第二款之规定，房屋登记机构作出未改变登记内容的换发、补发权属证书、登记证明或者更新登记簿的行为，公民、法人或者其他组织不服提起行政诉讼的，人民法院不予受理。本案中，被诉的B房屋所有权证系房屋登记机构对原A房屋所有权证作出的补发权属证书，房屋登记机构并未对原房屋权属证书中记载的登记内容进行改变。故一审法院依据上述规定，裁定驳回孙乙的起诉并无不当，本院应予维持。孙乙的上诉意见缺乏事实和法律依据，本院不予支持。

四、二审人民法院的裁判结论

依照《中华人民共和国行政诉讼法》第八十九条第一款第（一）项之规定，裁定驳回上诉，维持一审裁定。

五、解 析

1. 不动产登记、不动产证书颁发、不动产证书补发

要正确解析本案，须对不动产登记、不动产证书颁发、不动产证书补发予以明晰。

（1）不动产登记。

《不动产登记暂行条例》第二条规定，不动产登记，是指不动产登记机构依法将不动产权利归属和其他法定事项记载于不动产登记簿的行为。据此可知，不动产登记，是指国家法定的不动产登记机构，将不动产权

利和其他法定事项的设立、变更、转移和消灭情况在登记簿上予以记载的行为。

《物权法》第十四条规定，不动产物权的设立、变更、转让和消灭，依照法律规定应当登记的，自记载于不动产登记簿时发生效力（《民法典》第二百一十四条做了同样的规定）。据此可知，一般情形下，基于合同、协议等民事法律行为设立、变更、转让和消灭不动产物权的，自记载于登记簿上时起生效。因此，不动产登记，具有使基于合同、协议等民事法律行为设立、变更、转让和消灭不动产物权生效的作用。

按《物权法》第三十一条规定，因生效的法律文书、继承或受遗赠、合法建造等非法律行为享有不动产物权的，处分该物权时，依照法律规定需要办理登记的，未经登记，不发生物权效力（按《民法典》第二百三十二条规定可以得出同样的结论）。据此可知，因生效的法律文书、继承或受遗赠、合法建造等非法律行为享有的不动产物权，未经登记而处分之的，不产生物权效力。因此，不动产登记，具有将因生效的法律文书、继承或受遗赠、合法建造等非法律行为享有的不动产物权记载在登记簿上，宣示权利的存在，并为处分该不动产奠定基础的作用。

（2）不动产证书颁发。

《物权法》第十六条第一款规定，不动产登记簿是物权归属和内容的根据（《民法典》第二百一十六条做了同样的规定）。该法第十七条规定，不动产权属证书是权利人享有该不动产物权的证明。不动产权属证书记载的事项，应当与不动产登记簿一致；记载不一致的，除有证据证明不动产登记簿确有错误外，以不动产登记簿为准（《民法典》第二百一十七条做了同样的规定）。据此可知，我国法律规定，不动产登记实行登记簿的记载与向权利人颁发证书相结合的制度。不动产物权的归属和内容，以不动产登记簿的记载为准，不动产权属证书是权利人享有不动产物权的外在表征方式。在不动产登记实务中，《不动产登记暂行条例实施细则》第二十条第一款规定，不动产登记机构应当根据不动产登记簿，填写并核发不动产权属证书或者不动产登记证明。据此可知，不动产登记簿的记载是不动产权属证书或者不动产登记证明颁发的前提和基础。因此，不动产权属证书颁发，是指登记机构将不动产权利或其他相关事项记载在登记簿上后，基于登记簿上的记载，向权利人核发的表征其享有不动产物权的法律证书。

（3）不动产证书补发。

在不动产登记实务中，按《不动产登记暂行条例实施细则》第二十二条第二款、第三款规定，不动产权属证书或者不动产登记证明遗失、灭失，不动产权利人申请补发的，由不动产登记机构在其门户网站上刊发不动产权利人的遗失、灭失声明15个工作日后，予以补发。不动产登记机构补发不动产权属证书或者不动产登记证明的，应当将补发不动产权属证书或者不动产登记证明的事项记载于不动产登记簿，并在不动产权属证书或者不动产登记证明上注明"补发"字样。据此可知，不动产权属证书或者不动产登记证明在遗失、灭失的情形下，当事人可以向登记机构申请补发。登记机构补发的基础也是登记簿上现时的记载，且要将补发事宜记载于登记簿。因此，不动产证书补发，是指登记机构应当事人的申请，基于登记簿上现时的记载，向当事人核发的与遗失、灭失的证书载明内容相同的新的不动产证书的行为。

综上所述，不动产登记是不动产证书颁发、补发的前提和基础，既有的不动产证书遗失、灭失是不动产证书补发的前提，补发的不动产证书载明内容与已经遗失、灭失的不动产证书载明的内容同一。

2. 登记机构不能询问非申请人的讨论

按《物权法》第十二条第一款第（二）项规定，就有关登记事项询问申请人，是登记机构应当履行的职责（按《民法典》第二百一十二条第一款第（二）项规定可以得出同样的结论）。质言之，就有关登记事项询问申请人，是登记机构办理依申请启动的不动产登记的必须程序。笔者认为，法律的规定设定询问申请人程序，旨在查明申请登记的不动产权利来源是否清晰、合法，以保护当事人的权益，维护登记簿上记载的内容的公信力。本案中，"市规土委未按照法定程序向孙乙询问核实房屋财产所述情况，侵害了孙乙的合法权益"表明，市规土委为张甲办理房屋登记时，没有询问非申请人孙乙。《物权法》第十二条第二款规定,申请登记的不动产的有关情况需要进一步证明的,登记机构可以要求申请人补充材料,必要时可以实地查看(《民法典》第二百一十二条第二款做了同样的规定)。据此可知,登记机构在查验登记申请材料、询问申请人后,认为申请登记的不动产的有关情况需要进一步证明的,登记机构可以要求申请人补充材料,必要时可以实地查看,即通过申请人补充登记申请材料和登记机构实地查看获取的信息确定是否登记,怎样登记。概言之,《物权法》(现《民法典》)的规定没有授权登记机构可以询问非申请人。据笔者查考,其他法律、行政法规也没有关于授权登记机构应当询问非申请人的规定。因此,询问非申请人不是法定的不动产登记的必要程序,但询问申请人是法定的不动产登记的必要程序。

3. 登记机构实施的不动产补证行为不具有可诉性

如前所述,不动产证书补发,是指登记机构应当事人的申请,基于登记簿上现时的记载,向当事人核发的与遗失、灭失的证书载明内容相同的新的不动产证书的行为。据此可知,不动产证书补发不是不动产登记,是不动产登记程序终结后的行为,是基于登记簿上现时的记载实施的行为,不产生使不动产权利设立、变更、转移和消灭的效果。简言之,不动产证书补发,不产生损害当事人权益的后果。在司法实务中,《最高人民法院关于审理房屋登记案件若干问题的规定》第二条第二款规定,房屋登记机构作出未改变登记内容的换发、补发权属证书、登记证明或者更新登记簿的行为,公民、法人或者其他组织不服提起行政诉讼的,人民法院不予受理。质言之,登记机构依法实施的不动产补证行为不具有可诉性。因此,本案中,一审、二审法院裁定驳回孙乙的起诉并无不当。

4. 其他

本案中,孙乙的诉讼还有一个诉讼请求"确认A房屋所有权证登记内容无效",尽管诉讼请求的表述不规范,但意思是请求人民法院判决撤销市规土委为张甲办理的房屋登记,遗憾的是人民法院对此诉讼请求没有向张甲释明,也没有做出决断。如果市规土委为张甲办理的房屋登记确实违法,此案结束后，孙乙可以另行向人民法院起诉，请求判决撤销市规土委为张甲办理的房屋登记。

判例 46　权利人在房地产被征收后申请的换证不能被核准

一、案件名称

原告唐某不服被告某不动产登记中心、某国土资源局不动产登记一案。

二、人民法院确认的事实

1991年10月28日，原告唐某作为乙方与某村民小组（甲方）签订一份《土地出售合同》，主要内容为"为了方便唐某的建房需要，经我组全体干部群众协议同意，将晒谷场边的土地卖给唐某，为建房用地，面积为3亩地，每亩人民币2 600元，计币7 800元，茶树128棵，每棵10元，计币1 280元，松树133棵，每棵3元，计币399元，以上共计9 479元。以上协议从签订之日起，一切所有权归唐某所有"。1992年，原告在该土地上修建房屋，1995年12月5日，原甲市人民政府向原告核发甲字第12007号《房屋所有权证》。2007年原告唐某向乙市房产局申请换领新房产证，乙市房产局向原告颁发证号为乙证房甲字第00××88号房屋产权证。2016年6月18日，原告持原甲市人民政府和原甲市国土管理局盖有印章的甲国用（1996）字第00-02-768号《国有土地使用证》向乙市国土资源局丙分局申请换发新证。2017年4月13日，乙市国土资源局丙分局以"该宗用地在丙国土分局没有该宗地的审批、发证档案及资料；你提供的甲国用（1996）字第00-02-768号《国有土地使用证》是1996年12月21日填发的，加盖了原甲市国土管理局和原甲市人民政府的印章，因1995年12月已经成立新的乙市人民政府，应该由当时的丙区政府、丙区国土分局办理土地审批登记手续，你提供的《国有土地使用证》属于无效证件。经市国土资源局会审会议研究决定不予换证"为由，向原告下发了《关于不予换发〈国有土地使用证〉的通知》。原告不服，向乙市丁区人民法院提起行政诉讼，乙市丁区人民法院于2017年7月25日作出（2017）某1102行初9

×号行政判决，撤销乙市国土资源局丙分局于2017年4月13日对唐某作出的《关于不予换发〈国有土地使用证〉的通知》。2017年6月30日，原告唐某向被告乙市国土资源局申请房屋土地换证登记，同年7月7日，被告乙市国土资源局以原告申请登记材料不符合法定形式，不符合法律法规规定的其他情形，按照《不动产登记暂行条例》第十七条、第二十二条的规定，决定不予受理。具体情况如下："你于1991年10月28日向原某乡某村某组购买3亩土地建房，未依法办理有关用地及规划审批手续，涉嫌非法占用集体土地；1996年3月地改市、撤市设区后，'甲市'已改为'乙市丙区'，甲市人民政府及甲市国土管理局印章也封存停止使用，而你买卖的集体土地持有的甲国用1996字第00-02-768号《国有土地使用证》填发时间为1996年12月21日，涉嫌伪造；你未经办理有关规划报建审批手续，在该集体土地上所建792.46平方米房屋，根据原《城市房地产权属登记管理办法》第二十三条及《房屋登记办法》第二十二条第（一）和（二）项的规定，应属于不予登记情形，原登记机关为你此处房屋发证和换证涉嫌违规。我局将移交有关部门进行处理。"原告不服，向人民法院提起诉讼，请求判如所请（即请求判决被告乙市国土资源局为其办理房屋土地换证登记①）。

1993年原甲市人民政府将某村各村民小组包括涉案宗地在内的所有土地征收。乙市人民政府于2010年1月18日整体挂牌出让乙市国际商贸城1号、2号地（包括涉案宗地部分），总面积298 011.91平方米。A房地产开发有限公司、B房地产开发有限公司以成交价2.06亿元摘牌。

2016年5月27日，乙市机构编制委员会办公室作出《关于印发〈乙市不动产登记中心主要职责内设机构和人员编制规定〉的通知》，将乙市房产局承担的房屋登记管理职责划入乙市国土资源局，其房屋所有权、用益物权和担保物权等不动产登记事务由乙市不动产登记中心承担。

三、人民法院的认为

（1）根据《不动产登记暂行条例》第六条第二款"县级以上人民政府

---

① 本书编著者注。

应当确定一个部门为本行政区域的不动产登记机构，负责不动产登记工作，并接受上级人民政府不动产登记主管部门的指导、监督"和乙机构编制制委员会乙编办发（2016）105号文件第一条第（一）项"将市房产局承担房屋登记管理职责划入市国土资源局，其房屋所有权、用益物权、担保物权等不动产登记事务由不动产登记中心承担"的规定，乙市国土资源局履行不动产登记的法定职责，是本案适格的被告，乙市不动产登记中心具体承办不动产登记事务，其产生的后果由乙市国土资源局承担，故乙市不动产登记中心不是本案适格被告。

（2）本案原告唐某持有《土地使用权证》和《房屋所有权证》，其申请核发不动产权属证书，被告乙市国土资源局应当按规定给予受理。《不动产登记暂行条例》第十七条规定："不动产登记机构收到不动产登记申请材料，应当分别按照下列情况办理：（一）属于登记职责范围，申请材料齐全、符合法定形式，或者申请人按照要求提交全部补正申请材料的，应当受理并书面告知申请人；（二）申请材料存在可以当场更正的错误的，应当告知申请人当场更正，申请人当场更正后，应当受理并书面告知申请人；（三）申请材料不齐全或者不符合法定形式的，应当当场书面告知申请人不予受理并一次性告知需要补正的全部内容；（四）申请登记的不动产不属于本机构登记范围的，应当当场书面告知申请人不予受理并告知申请人向有登记权的机构申请。不动产登记机构未当场书面告知申请人不予受理的，视为受理。"被告乙市国土资源局以原告唐某持有的《国有土地使用权证》涉嫌伪造、《房屋所有权证》发证和换证涉嫌违规而不予受理，而原告唐某持有的两证形式上完全符合规定要求，上面的印章亦是真实的，该两证未经法定程序予以撤销或确定无效之前，其效力应予认可，被告乙市国土资源局作出行政行为时并没有立案查处，被告乙市国土资源局应予受理登记申请，被告乙市国土资源局作出《不动产登记不予受理告知书》没有事实依据和法律依据，处理不当。

（3）原告唐某享有的土地使用权部分已被乙市人民政府批准出让给A房地产开发有限公司和B房地产开发有限公司，其土地权属存在争议。根据《不动产登记暂行条例》第二十二条"登记申请有下列情形之一的，不动产登记机构应当不予登记,并书面告知申请人:(一)违反法律、行政法规规定的;(二)存在尚未解决的权属争议的;(三)申请登记的不动产权利超过规定期限的;(四)法律、行政法规规定不予登记的其他情形"的规定,被告乙市国土资源局受理申请后应当不予登记。原告唐某要求被告办理房屋、土地换证的请求,本院不予支持。因原告唐某申请登记的理由不成立,被告乙市国土资源局作出的《不动产登记不予受理告知书》对原告的权利不产生实际影响,故本院不再撤销被告乙市国土资源局作出的《不动产登记不予受理告知书》。

四、人民法院的裁判结论

判决:

(1)确认被告乙市国土资源局作出的《不动产登记不予受理告知书》违法;

(2)驳回原告唐某要求二被告为原告的房屋、土地换发不动产权属证书的诉讼请求。

本判决已经发生法律效力[①]。

五、解析

1. 换发证书不属于不动产登记

《不动产登记暂行条例》第二条第一款规定,不动产登记,是指不动产登记机构依法将不动产权利归属和其他法定事项记载于不动产登记簿的行为。该条例第二十一条规定,登记事项自记载于不动产登记簿时完成登记。不动产登记机构完成登记,应当依法向申请人核发不动产权属证书或者登记证明。在不动产登记实务中,《不动产登记暂行条例实施细则》第二十条第一款规定,不动产登记机构应当根据不动产登记簿,填写并核发不动产权属证书或者不动产登记证明。据此可知,不动产登记是登记机构将满足登记要求的不动产物权或相关事项在登记簿上作记载的具体行政行为,不动产权属证书或者不动产登记证明则是登记机构基于登记簿上的记

---

① 本书编著者注。

载，向当事人颁发的表征不动产物权或相关事项的凭证，属于不动产登记完成后的行为。简言之，颁发不动产权属证书或者不动产登记证明不属于不动产登记。

《不动产登记暂行条例》第三条规定，不动产首次登记、变更登记、转移登记、注销登记、更正登记、异议登记、预告登记、查封登记等，适用本条例。据此可知，行政法规规定的不动产登记种类中没有换证。在不动产登记实务中，《不动产登记暂行条例实施细则》第二十二条第一款规定，不动产权属证书或者不动产登记证明污损、破损的，当事人可以向不动产登记机构申请换发。符合换发条件的，不动产登记机构应当予以换发，并收回原不动产权属证书或者不动产登记证明。据此可知，不动产权属证书或者不动产登记证明在污损、破损的情形下，权利人才可以向登记机构申请换发，简言之"换证"。换言之，换证，是指不动产权属证书或者不动产登记证明在污损、破损的情形下，登记机构根据权利人的申请，基于登记簿上现时的记载，向其换发一本与原不动产权属证书或者不动产登记证明载明内容同一的新的不动产权属证书或者不动产登记证明的行为。如前所述，颁发不动产权属证书或者不动产登记证明尚且不属于不动产登记，不动产权属证书或者不动产登记证明在污损、破损的情形下，登记机构为权利人换发与原不动产权属证书或者不动产登记证明载明内容同一的新的不动产权属证书或者不动产登记证明的行为，即换证更不应当属于不动产登记。本案中，人民法院关于"被告乙市国土资源局以原告唐某持有的《国有土地使用权证》涉嫌伪造、《房屋所有权证》发证和换证涉嫌违规而不予受理，而原告唐某持有的两证形式上完全符合规定要求，上面的印章亦是真实的，该两证未经法定程序予以撤销或确定无效之前，其效力应予认可，被告乙市国土资源局作出行政行为时并没有立案查处，被告乙市国土资源局应予受理登记申请，被告乙市国土资源局作出《不动产登记不予受理告知书》没有事实依据和法律依据，处理不当。原告唐某享有的土地使用权部分已被乙市人民政府批准出让给A房地产开发有限公司和B房地产开发有限公司，其土地权属存在争议。根据《不动产登记暂行条例》第二十二条'登记申请有下列情形之一的，不动产登记机构应当不予登记，并书面告知申请人：(一)违反法律、行政法规规定的；(二)存在尚未解决的权属争议的；(三)申请登记的不动产权利超过规定期限的；(四)法律、行政法规规定不予登记的其他情形'的规定，被告乙市国土资源局受理申请后应当不予登记"的认为中，混淆了换证与不动产登记，值得商榷。

2. 无污损、破损的《国有土地使用权证》《房屋所有权证》，权利人也可以申请换证

《不动产登记暂行条例》第三十三条规定，本条例施行前依法颁发的各类不动产权属证书和制作的不动产登记簿继续有效。据此可知，不动产统一登记前，权利人合法持有的房屋所有权证、国有土地使用权证、林权证等各类不动产权属证书仍然有效。本案中，"原告唐某持有的两证形式上完全符合规定要求，上面的印章亦是真实的"表明，原告唐某持有的《国有土地使用权证》《房屋所有权证》虽然颁发于不动产统一登记前，但上面的印章是真实的，即该证书是合法、有效的证书。合法、有效且实体无污损、破损的《国有土地使用权证》《房屋所有权证》，权利人可否申请换证呢？

《不动产登记暂行条例》第二十一条规定，登记事项自记载于不动产登记簿时完成登记。不动产登记机构完成登记，应当依法向申请人核发不动产权属证书或者登记证明。在不动产登记实务中，《不动产登记暂行条例实施细则》第二十条第一款和第二款规定，不动产登记机构应当根据不动产登记簿，填写并核发不动产权属证书或者不动产登记证明。除办理抵押权登记、地役权登记和预告登记、异议登记，向申请人核发不动产登记证明外，不动产登记机构应当依法向权利人核发不动产权属证书。据此可知，不动产统一登记后，表征房屋所有权及房屋占用范围内的国有土地使用权的是不动产权属证书，不再是《国有土地使用权证》《房屋所有权证》。本案中，唐某持有的表征房屋所有权及房屋占用范围内的国有土地使用权的《国有土地使用权证》《房屋所有权证》虽然是合法、有效的，但与现时的不动产权属证书不相适应，对其形式、效力的认识，一般的社会公众可能会产生误解，从而可能影响其使用，笔者认为这也是一种破损，即观念上引起的破损。且权利人凭《国有土地使用权证》《房屋所有权证》申请换发

不动产权属证书，据笔者查考，现时的法律、行政法规的规定没有禁止，登记机构应当支持，即无污损、破损但有效的《国有土地使用权证》《房屋所有权证》，权利人也可以申请换证。

3. 本案的实务处理

《物权法》第二十八条规定，因人民法院、仲裁委员会的法律文书或者人民政府的征收决定等，导致物权设立、变更、转让或者消灭的，自法律文书或者人民政府的征收决定等生效时发生效力（《民法典》第二百二十九条规定，因人民法院、仲裁机构的法律文书或者人民政府的征收决定等，导致物权设立、变更、转让或者消灭的，自法律文书或者征收决定等生效时发生效力）。据此可知，不动产被征收的，自人民政府的征收决定生效时起，无须登记，原权利人的不动产权利消灭。本案中，"1993年原甲市人民政府将某村各村民小组包括涉案宗地在内的所有土地征收"表明，被告唐某享有的土地使用、房屋所有权因被征收已经消灭。《物权法》第十七条规定，不动产权属证书是权利人享有该不动产物权的证明（《民法典》第二百一十七条做了同样的规定）。据此可知，本案中，唐某持有的《国有土地使用权证》《房屋所有权证》表征的土地使用权、房屋所有权已经因征收而消灭，失去权利表征作用，不能凭此换发不动产权属证书。因此，人民法院关于"原告唐某要求被告办理房屋、土地换证的请求，本院不予支持"的认为值得赞同，据此作出的判决正确。

4. 延伸思考

原告唐某享有使用权的土地未被征收的情形下，本案又该如何处理呢？

在不动产登记实务中，《不动产登记暂行条例实施细则》第八十一条规定，不动产登记机构发现不动产登记簿记载的事项错误，应当通知当事人在30个工作日内办理更正登记。当事人逾期不办理的，不动产登记机构应当在公告15个工作日后，依法予以更正；但在错误登记之后已经办理了涉及不动产权利处分的登记、预告登记和查封登记的除外。据此可知，登记机构发现登记错误的，可以通知当事人办理更正登记，也可以依职权办理更正登记。据此可知，本案中，"你于1991年10月28日向原某乡某村某组购买3亩土地建房，未依法办理有关用地及规划审批手续，涉嫌非法占用集体土地；1996年3月，地改市、撤市设区后，'甲市'已改为'乙市丙区'，甲市人民政府及甲市国土管理局印章也封存停止使用，而你买卖的集体土地持有的甲国用 1996 字第 00-02-768 号《国有土地使用证》填发时间为 1996 年 12 月 21 日，涉嫌伪造；你未经办理有关规划报建审批手续，在该集体土地上所建 792.46 平方米房屋，根据原《城市房地产权属登记管理办法》第二十三条及《房屋登记办法》第二十二条第（一）和（二）项的规定，应属于不予登记情形，原登记机关为你此处房屋发证和换证涉嫌违规。我局将移交有关部门进行处理"表明，登记机构已经发现房屋所有权登记、国有土地使用权登记存在登记错误，应当通知当事人办理更正登记，也可以依职权办理更正登记。如果登记簿上现时的错误登记是首次（初始）登记的，更正登记完成后，该首次（初始）登记失效。

当然，如果申请人凭《国有土地使用权证》《房屋所有权证》先行申请换发不动产权属证书的，登记机构也可以在完成换证后，再按前述《不动产登记暂行条例实施细则》第八十一条规定启动更正登记程序。

判例 47 《土地房产所有证》不能作为申请宅基地使用权登记的证据

一、案件名称

上诉人谭某与被上诉人某县国土资源局不履行宅基地登记法定职责一案。

二、人民法院确认的事实

1953 年 2 月某县人民政府给原告谭某的外祖父徐某颁发拾字第××号《土地房产所有证》，该证载明某县某镇丁字街肆分屋场的土地归徐某所有，四至为东张某、西高某、南刘某、北许某，该宗土地上徐某未修建房屋。徐小某系徐某的独生女，原告谭某系徐小某的女儿。

2014 年，原告谭某通过邮寄的方式向被告某县国土资源局提出返还该《土地房产所有证》载明的土地或者补偿土地的请求。被告某县国土资源局于 2014 年 2 月 20 日对原告反映的问题进行了以下答复：因我国的土地所有权制度发生了演变，1962 年 9 月通过的《农村人民公社工作条例修正草案》规定"生产队范围内的土地归生产队所有"，将农民私有的宅基地在内的全部农村土地收归集体所有，因为土地公有制改造完成之后，原《土地房产所有证》关于土地所有的内容已经没有了法律依据，不能作为土地所有权的法律凭证，故对谭某要求返还或补偿 1953 年《土地房产所有证》载明土地的诉求不予支持。原告谭某不服，向某市国土资源局提出复查申请，某市国土资源局于 2014 年 7 月 15 日作出复查意见，对谭某予以返还土地或补偿的诉求不予支持，维护了被告的答复意见。原告谭某仍不服，向某省国土资源厅申请复核，某省国土资源厅于 2014 年 9 月 11 日作出信访事项处理建议书，认为其提出的诉求不属于申请复查复核的范围，对其提出的信访事项复核诉求不予受理，建议通过司法途径提出诉求。

2017 年 6 月 14 日，原告谭某的母亲徐小某在某县不动产登记中心申请登记 1953 年《土地房产所有证》上载明的宅基地，某县不动产登记中心书面告知徐小某，因申请登记材料不齐全，依照《不动产登记暂行条例》第十七条的规定，决定不予受理。

2017 年 8 月 18 日，原告谭某通过邮寄方式，以自己的名义向被告某县国土资源局提交《行政申请书》，申请对 1953 年《土地房产所有证》载明的宅基地给予登记。被告未予答复，原告谭某提起行政诉讼。

另，因年代久远，徐某 1953 年《土地房产所有证》载明的土地四至位置已经发生了改变，现有的证据仅能证实《土地房产所有证》上载明的土地上曾有过一块空地，在 20 世纪 70 年代左右已由他人修建了房屋。

原审法院以原告谭某申请被告履行对 1953 年徐某《土地房产所有证》载明的宅基地予以登记的法定职责的理由不成立为由，判决驳回原告谭某的诉讼请求。上诉人谭某不服向二审人民法院上诉。

三、二审人民法院的认为

上诉人谭某的外公徐某曾于 1953 年取得的土地所有权证，是某县人民政府依据我国当时的土地管理法规颁发的,其后我国的土地管理法规发生了变化。我国现行土地管理法第二条规定,中华人民共和国实行土地的社会主义公有制,即全民所有制和劳动群众集体所有制。根据该规定,在我国个人不得拥有土地所有权。上诉人谭某依据其外公徐某1953年取得的土地所有权证要求办理土地权属登记,明显违背我国现行土地管理法的规定。上诉人上诉提出要求被上诉人办理权属登记的理由不符合我国现行土地管理法的规定,本院不予支持。原审判决认定事实清楚,适用法律正确,处理恰当。

四、二审人民法院的裁判结论

判决驳回上诉,维持原判。

五、解析

1.《土地房产所有证》是农村集体经济组织享有集体土地所有权的凭证

我国于1950年6月颁布实施的《土地改革法》第十条规定,所有没收和征收得来的土地和其他生产资料,除本法规定收归国家所有者外,均由乡农民协会接收,统一地、公平合理地分配给无地少地及缺乏其他生产资料的贫苦农民所有。该法第二十八条规定,为加强人民政府对土地改革工作的领导,在土地改革期间,县以上各级人民政府,经人民代表大会议推选或上级人民政府委派适当数量的人员,组织土地改革委员会,负责指导和处理有关土地改革的各项事宜。该法第三十条规定,土地改革完成后,由人民政府发给土地所有证,并承认一切土地所有者自由经营、买卖及出租其土地的权利。土地制度改革以前的土地契约,一律作废。据此可知,在曾经的历史年代,土地所有证是由县级以上人民政府向农民颁发的表明其享有土地所有权的凭证。但是,现行《宪法》第十条规定,城市的土地属于国家所有。农村和城市郊区的土地,除由法律规定属于国家所有的以外,属于集体所有。按《土地管理法》第二条规定,中华人民共和国实行土地的社会主义公有制,即全民所有制和劳动群众集体所有制。据此可知,在现行的制度环境中，我国实行土地公有制度，土地所有权私有制已经成为历史。《确定土地所有权和使用权的若干规定》第十九条第一句规定，土地改革时分给农民并颁发了土地所有证的土地，属于农民集体所有。据此可知，农民基于土改时颁发的土地所有证享有的土地所有权归其现时所在的集体经济组织农民集体所有，换言之，农民持有的基于土改时颁发的土地所有证，是其现时所在的集体经济组织的农民集体享有该土地所有权的凭证。因此，《土地房产所有证》是农村集体经济组织享有集体土地所有权的凭证。本案中，二审法院关于"上诉人谭某的外公徐某曾于1953年取得的土地所有权证，是某县人民政府依据我国当时的土地管理法规颁发的，其后我国的土地管理法规发生了变化。我国现行土地管理法第二条规定，中华人民共和国实行土地的社会主义公有制，即全民所有制和劳动群众集体所有制。根据该规定，在我国个人不得拥有土地所有权"的认为值得赞同，据此作出的判决正确。

2.《土地房产所有证》不能作为自然人申请宅基地使用权的证据

按《土地管理法》第四十四条第三款规定，在已批准的农用地转用范围内，具体建设项目用地可以由市、县人民政府批准。按该法第六十二条规定，农村村民住宅用地，由乡（镇）人民政府审核批准；其中，涉及占用农用地的，依照本法第四十四条的规定办理审批手续。据此可知，在现行制度环境下，村民不以新占农用地作宅基地的，由乡（镇）人民政府审核批准。以新占农用地作宅基地的，须经县级人民政府批准。

本案中，当事人持有的《土地房屋所有证》虽然不是当事人享有土地所有权的凭证，那么，可否作为自然人享有宅基地使用权的证据呢？

据笔者查考，在各个不同时期，权利人享有宅基地使用权证明的形式不同。综合各个时期的法律、法规、规章和政策的规定，权利人享有宅基地使用权证明的主要形式有：（1）宅基地使用证明；（2）宅基证；（3）载明县（市、区）、乡批准建房意见的村民建房报批表（代准建证）；（4）城乡居民建设用地许可证；（5）集体建设用地使用权证；（6）集体土地使用权证等。据此可知，徐小某、谭某持有的徐某名下的《土地房屋所有证》不是合法、有效的宅基地使用权凭证。那么，徐小某、谭某可否凭徐某名下的《土地房屋所有证》向县级以上人民政府申请确认宅基地使用权呢？

《确定土地所有权和使用权的若干规定》第一条规定，土地所有权和使用权由县级以上人民政府确定，土地管理部门具体承办。该办法第五十二条规定，空闲或房屋坍塌、拆除两年以上未恢复使用的宅基地，不确定土地使用权。已经确定使用权的，由集体报经县级人民政府批准，注销其土地登记，土地由集体收回。据此可知，当事人申请确认其对空闲或房屋坍塌、拆除两年以上未恢复使用的净地享有土地使用权的，有确权职权的人民政府不予支持。即使因种种原因确认了该土地使用权且已经完成了土地使用权登记的，也须经县级人民政府批准后，注销此土地使用权登记。本案中，"《土地房产所有证》上载明的土地上曾有过一块空地，在20世纪70年代左右已由他人修建了房屋"表明，徐小某、谭某即使向县级以上人民政府申请确认该地的宅基地使用权，也不会得到人民政府的支持。

本案中，"2017年6月14日，原告谭某的母亲徐小某在某县不动产登记中心申请登记1953年《土地房产所有证》上载明的宅基地，某县不动产登记中心书面告知徐小某，因申请登记材料不齐全，依照《不动产登记暂行条例》第十七条的规定，决定不予受理"表明，登记机构对徐小某的宅基地登记申请处置正确。

判例 48　配套建设的幼儿园不属于小区业主所有

一、案件名称

上诉人某县国土资源局因诉某国际置业有限公司（以下简称某国际公司）不动产登记行政管理一案。

二、人民法院确认的事实

2006年8月14日，原告某国际公司与被告某县国土资源局签订一份《国有土地使用权出让合同》。原告通过受让方式取得了（2006）3号宗地国有土地使用权，宗地用途为商住、住宅。原告分别于2009年12月30日、2010年4月28日办理了小区幼儿园建设工程规划许可证、建设工程施工许可证，并依据《规划设计条件》，于2011年10月建成某县安天国际城幼儿园。2017年1月6日，原告向被告提交办理该幼儿园不动产登记书面申请。2017年1月16日，被告作出《不予登记告知书》：依据《物权法》第七十三条规定，该幼儿园根据规划属于安天国际城小区的公共场所和公用设施，应属于业主共有。原告申请产权登记违反法律、行政法规规定，根据《不动产登记暂行条例》第二十二条规定，决定不予登记；并告知原告诉权。该《不予登记告知书》落款章为"某县国土资源局不动产登记专用章"。原告某国际公司不服，向一审人民法院起诉，请求判决撤销被告某县国土资源局于2017年1月16日对原告某国际公司作出的编号为201700001的《不予登记告知书》。

另，某县国土资源局为该县人民政府依法确定的，统一负责不动产登记职责的部门；某县不动产登记中心为该县国土资源局直属事业单位，经授权依法办理具体的不动产登记具体事务，负责全县土地、房屋、林地等不动产登记工作。一审法院以"被告在没有充分证据证明下，引用《物权法》第七十三条规定，作出《不予登记告知书》，将涉案幼儿园定性为业主共有，应属适用法律、法规错误"为由，判决：（1）撤销被告某县国土资源局于2017年1月16日对原告某国际公司作出的编号为201700001的《不予登记告知书》；（2）责令被告某县国土资源局于本判决生效之日起六十日内重新作出行政行为；……被告某县国土资源局不服一审判决，向二审人民法院提起上诉。

三、二审人民法院的认为

本案的争议焦点为，案涉幼儿园是否属于小区业主共有的公用设施或公共场所；某县国土资源局作出《不予登记告知书》是否符合法律规定。

根据本案查明的事实，某县建设局出具的《规划设计条件》中要求"小区应考虑设置幼儿园、居民健身活动空间或场所、物业管理及安全保障设施等"，并未明确幼儿园为公用设施或公共场所。某国际公司与某县国土资源局签订的《国有土地使用权出让合同》中亦并未明确小区幼儿园的产权归属。根据某国际公司提供的某县建设局颁发的《建设工程规划许可证》、面积未分摊证明、幼儿园成本单独核算成本说明等证据材料证明案涉幼儿园系独立规划、独立构造、可排他使用的商品房，应认定为物权法规定的专有部分。因《物权法》第七十三、七十四条（对应《民法典》第二百七十四条、第二百七十五条）并未明确规定幼儿园属于业主共有的小区公用设施或公共场所，对上诉人提出案涉幼儿园依照上述法律规定应属小区的公用设施或公共场所的上诉理由，本院不予支持。上诉人提出被上诉人与小区业主签订的《商品房买卖合同》中约定幼儿园归属的合同条款因违反《物权法》第七十三条、第七十四条（对应《民法典》第二百七十四条、第二百七十五条）规定属无效条款的上诉理由亦不能成立，本院不予支持。上诉人作出《不予登记告知书》认定幼儿园属于业主共有，系适用法律、法规错误，依法应予撤销。一审被告某县不动产登记中心系经依法授权办理具体不动产登记事务的事业单位，不能作为不动产登记机构对外行使职权，故其不是本案适格被告。综上，一审法院认定事实清楚，适用法律正确。某县国土资源局的上诉理由无事实和法律依据，依法不予支持。

四、二审人民法院的裁判结论

判决驳回上诉，维持原判。

五、解析

《物权法》第七十三条规定，建筑区划内的其他公共场所、公用设施和物业服务用房，属于业主共有（《民法典》第二百七十四条做了同样的规定）。有观点认为，界定公共场所和公用设施，首先应当强调其公用性，就是说要区别于仅仅供特定人使用的场所和设施，换言之，专有部分以及合同约定由某个业主专门使用的部分，比如附赠的、供业主单独使用的阳台，不能认为是公共场所[①]。笔者从其观点。据此可知，本案中，"上诉人提出被上诉人与小区业主签订的《商品房买卖合同》中约定幼儿园归属的合同条款因违反《物权法》第七十三条、第七十四条（对应《民法典》第二百七十四条、第二百七十五条）规定属无效条款的上诉理由亦不能成立，本院不予支持"表明，被上诉人某国际公司与小区业主签订的《商品房买卖

---

① 王利明、尹飞、程啸：《中国物权法教程》，人民法院出版社2007年版，第224页。

合同》中约定了配套建设的幼儿园的归属，即被上诉人某国际公司与小区业主签订的《商品房买卖合同》中约定了配套建设的幼儿园属于被上诉人专门使用的部分，因此，不能认为该幼儿园是小区的公共场所。

按《不动产登记暂行条例》第八条第一款规定，不动产以不动产单元为基本单位进行登记。在不动产登记实务中，按《不动产登记暂行条例实施细则》第五条第一款规定，《条例》第八条规定的不动产单元，是指权属界线封闭且具有独立使用价值的空间。在司法实务中，《最高人民法院关于审理建筑物区分所有权纠纷案件具体应用法律若干问题的解释》（法释〔2009〕7号）第二条规定："建筑区划内符合下列条件的房屋，以及车位、摊位等特定空间，应当认定为物权法第六章所称的专有部分：（一）具有构造上的独立性，能够明确区分；（二）具有利用上的独立性，可以排他使用；（三）能够登记成为特定业主所有权的客体。"据此可知，本案中，按规划条件建造的幼儿园具有构造上的独立性，否则，不能满足其作为幼儿园的专门的利用要求，换言之，幼儿园具有构造上和利用上的独立性，其建造才符合规划条件。概言之，幼儿园具有构造上和利用上的独立性，且其权属界线能够围成一个封闭的空间，满足不动产单元的要求，能够成为登记簿上记载的特定业主所有权的客体。

在司法实务中，《最高人民法院关于审理建筑物区分所有权纠纷案件具体应用法律若干问题的解释》（法释〔2009〕7号）第三条规定："除法律、行政法规规定的共有部分外，建筑区划内的以下部分，也应当认定为物权法第六章所称的共有部分：（一）建筑物的基础、承重结构、外墙、屋顶等基本结构部分，通道、楼梯、大堂等公共通行部分，消防、公共照明等附属设施、设备，避难层、设备层或者设备间等结构部分；（二）其他不属于业主专有部分，也不属于市政公用部分或者其他权利人所有的场所及设施等。"据此可知，建筑物的基本结构部分、公共通行部分、附属设备设施部分和结构部分以及其他市政公用部分，才属于小区业主共有。本案中，按规划条件建造的幼儿园，构造上、利用上具有独立性，不是建筑物的基本结构部分、公共通行部分、附属设备设施部分和结构部分，也不属于市政公用设施，且满足不动产单元的要求，能够成为登记簿上记载的特定业主所有权的客体。因此，小区内的幼儿园不能作小区业主共有部分认定。

综上所述，本案中，二审人民法院关于"上诉人作出《不予登记告知书》认定幼儿园属于业主共有，系适用法律、法规错误，依法应予撤销。一审被告某县不动产登记中心系经依法授权办理具体不动产登记事务的事业单位，不能作为不动产登记机构对外行使职权，故其不是本案适格被告。综上，一审法院认定事实清楚，适用法律正确。某县国土资源局的上诉理由无事实和法律依据，依法不予支持"的认为值得赞同，据此作出的判决正确。

判例 49 无效的且与本件登记无关的委托手续不得用作登记证据

一、案件名称

上诉人姜某因与被上诉人某市房产局、原审第三人甲房屋行政登记一案。

二、人民法院确认的事实

2005年3月15日，姜某与乙律师事务所签订集资建房协议书。该协议书约定，姜某集资15万元购买3号楼东侧3单元1楼和半地下室预计150~170平方米。姜某向乙律师事务所交付15万元人民币，收款人为甲。姜某居住于该房屋至今。该房屋现登记在乙律师事务所名下。2006年4月4日某市房产局根据乙律师事务所的委托书向甲颁发了房屋所有权人为乙律师事务所的某房权证第3013××号房屋产权证。《委托书》的内容为"委托甲为全权代表，前往贵处办理一切有关文件，我单位均予以承认"，日期为2000年2月10日，有法定代表人的签名和名章，以及乙律师事务所的公章。2014年7月7日，甲以丢失某房权证第3013××号房屋产权证为由，以乙律师事务所委托代理人的名义向某市房产局申请补证。某市房产局于2014年12月25日向乙律师事务所补办了产权证号为6229××号的房屋产权证，领证人为甲。2015年12月7日，姜某向某市房产局单方申请办理房屋行政登记手续，某市房产局告知姜某须由乙律师事务所与姜某共同到房产局办理。姜某将乙律师事务所已被注销的情况反映给某市房产局，某市房产局认为此情况特殊，向某市司法局出具《关于乙律师事务所名下房屋过户的情况说明》，内容为："我中心受理了购房人姜某与售房单位乙律师事务所之间的过户申请。通过向当事人询问得知乙律师事务所已经注销，申请主体不存在，根据现阶段申请人提交的材料，无法办理该房屋登记手续。为了充分保护交易双方的权益，结合《中华人民共和国物权法》《房屋登记办法》《律师事务所管理办法》等法律法规，经讨论研究，应由乙律师事务所的实际出资人（根据事务所档案确定）与购房人共同办理，或由乙律师事务所的主管部门出具委托函后，由受托人与购房人共同办理。"某市司法局经调查核实于2015年12月16日向某市房产局出具乙律师事务所名下的房屋有关情况说明，内容如下：一、某房权字第6229××号房产、车库不属于国有资产；二、某房权字第6229××号房产、车库，甲是以乙律师事务所名义代建的集资建房，该房屋实际所有人是甲，乙律师事务所没有注资，现已注销。姜某依据某司法局的情况说明到某市房产局办理房产证，乙律师事务所的原法定代表人同意办理过户的手续。某市房产局以应由乙律师事务所的权利义务承继人出具委托书为由拒绝办理房屋行政登记。乙律师事务所于2003年被注销。姜某以某市房管局为被告起诉，请求人民法院判决被告某市房管局履行房屋登记职责。一审法院向姜某释明，在乙律师事务所被注销的情况下应通过民事诉讼途径予以解决。但姜某仍坚持行政诉讼。一审法院以某市房产局以应由乙律师事务所的权利义务承继人出具委托书为由拒绝办理房屋行政登记的行政行为并无不当为由，判决驳回姜某的诉讼请求。姜某不服一审判决，向二审人民法院提起上诉。

三、二审人民法院的认为

按《不动产登记暂行条例》第十七条规定，不动产登记机构收到不动产申请登记，应当分别按照下列情况办理：（一）……（二）……（三）申请材料不齐全或者不符合法定形式的，应当当场书面告知申请人不予受理并一次性告知需要补证的全部内容；（四）……不动产登记机构未当场书面告知申请人不予受理的，视为受理。本案中，某市房产局在收到姜某的不动产登记申请材料后，已告知姜某须与乙律师事务所共同到房产局办理。

因此，某市房产局虽无书面告知书，但已经明确告知姜某不予受理的理由。姜某提出的某市房产局未书面告知不予受理，因此某市房产局的行为应视为受理，某市房产局应在受理登记申请之日起 30 个工作日内办结不动产登记手续的主张不成立。

《不动产登记暂行条例》第十四条规定，因买卖、设定抵押权等申请不动产登记的，除了法律规定的例外情形外，应当由双方当事人共同申请。而本案不存在可以由当事人单方申请的情形。现姜某主张甲持有房产证和乙律师事务所的委托书，因此不属于姜某单方申请。本院认为，甲虽持有房产证，但不能据此认定甲系该房屋的所有权人，并且甲持有的委托书是在乙律师事务所被注销后所出具的，故该委托书已失效。某市司法局的书面答复亦不能作为认定房屋产权的依据。因此姜某提出的其与甲共同申请转移登记符合法律规定，某市房产局应予以登记的理由不成立。

关于姜某提出的 2014 年某市房产局给甲办理了换证，故本案也应符合办证条件的主张。本院认为，因某市房产局于 2014 年办理的换证行为与本案无关，故姜某的此主张本院不予支持。

四、二审人民法院的裁判结论

判决驳回上诉，维持原判。

五、解　析

1. 登记机构告知申请人不予受理或需要补正的内容应当用书面方式

本案产生争执时，《不动产登记暂行条例》已经实施。按《不动产登记暂行条例》第十七条第（三）项规定，申请材料不齐全或者不符合法定形式的，登记机构应当当场书面告知申请人不予受理并一次性告知需要补正的全部内容。据此可知，登记机构在受理现场对申请人提交的申请材料作初步查验后，在申请材料不齐全或者不符合法定形式的情形下，登记机构应当当场以书面形式告知申请人不予受理的理由、依据和需要补正的全部内容。其中，以"书面方式"告知申请人，是行政法规规定的方式，即"书面方式"告知申请人是法定的方式，此为要式行政行为。要式行政行为，是指必须具备某种法定的形式或遵守法定的程序才能成立生效的行政行为。要式行政行为就其形式而言是一种羁束性要求，若不具备相应的形式，就会因形式违法而被宣布无效①。本案中，"某市房产局在收到姜某的不动产登记申请材料后，已告知姜某须与乙律师事务所的共同到房产局办理"表明，某市房产局告知姜某应当补充提交姜某与乙律师事务所共同出具的登记申请书并同时到登记机构申请登记。但是，"某市房产局虽无书面告知书，但已经明确告知姜某不予受理的理由"表明，某市房产局没有充分履行《不动产登记暂行条例》第十七条第（三）项的规定课以的职责，换言之，某市房产局以非书面方式告知姜某不予受理的理由不符合行政法规的规定。因此，二审法院关于"某市房产局虽无书面告知书，但已经明确告知姜某不予受理的理由。姜某提出的某市房产局未书面告知不予受理，因此某市房产局的行为应视为受理，某市房产局应在受理登记申请之日起30个工作日内办结不动产登记手续的主张不成立"的认为值得商榷。

按《不动产登记暂行条例》第十七条第二款规定，不动产登记机构未当场书面告知申请人不予受理的，视为受理。该条例第二十条规定，不动产登记机构应当自受理登记申请之日起30个工作日内办结不动产登记手续，法律另有规定的除外。据此可知，本案中，人民法院确认的事实表明某市房产局未书面告知姜某对其申请的不动产登记不予受理，应当视为某市房产局已经受理了姜某的登记申请，且应当自受理登记申请之日起30个工作日内办结该转移登记手续。那么，某市房产局是否必须为姜某办理转移登记呢？

按《不动产登记暂行条例》第十四条第一款规定，因买卖、设定抵押权等申请不动产登记的，应当由当事人双方共同申请。据此可知，基于当事人合意的民事法律行为产生的不动产登记，应当由民事法律行为的双方当事人共同申请。本案中，姜某申请的是因集资建房协议产生的转移登记，属于基于当事人合意的民事法律行为产生的登记，应当由集资协议的双方当事人姜某与乙律师事务所共同申请，否则，违反行政法规《不动产登记

---

① 马怀德：《行政法学》，中国政法大学出版社2007年版，第110~111页。

暂行条例》第十四条第一款的规定。按该条例第二十二条第（一）项规定，登记申请违反法律、行政法规规定的，登记机构应当作不予登记处理。据此可知，登记机构受理申请人的申请后，通过审查，登记申请若违反法律、行政法规规定的，登记机构应当作不予登记处理。本案中，虽然某市房产局因未书面告知姜某对其申请的不动产登记不予受理，而被视为已经受理了姜某的登记申请，但某市房产局可以以"姜某未提交其与乙律师事务所共同出具的登记申请书，违反行政法规《不动产登记暂行条例》第十四条第一款的规定"为由，作不予登记处理。

2. 失效的委托书，登记机构不得用作登记的证据材料

按《民法总则》第一百七十三条第（五）项规定，作为代理人或者被代理人的法人、非法人组织终止的，委托代理终止（按《民法典》第一百七十三条第（五）项规定可以得出同样的结论）。据此可知，委托代理手续应当由作为被代理人的法人、非法人组织在其存续期间出具，但自该被代理人终止时起，代理手续失效。申言之，在作为被代理人的法人、非法人组织终止后才出具的委托手续，更没有法律上的效力。本案中，二审人民法院关于"甲虽持有房产证，但不能据此认定甲系该房屋的所有权人，并且甲持有的委托书是在乙律师事务所的被注销后所出具的，故该委托书已失效"的认为值得赞同。

《物权法》第十六条规定，不动产登记簿是物权归属和内容的根据（《民法典》第二百一十六条做了同样的规定）。质言之，不动产登记簿记载的内容是有公信力的。所谓公信力，即法律对第三人依据不动产登记簿的记载所表述的不动产物权的内容而取得的该项权利予以强制保护，使其免受任何人追夺的强制力[①]。笔者认为，登记簿的公信力的支撑是登记簿记载的内容必须合法、真实、有效。而登记簿记载的内容来源于登记申请材料，因此，登记申请材料应当合法、真实、有效。据此可知，申请人申请不动产登记时，提交的应当是合法、真实、有效的登记申请材料。因此，本案中，甲持有的委托书因是在乙律师事务所被注销后出具的而无效，且甲持

---

① 梁慧星：《中国物权法草案建议稿附理由：物权编》，法律出版社2004年版，第239页。

有的委托书的委托事项是代为办理遗失补证手续，如果其持该委托书与姜某申请转移登记时，登记机构不得用作登记的证据材料。

3. 本案中，姜某的权利救济

《物权法》第十五条规定，当事人之间订立有关设立、变更、转让和消灭不动产物权的合同，除法律另有规定或者合同另有约定外，自合同成立时生效；未办理物权登记的，不影响合同效力（《民法典》第二百一十五条做了同样的规定）。据此可知，我国物权法采用债权与物权区分原则。以取得不动产物权为目的的合同债权，即以取得不动产物权为目的的原因，自合同成立时起生效，但未被记载于不动产登记簿的，物权不生效。本案中，姜某与乙律师事务所签订了集资建房协议，建立了以取得集资建房的房屋所有权为目的的合同债权，而非取得了房屋所有权。

《民法总则》第七十条第一款、第二款规定，法人解散的，除合并或者分立的情形外，清算义务人应当及时组成清算组进行清算。法人的董事、理事等执行机构或者决策机构的成员为清算义务人（《民法典》第七十条第一款、第二款做了同样的规定）。据此可知，一般情形下，法人或非法人组织经清算后才终止。因此，本案中，如果乙律师事务所经过清算后才注销的，应当按清算报告中关于此房屋的处理记载办理。如果清算报告中没有关于此房屋的处理记载的，则姜某应当以乙律师事务所的执行机构或者决策机构的成员为被告起诉，请求法院判决确认权属，凭生效的判决书申请登记。

《民事诉讼法司法解释》第六十四条规定，未依法清算即被注销的，以该企业法人的股东、发起人或者出资人为当事人。据此可知，法人或非法人组织也有未经清算就注销的情形。此情形下，与原法人或非法人组织发生诉讼时，被告为该法人或非法人组织的股东、发起人或者出资人。因此，本案中，如果乙律师事务未经清算就注销的，姜某应当以乙律师事务所的原股东、发起人或者出资人为被告起诉，请求人民法院判决确认权属，凭生效的判决书申请登记。笔者认为，诉讼的终极目标是让作为被告的律师事务所的原股东、发起人或者出资人承担已经被注销的律师事务所应当承担的责任，即将其注销前以集资建房名义卖给姜某的房屋转移登记到姜某名下。因此，如果律师事务所的原股东、发起人或者出资人积极配合，自愿承担已经被注销的公司应当承担的责任,与姜某一起共同向登记机构申请买卖转移登记,登记机构也应当支持。这样的情况下,不仅省时、省力,而且也满足《不动产登记暂行条例》第一条关于"方便群众申请登记"的规定。

判例 50　登记机构不对按人民法院的执行文书办理的登记承担责任

一、案件名称

上诉人吴甲、吴乙诉被上诉人某市不动产登记中心房屋行政登记纠纷一案。

二、人民法院确认的事实

2010 年 10 月 26 日,某市某区人民法院向原某市房地产交易登记中心发出(2009)某法民执字第 528 号《协助执行通知书》,要求该中心协助执行:"将位于某市某区西河新村 108 房屋过户登记于吴丙名下(某市某区西河新村 105 房之房产证上最北面一户房屋,房屋面积以现场测绘为准)。"

2012 年 6 月 4 日,原某市房地产交易登记中心根据(2009)某法民执字第 528 号《协助执行通知书》,将原权属吴乙位于某市某区西河新村 45 幢 105 号房屋分割出西河新村 45 幢 108 号(建筑面积为 38.87 平方米)登记至吴丙名下,余下房屋作为西河新村 45 幢 106、107 号(建筑面积为 62.34 平方米)变更登记于原产权人吴乙名下。吴甲认为原某市房地产交易登记中心对位于某市某西河新村 45 幢 106、107 号房及位于某市某区西河新村 45 幢 108 房的登记存在错误,认为 106、107、108 号三间房的坐落并非并列,遂向一审法院提起行政诉讼。请求(判决):(1)某市不动产登记中心依法撤销其错误标注登记的某房测字 1210201100052 号房屋平面图所显示的"106、107"并列登记内容,将 106 号予以移除。(2)某市不动产登记中心依法撤销其错误标注登记的某房测字 1210201100052 号房屋平面图涉及 106 房的标注内容。(3)某市不动产登记中心收回并废止吴乙涉及 106 房的房屋所有权证和与之相对应的国有土地使用证。(4)某市不动产登记中心对涉案 106 号房单独出具与 108 号、107 号房有区别的房屋平面图,并为吴甲办理涉案 106 号房及附属 10 平方米厨房的房屋所有权证和与之对应的国有土地使用证。一审人民法院以被上诉人履行法院协助执行义务的行为不属于法院受案范围为由，以该院（2017）某0203行初17号行政裁定书裁定驳回了上诉人的起诉。2015年3月1日起，不动产登记由不动产所在地的县级人民政府不动产登记机构办理。吴甲、吴乙不服一审裁定，向二审人民法院上诉。

三、二审人民法院的认为

根据最高人民法院《关于审理房屋登记案件若干问题的规定》第二条第一款"房屋登记机构根据人民法院、仲裁委员会的法律文书或者有权机关的协助执行通知书以及人民政府的征收决定办理的房屋登记行为，公民、法人或者其他组织不服提起行政诉讼的，人民法院不予受理，但公民、法人或者其他组织认为登记与有关文书内容不一致的除外"的规定，某市房地产交易登记中心根据某市某区人民法院作出的（2009）某法民执字第528号《协助执行通知书》，将原权属吴乙位于某市某区西河新村45幢105号房的房产证上最北面一户房屋作为108号房登记于吴丙名下，余下房屋作为106、107号，依旧登记在原产权人吴乙名下，即原某市房地产交易登记中心对106、107号房屋及108号房屋作出登记的行为，系房屋登记机构根据人民法院的协助执行通知书办理的房屋登记行为。原告对该登记行为不服的起诉，不属于人民法院受案范围。因此，原审法院依照《最高人民法院关于适用〈中华人民共和国行政诉讼法〉若干问题的解释》第三条第一款第（一）项的规定，裁定驳回原告吴甲的起诉是合法正确的。原审认定事实清楚，适用法律及所作裁定正确，应予以维持。上诉人上诉理由不充分，应予以驳回。

四、二审人民法院的裁判结论

裁定驳回上诉，维持原审裁定。

五、解析

1. 按人民法院的执行文书办理相关登记是登记机构的法定义务

《民事诉讼法》第二百五十一条规定，在执行中，需要办理有关财产权证照转移手续的,人民法院可以向有关单位发出协助执行通知书,有关单位必须办理。质言之,按人民法院的协助执行通知书办理相关不动产登记是登记机构的法定义务。在司法实务中,《最高人民法院、国土资源部、建设部关于依法规范人民法院执行和国土资源房地产管理部门协助执行若干问题的通知》(法发〔2004〕5号)第一条规定,人民法院在办理案件时,需要国土资源、房地产管理部门协助执行的,国土资源、房地产管理部门应当按照人民法院的生效法律文书和协助执行通知书办理协助执行事项。在不动产登记实务中,按《不动产登记暂行条例实施细则》第十九条第二款第(一)项规定,人民法院持生效法律文书和协助执行通知书要求不动产登记机构办理登记的,不动产登记机构应当直接办理。据此可知,人民法院在办理案件时,需要登记机构协助执行的,登记机构应当按人民法院送达的执行文书直接办理,不得增加任何中间环节。概言之,登记机构按人民法院送达的执行文书直接办理相关登记,是履行其法定的义务。本案中,2012年6月4日,原某市房地产交易登记中心根据(2009)某法民执字第528号《协助执行通知书》,将原权属吴乙位于某市某区西河新村45幢105号房屋分割出西河新村45幢108号(建筑面积为38.87平方米)登记至吴丙名下,余下房屋作为西河新村45幢106、107号(建筑面积为62.34平方米)变更登记于原产权人吴乙名下,即是履行其法定义务。

2. 登记机构不对按人民法院的执行文书办理的登记承担责任

按《物权法》第十一条第一款第(三)项规定,如实、及时登记有关事项是登记机构的职责(按《民法典》第二百一十二条第一款第(三)项规定可以得出同样的结论)。在司法实务中,《最高人民法院、国土资源部、建设部关于依法规范人民法院执行和国土资源房地产管理部门协助执行若干问题的通知》(法发〔2004〕5号)第一条规定,人民法院在办理案件时,需要国土资源、房地产管理部门协助执行的,国土资源、房地产管理部门应当按照人民法院的生效法律文书和协助执行通知书办理协助执行事项。据此可知,登记机构协助人民法院办理相关登记时,应当按人民法院送达的执行文书，及时、如实地在登记簿上作记载。《最高人民法院关于审理房屋登记案件若干问题的规定》（法释〔2010〕15号）第二条规定，房屋登记机构根据人民法院、仲裁委员会的法律文书或者有权机关的协助执行通知书以及人民政府的征收决定办理的房屋登记行为，公民、法人或者其他组织不服提起行政诉讼的，人民法院不予受理，但公民、法人或者其他组织认为登记与有关文书内容不一致的除外。据此可知，登记机构协助人民法院办理案件时，因按照人民法院生效的法律文书、协助执行文书办理的登记产生诉讼时，人民法院不予受理，换言之，登记机构不对按人民法院的执行文书办理的登记承担责任。当然，如果登记机构因没有按照人民法院生效的法律文书、协助执行文书办理登记产生诉讼时，就不会得到人民法院的支持，即在协助人民法院办理案件时，登记机构如果不按人民法院的生效法律文书或执行文书办理登记，将会承担相应的责任。本案中，2012年6月4日，原某市房地产交易登记中心根据（2009）某法民执字第528号《协助执行通知书》，将原权属吴乙位于某市某区西河新村45幢105号房屋分割出西河新村45幢108号（建筑面积为38.87平方米）登记至吴丙名下，余下房屋作为西河新村45幢106、107号（建筑面积为62.34平方米）变更登记于原产权人吴乙名下，吴甲因此起诉登记机构，人民法院对此作不予受理处理，即登记机构不因此承担责任。为此，二审人民法院关于"某市房地产交易登记中心根据某市某区人民法院作出的（2009）某法民执字第528号《协助执行通知书》，将原权属吴乙位于某市某区西河新村45幢105号房的房产证上最北面一户房屋作为108号房登记于吴丙名下，余下房屋作为106、107号，依旧登记在原产权人吴乙名下，即原某市房地产交易登记中心对106、107号房屋及108号房屋作出登记的行为，系房屋登记机构根据人民法院的协助执行通知书办理的房屋登记行为。原告对该登记行为不服的起诉，不属于人民法院受案范围。因此，原审法院依照《最高人民法院关于适用〈中华人民共和国行政诉讼法〉若干问题的解释》第三条第一款第（一）项的规定，裁定驳回原告吴甲的起诉是合法正确的。原审认定事实清楚，适用法律及所作裁定正确，应予以维持。上诉人上诉理由不充分，应予以驳回"的认为值得赞同，据此裁定驳回上诉，维持原审驳回起诉的裁定结论正确。

3. 协助执行中，登记机构向人民法院提出审查建议的情形

《最高人民法院、国土资源部、建设部关于依法规范人民法院执行和国土资源房地产管理部门协助执行若干问题的通知》（法发〔2004〕5号）第三条第二款规定，国土资源、房地产管理部门在协助人民法院执行土地使用权、房屋时，不对生效法律文书和协助执行通知书进行实体审查。国土资源、房地产管理部门认为人民法院查封、预查封或者处理的土地、房屋权属错误的，可以向人民法院提出审查建议，但不应当停止办理协助执行事项。据此可知，在协助人民法院办理案件时，登记机构无权也无须对人民法院的执行文书作实体审查，只能按执行文书载明的事项如实、及时办理查封登记、预查封登记或处理土地、房屋产生的登记。即使登记机构认为被查封、被预查封、被处理的土地或房屋存在权属错误时，也须在如实、及时办理查封登记、预查封登记或处理土地、房屋产生的登记的前提下，向人民法院提出审查建议。简言之，被查封、被预查封、被处理的土地或房屋存在权属错误时，登记机构在办理查封登记、预查封登记、转移登记的前提下才可以向实施这些措施的人民法院提出审查建议。换言之，被查封、被预查封、被处理的土地或房屋不存在权属错误则登记机构无须向人民法院提出审查建议。被查封、被预查封、被处理的土地或房屋是否存在权属错误，应当以生效的法律文书或执行文书的记载与登记簿上现时记载的情况是否一致为准。如：执行文书要求将某市某街某号王五的房地产（房产证号：3045号，土地证号：6293号）过户给张三，但登记机构经查询，该处房屋登记在张三名下，房屋占用范围内的土地却登记在李四名下，此情形下，执行文书要求办理过户的房地产中的土地使用权与登记簿上现时记载的情况不一致而存在权属错误。此情形下，登记机构应当按执行文书的要求，在将房地产转移登记到张三名下的同时，以转移登记中的土地使用权存在权属错误为由，向执行法院提出书面审查建议。

主要参考书目

[1] 梁慧星.中国民法典草案建议稿附理由：总则编[M].北京：法律出版社，2004.

[2] 梁慧星.中国民法典草案建议稿附理由：物权编[M].北京：法律出版社，2004.

[3] 梁慧星.中国民法典草案建议稿附理由：债权总则编[M].北京：法律出版社，2006.

[4] 梁慧星.民法总论[M].北京：法律出版社，2001.

[5] 王利明.民法学[M].上海：复旦大学出版社，2004.

[6] 王利明，尹飞，程啸.中国物权法教程[M].北京：人民法院出版社，2007.

[7] 马怀德.行政法学[M].北京：中国政法大学出版社，2007.

[8] 王连昌，马怀德.行政法学[M].北京：中国政法大学出版社，2002.

[9] [日]美浓部达吉.公法与私法[M].黄冯明，译.北京：中国政法大学出版社，2003.